MW00904103

Ricardo Sosa Ríos

Mar de Leva

2011

Título original: Mar de Leva
Autor: CA Ricardo Sosa Ríos
Editor: CA Gustavo Sosa Larrazábal
Fotografía: Archivos de Ricardo Sosa Ríos
Diseño de la portada: Hugo Figueroa Brett
Colaboración especial: Ramón A. Rivero Blanco

ISBN: 1461149851

Impreso en USA / Printed in USA

INDICE

INTRODUCCIÓN A LA SEGUNDA EDICIÓN

Con el objeto de presentar un cierto contexto temporal en esta introducción, comenzaré por decir que en julio de 1992 me desempeñaba como Jefe de Administración de Personal en la Comandancia General de la Marina (CGM). Fue una época turbulenta marcada por dos golpes de Estado, y en la cual se respiraba un ambiente cargado de enfrentamientos, donde la mayoría de los operadores políticos - incluyendo los miembros de su propio partido - habían declarado abierta la temporada de caza contra el Presidente Carlos Andrés Pérez. Nada diferente de lo que ha pasado muchas veces en épocas anteriores desde la formación de la República, cuando las pasiones se desbordan encendidas por intereses personales y antiguos resentimientos. Esa lucha sin cuartel ha sido la manera habitual de hacer política en Venezuela. La diferencia con el pasado es que, en este caso, no se perseguía la eliminación física del adversario, sino su destrucción moral.

Ese mismo año había alcanzado la antigüedad para ser considerado para promoción al grado de vicealmirante, pero no fui seleccionado por el Presidente de la República entre los propuestos en la lista de ascensos. Cuando el proceso se repitió de nuevo en 1993, fue ascendido a Vicealmirante un integrante de la promoción que me seguía en antigüedad. En ese momento, comprendí que mi carrera naval había concluido y por lo tanto solicité mi baja del servicio, la cual me fue otorgada a las 24 horas de solicitada. Ese día, me despedí de algunos compañeros de trabajo, dejé sobre el escritorio una relación de los asuntos pendientes, entregué la llave de mi vehículo protocolar y tomé un taxi hasta mi casa.

Al día siguiente, me presenté a la oficina de mi papá en la avenida Los Samanes de La Florida, donde él manejaba sus negocios de radiodifusión, y le informé por primera vez de mi nueva situación. Sólo percibí un fugaz asomo de tristeza en sus ojos, antes de decirme lo bueno que era que yo estuviese ahora con él, para sustituirlo en la dirección de la empresa y encargarme de los negocios de la familia. El único comentario que me hizo sobre mi situación encajaba perfectamente con lo descrito en el primer párrafo, cuando me recordó que Venezuela es como Saturno en el cuadro de Goya. Sólo que en nuestro caso devora primero a sus hijos buenos porque son más sabrosos. Al principio me costó entender esa reacción. Yo esperaba que me bombardeara con preguntas acerca de los dimes y diretes de mi decisión. Pero no, con la inmensa capacidad que él tenía para comprender las situaciones ajenas, me ofreció sin titubeos la oportunidad de cerrar el libro del pasado y emprender un nuevo rumbo, que él ya conocía de memoria por haberlo recorrido en dos oportunidades.

La primera, en 1942, cuando ocupaba el cargo de Comandante del Cañonero General Soublette y le fue negada la hospitalización de 5 marineros que había enviado al hospital militar y naval. Ante esa actitud de la Dirección de Marina, solicitó su pase a retiro en oficio N° 48 del 17 de febrero de ese año al Ministro de Guerra y Marina, en donde expone que **"Como Ud. comprenderá, mi autoridad como Comandante ha sido menoscabada ante los ojos de mis subalternos, pido a Ud. muy respetuosamente separarme de todo mando de tropas en la Armada Nacional o en cualquier caso, pasarme a la situación de retiro de acuerdo con el artículo 266 de la Ley Orgánica del Ejército y la Armada . Ruego a Ud. mi General que tome en consideración mi petición, pues en los actuales momentos sólo me retiene a bordo el espíritu de disciplina que debe hacer gala todo oficial de la institución armada, aún en menoscabo de su autoridad militar"**.

La segunda oportunidad se refiere a su renuncia, en 1964, al cargo de Comandante General de la Marina, cuando su autoridad fue menoscabada por el Presidente de la República y por el Ministro de la Defensa, al imponer el ascenso a Contralmirante de tres capitanes de Navío, cuya promoción no había sido aprobada por la Junta Superior de la

10

Marina. En esta oportunidad no sólo se atentó contra la autoridad del Comandante, sino que también se inauguró la perniciosa interferencia política en los ascensos de las FAN. Entre ambos casos transcurrieron 22 años, pero el comportamiento de Ricardo Sosa Ríos fue el mismo. El Teniente de Navío de 1942 y el Contralmirante de 1964 tenían los mismos principios, los mismos valores, la misma honestidad profesional y rectitud de conducta que elevan a los hombres por encima de todas las circunstancias.

Para ese encuentro con mi padre en su oficina, habían pasado 65 años desde que él entrara a la Escuela Naval como cadete en 1928, habiendo culminado su carrera 37 años después cuando de retiró de la Marina en 1965 como contralmirante, ocupando el cargo de Comandante General de la Marina. Sólo después de dedicar todo su tiempo y esfuerzos para cumplir con su deber con su querida Marina, fue que asumió la dirección de sus negocios radiales. A los 80 años, yo lo veía fuerte y activo, y así se lo manifesté. Pero él quería tiempo para recorrer las páginas de los libros que no tuvo ocasión de leer, y para pensar en el sentido de la experiencia que acumuló en la Marina con su hacer. El sabía que los comentarios que se tejían en torno a su gestión como Comandante General de la Marina lo presentaban como una referencia positiva a seguir. Pero con el tiempo dejó de sentirse esperanzado de ello porque también sabía que eran solo palabras, ya que ese ejemplo fue cada vez mas raramente seguido. El quería encontrar una explicación sobre la sociología del militar venezolano y su desapego por la pureza espiritual de su organización.

Para ello, se sumergió en las fuentes originales de los valores del pueblo venezolano, comenzando con los Viajeros de Indias, pasando por diversas interpretaciones que describen la formación y funcionamiento de nuestra sociedad colonial, continuando con un examen crítico del proceso de nuestra independencia, hasta terminar, según una de sus observaciones, en una sociedad donde, de una u otra forma, todos somos caudillos. Militares y civiles, en la casa y en el trabajo, en nuestros sueños y en nuestras realidades. Todos tenemos que mandar.

Una de las cosas por las cuales yo siempre admiré a mi padre era su rapidez en tomar las decisiones correctas. Así, acepté la oferta, pero le manifesté mi inexperiencia en las lides radiales. El me aseguró que en los próximos tres meses me enseñaría todo lo necesario para manejar el "Centro Radial Barinas", constituido por 2 emisoras de radiodifusión: radio Barinas 1190 AM y radio Infinita 90.9 FM. La idea del centro radial le había nacido en 1951, cuando se desempeñó por segunda vez y por algunos meses, como director de la emisora radial "Ondas del Lago", y solicitó que una parte de sus honorarios le fuese pagada con un viejo transmisor de 250W y sus relativos sistemas de control, que dormían el sueño del desuso en un galpón de la emisora. Con esos equipos y una férrea voluntad de realizar su otro sueño de ser radiodifusor, inauguró Radio Barinas el 5 de febrero de 1955.

Durante mis 28 años de servicio naval, no tuve ocasión de pasar mucho tiempo con él, pero en los siguientes tres meses anduvimos juntos para arriba y para abajo, conversando de lo humano y de lo divino. Me contó todas las historias que yo ya sabía y cientos de otras que ni sospechaba.

Sólo un aspecto de su vida se mantuvo siempre como entre tinieblas. Se trataba de la historia de su familia. Yo le preguntaba y él siempre me daba la vuelta huyendo del tema. Con el tiempo y las conversaciones con mamá, deduje que tenía que ver con la temprana muerte de su padre, Eduardo Sosa Basalo, cuando él no había cumplido aún los 12 años, y a la precaria situación económica a que su madre, Amalia Ríos y sus 4 hijos, fueron arrojados, al ser apartados del círculo familiar de los Sosa Basalo, negándoseles participación alguna en el cuantioso patrimonio familiar.

Doña Amalia tuvo que salir a trabajar en una imprenta y redondear la semana cosiendo para afuera. Papá sólo tenía un par de zapatos y algunos sábados en la mañana tenía que permanecer en casa para que fuesen enviados a ponerle una media suela en el zapatero de la cuadra. Pero papá nunca guardó resentimientos contra nadie, y más de una vez lo vi acudir en auxilio de algún pariente de la rama paterna, sin que mediaran comentarios del pasado.

Estos apremios familiares sin duda tuvieron cierta influencia en su decisión de entrar a la Escuela Naval a la edad de 14 años, justo al concluir la primaria. Era sólo un adolescente cuando el 9 de febrero de 1928 atravesó el portalón del cañonero "Maracay", que servía de Escuela Naval desde 1926, y que se convirtió en su hogar por los siguientes 2 años. Y lo expreso así porque él me decía que desde que puso sus pies en la cubierta del "Maracay", ese buque pasó a ser su casa. Y así, todos los buques donde fue sirviendo consecutivamente a lo largo de esos primeros años de carrera, pasaron a ser sus casas. Para mi padre, el buque no era su lugar de trabajo. Era su casa. No tenía otra, ya que los asuntos del servicio naval lo mantenían apartado de la casa de su madre, a la cual pudo visitar en contadísimas ocasiones hasta su temprana muerte en 1941.

Al casarse en 1936 con mi madre, Esther Larrazábal Ugueto, la familia pasó a vivir muchos años siempre con los abuelos maternos, primero en Maiquetía donde nacieron mis tres hermanos mayores, Esther, Eduardo y Maruxa, y luego en Caracas, donde mi hermano menor Ricardo y yo vimos la primera luz del mundo, en febrero de 1953 y en julio de 1942, respectivamente. Como ya mencioné anteriormente, ese mismo año 1942, hizo un aterrizaje intempestivo en el mundo civil que supo sortear con su habitual don de gente, practicidad y energía. Aprovechando sus conocimientos de navegación, trabajó primero como topógrafo por los lados de Carora hasta que el 8 de noviembre de 1943 es llamado por la Gobernación del Estado Zulia para asumir la dirección de la Escuela Náutica "Capitán de Fragata Felipe Baptista" en Maracaibo, y toda la familia se muda a una casa alquilada a orillas del lago, en dicha ciudad. Allí también dio sus primeros pasos como radiodifusor en la emisora "Ondas del Lago", primero como locutor de noticias del "Reporter Esso" y galán de radionovelas, y después como director de la emisora.

En marzo del año 1947 mi padre es llamado de nuevo al servicio activo y es ascendido a Capitán de Corbeta. La familia regresa a Caracas abarloándose de nuevo en la casa de los abuelos maternos en Sabana Grande. De esos tiempos en Caracas guardo mis primeros recuerdos directos de una figura rigurosa pero amorosa, fuerte pero sensible al llamado de sus responsabilidades como padre.

El golpe de Estado del 24 de noviembre de 1948 lo encuentra como Director de la Escuela Naval, donde se opone a involucrar a los jóvenes cadetes en los acontecimientos que dieron al traste con el gobierno democrático del Presidente Gallegos. Esa actitud casi le cuesta de nuevo su permanencia en la Marina, sin embargo, algunas fuerzas internas de la organización aprecian su valía, y a partir de marzo de 1949, deciden meterlo en el congelador, asignándole cargos de bajo perfil, tales como asesor técnico de la Compañía Mercante Grancolombiana y vocal del Instituto de Previsión Social de las Fuerzas Armadas. Fue en 1950 que adquiere a crédito del Banco Obrero nuestra primera casa propia situada en Los Palos Grandes, y que viaja por pocos meses a Maracaibo para encargarse por segunda vez de la dirección de la emisora radial "Ondas del Lago".

Pero el 11 de agosto de 1951 le ordenan presentarse en la Comandancia de las Fuerzas Navales, donde lo encargan del Comando de la Corbeta Victoria para realizar una comisión a Maracaibo, y posteriormente, de la Primera Sección del Estado Mayor Naval. A principios del año siguiente realiza un curso de 6 meses impartido por la Misión Naval Norteamericana, finalizado el cual es ascendido a Capitán de Fragata.

A seguir ocupa los siguientes cargos: Agregado de las Fuerzas Armadas a la Embajada de Venezuela en República Dominicana (1953), Jefe del Negociado de Publicaciones de la Segunda Sección del Estado Mayor General (1954), realiza curso de Comando y Estado Mayor en la República del Brasil

(1955 – 1956), Comandante del Centro de Entrenamiento Naval (1957), Encargado de las Fuerzas Flotantes (24/01/1958), Comandante de la Escuadra Naval (10/02/58), Jefe del Estado Mayor Naval (11/04/58), Comandante de la Escuadra (09/09/1960), Comandante General de la Marina Encargado (26/01/62) y Comandante de la Marina (23/05/62 – 02/06/64). Pasa a Retiro el 08/01/1965.

Ese primer día en su oficina después de mi retiro, fue el inicio de una nueva relación con mi padre. No sólo de padre a hijo sino de hombre a hombre. Nos encontrábamos en la mañana y juntos estudiábamos el esquema que él había preparado para la entrega de sus negocios radiales. Me explicaba su concepto social nacionalista de la radiodifusión y los enormes problemas que el gremio confrontaba debido a la penetración de los partidos políticos en la Cámara de Radio, y a la necesidad de ocupar nuestro espacio radioeléctrico, inclusive mas allá de nuestras fronteras.

Repasamos la situación técnica de los equipos y me mostró los historiales de mantenimiento y el inventario de todo el material. Me explicó la situación financiera de la empresa y las dificultades que se tenían para cobrar las cuentas de las grandes compañías publicitarias. Me introdujo al medio a través de muchas visitas conjuntas a las principales compañías de publicidad, a través de la asistencia a las reuniones de la Cámara de Radio y a las visitas a nuestra cartera de clientes directos, en Caracas y en Barinas. Examinamos la situación del personal y me entregó una descripción de cada empleado. Finalmente, viajamos juntos muchas veces a Barinas para familiarizarme con toda la operación del negocio y me entregó la administración del Centro Radial Barinas. Después, no regresó mas a la oficina, a pesar de que lo invité varias veces para que opinara sobre algunas situaciones operativas que me traían de cabeza.

Pero a mi me quedo ese gustico de estar con él y comencé a presionarlo con un proyecto que bullía en mi mente. Yo quería que él escribiera un nuevo libro que abordase principalmente 2 temas. El primero trataría su experiencia en la Marina antes del 23 de enero de 1958 y el segundo se enfocaría en su experiencia después de su vida naval. Eran como los 2 pilares entre los cuales ya existía Mar de Leva. Pero él no quería escribir aduciendo que ya no tenía más nada que buscar adentro, que todo lo que necesitaba entender estaba fuera de él.

Como no hubo forma de convencerlo, cambié mi estrategia y le propuse que hiciéramos una nueva edición de "Mar de Leva". Le dije que el libro se había escrito con un estilo coloquial, y en estos momentos sería bueno presentarlo en un estilo formal para mejorar su entendimiento a las nuevas generaciones que no vivieron los momentos descritos en el libro. Me dijo que lo pensaría. Al día siguiente me presenté a almorzar en su casa llevando mi copia de "Mar de Leva". Me miró resignado y a partir de ese día nos sentamos juntos a la mesa una vez a la semana para conversar, leer y comentar juntos su libro, anotando las necesarias correcciones de estilo. También decidimos eliminar algunos anexos, que en el momento de la edición original, tenían un sentido de actualidad, pero que ahora, después de tantos años, carecían de relevancia. Esos anexos fueron sustituidos por una serie de fotografías que fueron seleccionadas a medida que avanzábamos en las correcciones. Así nació lentamente esta nueva edición de Mar de Leva como herramienta que me mantuvo en contacto con mi padre durante sus últimos años.

Ahora que han transcurrido 10 años de la desaparición física de mi padre y 32 de la primera edición de "Mar de Leva", considero que el momento es propicio para presentarlo de nuevo a la consideración de una nueva generación de lectores, que podrán acudir a sus páginas para nutrirse y renovar los valores que aspiramos sean los que caractericen a la sociedad venezolana.

Unas semanas después de la muerte de mi padre, el 06 de agosto de 2001, me senté en mi oficina, que había sido la suya, y comencé a guardar sus cosas personales. Miré hacia la pared y vi su archivo personal organizado en una gran cantidad de carpetas grises ordenadas por fecha. Abrí la primera y allí estaba su primer paso: El oficio N° 127 de fecha 9 de febrero de 1928 de la Dirección de Marina del Ministerio de Guerra y Marina, donde daban de alta al ciudadano Ricardo Sosa Ríos como cadete a bordo del Cañonero "Maracay". Después fui a la carpeta del año 1965 y allí estaba su último paso: El oficio N° 13 de fecha 8 de enero de 1965 del Ministerio de la Defensa, donde se pasa a retiro al ciudadano contralmirante Ricardo Sosa Ríos.

Del ciudadano cadete al ciudadano contralmirante pasaron 37 años. El adolescente cadete se transformó en el hombre contralmirante, cargado con todas las vivencias y experiencias que incorporó en ese camino. Pero lo que muestra su archivo, es que el ciudadano continuó siempre siendo el mismo, manteniendo un espíritu abierto y valeroso, noble y recto, honesto y emprendedor, al que nunca se le subieron los humos a la cabeza.

Fue con ese sentimiento que entonces me propuse estudiar su archivo. Leerme, digitalizar y catalogar todos los documentos, no para enumerar sus logros, sino para entender mejor quien fue mi padre. Y fue a través de ese prisma que entonces entendí uno de los párrafos de Mar de Leva que transforma ese archivo en su principal legado material: **"En mi archivo guardo un montón de papeles que para algunos tal vez pueden representar un estorbo. Para mí representan las horas que marca un reloj que va en continuo atraso, horas de honestidad que recuerdan cómo deben hacerse las cosas para poder estar en paz permanente con la conciencia".**

Cuando estudiamos su correspondencia sentimos un hombre que siempre se entrega. Se entrega a su familia, a su organización, a sus amigos y a todos los que tocan a su puerta. Se entrega hasta a sus enemigos, ya que los combate siempre con las armas de la ley, en un país donde las leyes se modulan al son que toque el jefe de turno. De esa extensísima correspondencia les traigo aquí solo un pequeño ejemplo. Se trata de unas 120 cartas de diferentes personas que le solicitan su intervención para que algún recomendado ingrese a la Escuela Naval. Esa correspondencia pertenece a los años en que se desempeñó como Director de la Escuela Naval (1948), y a los que se inician con su nombramiento como Comandante de la Escuadra, hasta su salida del Comando de la Marina (1958 – 1964). Lo admirable es que él responde a todas esas cartas con la misma respuesta conceptual a través del tiempo: "El ingreso de su recomendado depende de los resultados que obtenga en los exámenes de admisión y el caso será atendido dentro de las exigencias que me imponen mis deberes". Pero no es una respuesta fría, ya que él indica que le prestará atención personal al recomendado e informará el resultado de su desempeño a través del proceso de admisión. Y ese tipo de comportamiento se observa a través de todos los asuntos que trata en su correspondencia. El Capitán de Corbeta Director de la Escuela Naval se manejaba bajo los mismos principios, los mismos valores, la misma honestidad profesional y rectitud de conducta que el Contralmirante Comandante General de la Marina.

Una ecuación que aún me queda por resolver, es despejar completamente el milagro que permitió a un adolescente de 14 años elevarse por encima de todas las circunstancias limitantes que tuvo que enfrentar, y convertirse en un líder naval moderno, hasta hoy inigualado. Una de las tres variables conocidas de esa ecuación fue que, a pesar de la formación básica académica que tuvo, civil y militar, limitada a la escuela primaria y a los 2 años a bordo del Cañonero "Maracay", que fungía como Escuela Naval, su comprensión de las realidades que afrontaba y la correcta aplicación de los instrumentos gerenciales y tecnológicos que utilizaba, dieron a la Marina un impulso jamás visto. Un pequeño detalle de su creatividad fue la campaña publicitaria de captación de aspirantes a cadete que él diseñó y realizó en 1948, empleando los medios de comunicación social a nivel nacional, mientras se desempeñaba como Director de la Escuela Naval. Esa campaña elevó el número de concursantes de pocas decenas a muchas centenas. Esa fue la primera campaña de publicidad para captación de personal realizada en las FAN.

Las otras dos variables que moldearon su joven alma fueron el sentimiento de pérdida causado por la temprana muerte de su padre, y la soledad emocional del adolescente que inicia una dura carrera naval, estando ya separado totalmente de la guía familiar. Esas fuerzas deberían haber dejado algunos rasguños en su espíritu y en su carácter. Pero no fue así, por un efecto mágico y contradictorio, esas fuerzas tallaron una persona justa y sensible, un ser que veía su realización a través del colectivo, un líder que se inmoló profesionalmente para sembrar una semilla de rectitud y honestidad en el corazón de la Marina, la cual aún espera pacientemente el riego para germinar.

Caracas, 20 de Septiembre 2011

Gustavo Sosa Larrazábal
Contralmirante (r)

DEDICATORIA

A los Almirantes:

DANIEL GÁMEZ CALCAÑO
FRANCISCO LARES
ARMANDO LÓPEZ CONDE
JESÚS CARBONELL IZQUIERDO
GUILLERMO GINNARI TROCONIS
MIGUEL BENATUIL GUASTINI
ARMANDO PÉREZ LEEFMANS
ENRIQUE DOMÍNGUEZ GARCÍA
ALFREDO GARCÍA LANDAETA
JOSÉ CONSTANTINO SEIJAS
MIGUEL J. RODRÍGUEZ OLIVARES
ANDRÉS OSWALDO MORENO PIÑA
MANUEL DÍAZ UGUETO

Y a todos los oficiales superiores, subalternos, suboficiales, clases, marineros e infantes de marina que estuvieron subordinados a los altos cargos que ellos ejercieron con eficiencia y lealtad a toda prueba; al personal civil que contribuyó con su trabajo tesonero para hacer posible que me desempeñara como Comandante General de la Marina en la época más difícil de una naciente democracia atacada por todos los flancos para destruirla.

Para todos ellos mi profundo agradecimiento por haberme dado esa valiosa contribución que hizo posible que culminara mi carrera naval con honor y dignidad.

Ricardo Sosa Ríos

PROLOGO

Desde hace mucho tiempo, amigos y compañeros de armas me vienen insistiendo en que escriba mis memorias, algo así como hacer mi autobiografía. No tengo dotes de escritor y por lo tanto no puedo aventurarme a escribirlas. Sin embargo, ante la insistencia de mis amigos, me decidí no a escribir un libro, sino a narrar lo que yo sí sé por haberlo vivido. Las situaciones en las cuales participé, diálogos con grandes personajes en circunstancias determinantes para la vida de la nación, la actuación y opiniones de líderes políticos en determinadas situaciones, las cuales observé y oí de sus propias voces, limitándome estrictamente a transcribirlas como las recuerdo. La narración de estos hechos la haré con toda franqueza y con las palabras usadas en el momento que se sucedieron, por lo cual no dejarán de haber expresiones subidas de tono y color, pero la verdad no admite artificios, los hechos hay que narrarlos tal y cual fueron.

Voy a comenzar mi narración con hechos sucedidos con posterioridad al año 1957, aunque mi agitada vida naval se inició como Guardiamarina en el año 1929. Dos veces estuve en situación de retiro. Primero como Teniente de Navío desde 1942 hasta 1947, y finalmente como Contralmirante en 1964.

La intención de mi narración no es sólo para saciar las ansias de los lectores que supieron de estos acontecimientos en forma vaga por informes de la prensa, por relatos de personas que tergiversan los hechos con el fin de novelarlos o acomodarlos a su propio interés. No, es también para cumplir una función pedagógica. Es para que las futuras generaciones de oficiales de la Armada sepan cómo ejercí el comando, cuáles fueron mis actitudes, las cuales por razones obvias, jamás podrían saber los que comandaba en esa época y que ocupaban cargos cuyos grados no les permitía tener acceso a esa información. Mi ejercicio en el comando fue con apego total a la Constitución y leyes de la república, un respeto total al poder civil y sus instituciones, situando la institución militar al margen de toda injerencia política e impidiendo a los integrantes de la Marina, el uso de canales políticos para obtener prebendas. Ajusté todos mis actos al más estricto cumplimiento de las leyes, reglamentos y resoluciones del poder ejecutivo. Como comandante, tenía a mi disposición un solo vehículo y un solo chofer, nunca tuve al servicio de mi casa ningún vehículo ni persona para ejercer funciones de camareros ni cocineros. Jamás mi señora tuvo que hacer con nada relacionado con la administración de la Marina (solamente mantenía un estrecho contacto personal con las señoras de los oficiales para estrechar los lazos de amistad). De la Marina sólo recibía mi sueldo y las asignaciones pautadas en la ley de presupuesto. Cuando se me asignaban viáticos para mis viajes al exterior, éstos eran administrados por mis ayudantes, rindiendo cuenta al regreso de la misión, presentando comprobantes y reintegrando a la caja de la administración el dinero sobrante.

El contacto personal que mantenía periódicamente con mis comandos subordinados: La Base Naval N° 1 "Contralmirante Agustín Armario", el Comando de la Escuadra con los buques, el Comando de la Infantería de Marina con sus batallones, y la Policía Naval; era directo con la marinería, los infantes de marina y los policías navales. Mis visitas no eran anunciadas. Cualquier día temprano en la mañana y sin previo aviso llamaba a mi ayudante a mi despacho y le decía: "vamos a salir". Sin más explicaciones tomábamos el carro, y después de abordarlo él me preguntaba: "¿para dónde vamos, mi Comandante?", a lo que yo le contestaba: "vamos para Puerto Cabello y debemos llegar a la Base Naval a las 12 en punto". Ante tal situación, yo observaba el desconcierto de mi ayudante. Llegábamos a la Base Naval justamente a la hora prevista y cuando estábamos entrando por la alcabala, le decía a Gumersindo mi chofer: "vamos directo al comedor de la infantería de marina". Al llegar me dirigía a la cola que formaban los Infantes con sus menajes para recibir la comida. Al conocerse mi presencia en la Base Naval se movilizaban los oficiales de guardia, tanto de la Base Naval como de la Escuadra y la Infantería de Marina para darme parte de las novedades. Luego me sentaba en una mesa cualquiera con los Infantes y almorzaba junto con ellos, sin protocolo, conversando con ellos temas relacionados con sus familiares, con su batallón, y el servicio militar que estaban prestando.

Pasaba el resto del día visitando los buques y dependencias de la Base Naval donde pernoctaba, y al día siguiente a las seis de la mañana, en traje de faena, estaba recorriendo de nuevo sus instalaciones manejando un jeep. En el hospital naval entrevistaba enfermo por enfermo, eran infantes de marina, marineros y personal civil. Los interrogaba para saber cómo estaban siendo atendidos. Inspeccionaba el laboratorio que debía estar funcionando a las siete de la mañana y eran las 7:25, la cola era grande y el laboratorista no había llegado; lo esperé, llegó a las 7:40, lo saludé, su confusión fue indescriptible, lo felicité por su trabajo y me retiré. Ahora le sería difícil llegar tarde.

En una de esas visitas que efectué al Apostadero Naval "Juan Crisóstomo Falcón", hoy convertido en Base Naval, el Alférez de Navío Oscar Ibarra Labady solicitó permiso para hablar conmigo. Al recibirlo me manifestó que él deseaba embarcarse, que ya tenía mucho tiempo en la infantería de marina y eran sus deseos que lo cambiaran para los buques. Después de oírlo llamé a mi ayudante, el Teniente de Navío Freddy Mota Carpio, y le dije: "tome nota de lo que le dirá el Alférez Ibarra". El Alférez Ibarra le repitió a Mota Carpio lo mismo que me dijo y se retiró incrédulo. Después supe que comentó con sus compañeros que él no esperaba ningún resultado positivo, que siempre era lo mismo, los jefes llegan, oyen y se van y al llegar a Caracas se les olvida todo. Cuál no sería su sorpresa cuando una semana después recibió su orden para embarcarse. Pasaba de la Infantería de Marina a formar parte del personal de la Flota.

En todas las revistas que pasaba a las dependencias de la Marina, yo tenía como norma recibir al personal, oírlo y de una vez, cuando era posible, resolvía lo que debía hacerse. Al subalterno no se puede engañar en las cosas que le son más preciadas, halagarlo con mentiras le crea el desprecio hacia el superior que lo hace; "trate a los subalternos como usted quisiera ser tratado por sus superiores" fue el lema que implanté para todos mis actos en las relaciones con mis subalternos.

Estaba plenamente consciente que recibí un Comando con infinidad de problemas de todo orden y estaba decidido a enfrentarlos con decisión y firmeza. Cada dependencia de la Marina sería investigada minuciosamente en todos sus aspectos, funcionamiento, administración y rendimiento. En este libro el lector podrá constatar cómo ejercí mi Comando.

Fuera del Comando y luego en situación de retiro, la situación de la Marina no me puede ser indiferente. Llevo ya 14 años viendo, oyendo y conociendo situaciones y hechos que lesionan la institución a la cual dí y recibí lo mejor de mi vida. Fueron 37 años que estuve ligado estrechamente a su destino, el cual contribuí a forjar con el más alto sentido de dignidad. Es por eso que narro lo que yo sí sé.

A los hombres que figuran en estas narraciones les juzgo solamente por su actuación pública, a la que por respeto a la verdad, inexorablemente tienen que someterse.

"Mar de Leva" es el título de este libro. Nada más apropiado. Sin ser costeño, me sentí desde niño fascinado por el mar, dediqué mi vida entera a las faenas marineras, navegué en tiempos de bonanza y en tiempos borrascosos, corrí temporales en el golfo de Maracaibo y en el mar Caribe, vientos huracanados y olas gigantescas que nos hacen sentir la pequeñez del hombre ante la naturaleza enfurecida. Mar picada, mar de fondo, mar gruesa y mar de leva son términos marineros que adjetivan las diferentes condiciones en que se encuentra el mar. Mar de leva es una de las condiciones en la cual el mar enfurecido hace sentir sus efectos. Es por eso que este libro se llama "Mar de Leva". El título coincide con el de una novela corta que escribió hace años José Fabiani Ruiz. Su "Mar de Leva" y el mío, aunque con temas distintos, recogen en sus páginas la furia de la naturaleza y la conducta de los hombres. La mejor prédica es el ejemplo. Si mi narración llena este sólo cometido, de ser ejemplo que quieran seguir las jóvenes generaciones de oficiales de la Marina, estaré plenamente satisfecho. Que por lo menos sepan que hubo alguien que quiso hacer algo para fortalecer la moral de la institución armada, para dignificar la majestad del mando y quedar en paz con su propia conciencia.

SALUDOS DEL BRASIL

Después de mil gestiones ante mis superiores para lograr que se me enviara al exterior, o que se me designara para hacer el Curso de Estado Mayor en la Escuela Superior del Ejército, el General Oscar Mazzei Carta, Ministro de la Defensa para esa época, en entrevista que tuve para tratarle mi caso, me prometió formalmente que iría a la Escuela de Guerra Naval de la República de Brasil, junto con el Capitán de Fragata Eleazar Medina Espina, para cubrir las dos plazas del Curso de Estado Mayor Naval que ese país le había ofrecido a Venezuela. Fue así como en el año 1955 salgo para Río de Janeiro.

Mi tiempo transcurre dedicado intensamente al estudio. Necesito estar al día en conocimientos y sobre todo cumplir con el requisito indispensable de ser oficial de estado mayor para poder optar a los grados de Capitán de Navío y luego de Contralmirante.

Estando en el último semestre de estudios, en el mes de enero de 1957, voy de visita a la Embajada de Venezuela, a la sede de la Cancillería en el barrio de Botafogo, y encuentro en el recibo a un matrimonio joven, lo saludo y le pregunto al portero por el señor Carlos de la Madriz, secretario de la embajada. Viene a recibirme y me pregunta, "¿Capitán, usted no conoce al Mayor?". El matrimonio joven era el Mayor Julio César Castellanos y Deyanira su esposa. Luego de la presentación, Carlos me dice: "el Mayor viene de San Paulo, pues terminó su curso en Cumbica, lugar donde la Fuerza Aérea Brasilera dicta el curso preparatorio para luego entrar en la Escuela de Estado Mayor Aéreo aquí en Río de Janeiro. El Mayor necesita alquilar un apartamento y vino a la embajada a solicitar colaboración para conseguirlo". En seguida le ofrecí al Mayor Castellanos mi ayuda para conseguir el apartamento y así fue. Llamé a mi señora por teléfono y le dije que teníamos unos amigos venezolanos de la Fuerza Aérea y que los llevaría a almorzar Para hacer cordial la invitación, le dije la célebre frase criolla "échale más agua a la sopa". Después del almuerzo, leímos el diario "El Correo de la Mañana", y allí en la sección de avisos económicos, encontramos que a la vuelta de la esquina donde estaba el apartamento que yo tenía alquilado, estaban rentando uno con las comodidades que precisaban; fuimos inmediatamente y dos horas después de conversaciones con la dueña, Julio César y Deyanira tenían solucionado el problema de su vivienda en Río de Janeiro.

Pasaron los meses y en junio el Capitán Medina y yo habíamos concluido los estudios y estábamos en los preparativos para regresar a Venezuela. Julio César se encontraba realizando el último año de su curso y se había integrado bien al grupo de oficiales venezolanos que cursaban estudios en Rio de Janeiro. Siempre nos reuníamos a jugar dominó en la casa del Capitán Pedro Rafael Fígallo o en la casa del Capitán Eleazar Medina para charlar de la patria lejana, recordar anécdotas y comunicarnos las noticias que cada uno recibía de Venezuela. Intercambiábamos la prensa que leíamos a veces con una semana de retardo, con noticias viejas que eran nuevas para nosotros. Entre chistes y nostalgias pasábamos unas buenas veladas.

En una de esas reuniones Julio César me llamó aparte y me dijo: "mi Capitán, yo necesito hablar con usted", hicimos un aparte y me dijo: "durante el poco tiempo que tengo de conocerlo, usted me inspira mucha confianza, yo le voy a informar a usted que la Fuerza Aérea viene planificando tumbar a Pérez Jiménez. Al llegar a Venezuela busque al Cabito,[1] dígale que usted habló conmigo y que yo le informé sobre todo lo que planea la Fuerza Aérea. El Cabito es mi compadre, lo mismo que el Teniente Juan Ignacio Leiciaga que está muy

---

[1] Coronel Jesús María Castro León.

—

26

ligado a Castro León. Búsquelos a los dos para que se informe en qué estado está la situación".

Al llegar a Venezuela en el mes de junio de 1957 y en una de mis visitas a la Comandancia General de la Marina, que estaba situada en el Edificio Sur del Centro Simón Bolívar, donde también funcionaban las oficinas de la Comandancia General de la Aviación, me encuentro, un lunes de la segunda quincena de dicho mes con el Coronel Castro León en los pasillos del Centro Simón Bolívar, quien se encontraba haciendo curso de Estado Mayor en la Escuela Superior del Ejército. Esta Escuela era la única que existía en esa época en Venezuela para hacer Curso de Estado Mayor y allí concurrían oficiales de todas las Fuerzas, Ejército, Marina, Aviación y Guardia Nacional. Para cursos especializados de Estado Mayor Naval o Aéreo se tenían que usar las becas que concedían en sus escuelas los países amigos.

Después de un cruce de saludos me informó que ya estaba en la fase final de su curso de Estado Mayor en Conejo Blanco. De inmediato le dije, "Cabito, te mandó saludos del Brasil tu compadre Julio César Castellanos". No me dejó terminar, eufórico, con vehemencia me dijo: "ese hombre lo necesitamos aquí para acabar con este bochinche y tumbar este gobierno corrompido, esta vaina es un caos". Ante esa exposición, que además fue hecha en clara, alta e inteligible voz decidí no hablar más ni una palabra con Castro León, ni mucho menos visitarlo. La imprudencia en grado superlativo del Coronel Castro León, no era ni apropiada ni estimulante para seguir contactándolo.

Busqué al Teniente Leiciaga, también compadre de Julio César, quien según la información del propio Castellanos, también conocía los detalles de la situación en la Fuerza Aérea. Hablé con el Teniente Leiciaga el 6 de julio de 1957, el día que se estaban celebrando los ascensos aprobados por el Senado. Me informó que todo estaba en proceso de contactos con las otras Fuerzas.

CENTRO DE ENTRENAMIENTO NAVAL

Para el mes de agosto de 1957 ya la Marina me había ubicado en el escalafón de mando en la Fuerza al designarme como Director del Centro de Entrenamiento Naval, donde me dediqué por entero a mis obligaciones. Allí encontré vicios y procedimientos que fueron revisados, tales como administración deshonesta en la alimentación, negociados con la compra de carne, pan y otros.

En una de mis visitas cotidianas a los comedores de tropa, le dije a mi ayudante: "lleve a la farmacia un bollo de pan y me lo pesa"; la pieza tenía solamente 40 gramos. Llamé al administrador, el Capitán de Corbeta Ángel Morales Luengo y le dije: "pásele una carta a la Panadería que suple el pan; si no suple piezas que tengan alrededor de 80 gramos, que es lo regulado por el Ministerio de Fomento, busque otra panadería y le contrata el pan, con la obligación del peso legal. Y de ahora en adelante no se recibe el pan por piezas, se recibirá por peso total". En una dependencia como el Centro de Entrenamiento naval, donde trabajan, estudian y se entrenan alrededor de 1.500 personas, más las que sirven en el Hospital Naval, se consumen diariamente unas 3.000 piezas de pan. Si el bollo de pan que nos suministran tiene sólo la mitad del peso, el pan se esta pagando al doble de su precio.

Y así, una serie de pequeñas anormalidades que sumadas llegan a la categoría de estafa. Esta situación que algunos oficiales jóvenes realizaban, era la misma que existía en la época del General Juan Vicente Gómez, donde era de uso normal que los jefes de los batallones y buques de la Armada se beneficiaran con parte de la asignación que para la alimentación del personal les asignaba el presupuesto del Ministerio de Guerra y Marina. Algunos batallones tenían presupuestadas 4 compañías de 100 hombres y sólo tenían en realidad tres compañías, o sea un total de 300 hombres. El dinero de la alimentación de los 100 hombres virtuales era para el bolsillo del jefe de turno.

Cuando en 1935 muere el General Gómez y la generación a la cual pertenezco asume los mandos operativos, nos hicimos el firme propósito de acabar con esas prácticas y la verdad fue que lo logramos. En una oportunidad, el Inspector de la Armada, el Capitán de Fragata José J. Fuentes pasó la llamada Revista de Comisario a la unidad que yo comandaba, el cañonero "General Soublette". Después de revisar la lista de Oficiales, Suboficiales, Clases y Marineros, de llamarlos uno por uno, por nombres y apellidos y constatar que existían físicamente, el capitán Fuentes me preguntó por la relación de la Administración.

Cuando entramos a verificar las cuentas de la alimentación, le dije: "esa parte será rendida por la junta que designé para su administración. Está compuesta por un oficial, un suboficial y un sargento. Yo no intervengo en la administración de los fondos destinados a la alimentación. Es mi decisión que el que comanda no debe administrar a ese nivel y sólo ejercer la supervisión y control de esa actividad. La administración directa, con contactos con suplidores, con gambuceros, camareros y cocineros, lesiona la majestad del mando. Soy el responsable de la administración que he delegado". Así se implantó en las unidades de la Armada que comandé a partir de 1939.

En el año 1929 lo asignado en la partida de alimentación para oficiales y marinería (en esa época no existían en la marina los suboficiales) se denominaba "Ración de Armada" y era de dos bolívares para los oficiales y 1,50 para la marinería. Poco a poco el costo de la vida eleva esa Ración de Armada en el año 1957 a Bs. 6,00 para los oficiales, quienes en esa época recibían mensualmente una planilla de pago donde se le discriminaban los diferentes renglones que constituían su sueldo. Cuando el departamento de administración del Centro de Entrenamiento Naval me envió mi primera planilla con mi primer pago, observo que se me está incluyendo la asignación por alimentación. Llamo al secretario de la administración, el Sr. L. Fernández Ruiz y le digo: "hay un error a mi favor en la planilla, corríjala y me la trae de nuevo". El secretario no encontraba la manera de decirme el motivo por el cual existía esa diferencia a mi favor. Pero estaba claro en la planilla, me habían incluido mi asignación por alimentación. Por fin me dijo: "mi Capitán, usted tiene incluida su alimentación"; al director no se le cobra la alimentación, al igual que al subdirector, y a fulano, y a sutano, y a mengano. Había una lista de los beneficiarios de esa irregularidad. Le contesté, "llévese esa planilla de pago y la hace nueva. A partir de mi gestión como Director del Centro de Entrenamiento Naval, nadie recibe el dinero de la alimentación cuando está en el cargo, solamente se le reintegrará la alimentación al personal que salga en comisión y esté fuera los días que pauta el reglamento respectivo".

¡Dieciocho años después algunos Oficiales jóvenes, la esperanza de la Marina, volvían a practicar vicios y deshonestidades ya superadas!

Yo siempre he sostenido que los pequeños grandes detalles son los que conforman la estructura moral del individuo, se es honesto integralmente o no se es honesto.

HOSPITAL NAVAL

El 14 de julio de 1948 se crea el Centro de Entrenamiento Naval situado en Catia La Mar, con el objeto de integrar, en un mismo complejo educativo, la Escuela de Suboficiales y la vieja Escuela de Grumetes de la cual yo fui director en 1947. A partir de ese momento, se comienza la construcción de las instalaciones de lo que es hoy el Centro de Adiestramiento Naval Capitán de Navío Felipe Santiago Esteves. En el Centro se construye una pequeña enfermería que para el año 1946 llenaba su cometido, pero con la Marina creciendo se hace necesario que cuente con un hospital modesto pero con todos los servicios necesarios, sin llegar en ningún momento a invadir los terrenos del Hospital Central de las Fuerzas Armadas, que indiscutiblemente seguiría siendo de gran utilidad para todas las Fuerzas. Estas tendrían que darle todo su apoyo   para que no sólo sea un hospital al servicio de las Fuerzas Armadas, sino proyectado a la Nación entera en aquellas áreas de la medicina moderna que necesita instalaciones y equipos costosos que jamás pueden estar al servicio del venezolano común; por ejemplo, el servicio de medicina cardiovascular que el Hospital Central de las Fuerzas Armadas tiene abierto al servicio de cualquier venezolano, tenga o no recursos. Es un servicio completamente gratis, muchos venezolanos han sido atendidos en ese servicio y recuperado su salud precaria por dolencias del corazón.

Todas las Fuerzas, el Ejército, la Marina, la Aviación y la Guardia Nacional siempre le han dado el más amplio apoyo a esa Institución que es el Hospital Central de las Fuerzas Armadas. Pero cuando se sucede el 23 de Enero de 1958, el hospital de las Fuerzas Armadas funcionaba en un piso prestado por el Hospital Universitario. Sin embargo, el nuevo hospital militar estaba listo, pero no tenía asignado un presupuesto para su funcionamiento.

En esa situación, me visitó en el Comando de la Marina el doctor Julián Morales Roche, quien me expuso la situación. Le contesté que la Marina no podía entregar dinero en efectivo al Hospital de las Fuerzas Armadas, pues no teníamos partida para eso dentro del presupuesto, pero que tomara contacto con el jefe del Servicio de Sanidad Naval, quien tenía instrucciones de contribuir con materiales y equipos hasta por la cantidad de doscientos cincuenta mil bolívares, que la Marina adquiriría para la Sanidad Naval y los entregaría en guardia y custodia al Hospital Central. Así se hizo; las cuatro Fuerzas aportaron igual cantidad de dinero en materiales y equipos, hasta por la cantidad de un millón de bolívares y el Hospital Central de las Fuerzas Armadas entró en servicio.

Entonces el Comando de la Marina decide construir un pequeño hospital en el Centro de Entrenamiento Naval con capacidad para 75 camas que se haría en tres etapas. La primera estaría constituida por los consultorios y los laboratorios, la segunda sería formada por los pabellones, la hospitalización y la administración. La tercera sería la integración de las instalaciones actuales de la odontología al hospital y la transformación de la anterior edificación de la odontología en la biblioteca del Centro de Entrenamiento Naval.

El proyecto de la Marina tiene la oposición del Ministerio de la Defensa. Que si es una duplicación de los servicio, que si el Hospital Central de las Fuerzas Armadas es más que suficiente etc. Es prácticamente una cayapa orquestada por todas las dependencias del Ministerio de la Defensa. Los argumentos de la Marina son irrefutables ya que la cantidad de exámenes de laboratorio que se hacían mensualmente y el número de consultas que se efectuaban al personal de la guarnición del litoral se contaban por miles. Al construirse contra viento y marea esa primera etapa, quedan convencidos del ahorro en tiempo y dinero que se obtiene con la prestación del servicio médico local que están prestando los consultorios y laboratorios del Hospital Naval. Pero insisten que la hospitalización no es necesaria, que el Hospital Central tiene capacidad para 1.200 camas y que sólo la cuarta parte está en uso. Entonces se hace una campaña para que no se construya la segunda etapa. La Marina tiene listo el proyecto de la segunda etapa de hospitalización, y dispone del dinero en la partida correspondiente (Bs. 900.000,00). Seis meses antes de mi salida del Comando, que ya se estaba cocinando, llamo al Capitán Pérez Leffmans y le ordeno que haga la licitación para la construcción de la segunda etapa, pabellones, hospitalización y administración, y que llene todos los trámites legales con la Contraloría General de la Nación para su ejecución. Y así se hace.

Al salir del Comando, mi reemplazante intenta parar la construcción de la segunda etapa. Le envía una comunicación al Contralor, solicitando la transferencia de la partida destinada a esa construcción hacia la partida de personal, a lo que la Contraloría contesta que si la Marina decide no construir esas instalaciones, ese dinero tiene que ser reintegrado al fisco nacional, pues no puede ser destinado a otra cosa que no sea la construcción específica del hospital para la cual fue destinada.

Los usuarios son los mejores testigos de la utilidad y eficiencia que para la Marina tiene esa unidad hospitalaria; no solamente para el personal militar, sino para los familiares y el personal civil que presta servicio a la Marina. Cuando asumí el Comando de la Marina, me encontré con una discriminación odiosa. Al personal civil con menos de diez años al servicio de la Marina no se le suministraban medicinas. La Sanidad Naval le diagnosticaba el mal, pero no le suministraba las medicinas; eran venezolanos de segunda clase. Eliminé ese cruel procedimiento y en mi gestión al frente del Comando, toda la familia naval, militares y civiles recibían igual trato de la Sanidad Naval.

Pero además de atender al personal de la Marina, el hospital naval presta servicios, cuando requerido, a las unidades de la Guardia Nacional destacadas en el Litoral, al igual que a la Escuela Náutica y a los Oficiales de la Marina Mercante en general y los integrantes de los servicios de pilotaje de la Capitanía de Puerto.

PLEBISCITO BURLÓN

Con honrosas excepciones, la administración de la Marina en el año 1957 no era todo lo honesta que debía ser para ejemplo de los subalternos que forman las generaciones de relevo. Estas son las pequeñas grandes cosas que nos llevan de las murmuraciones a las revoluciones. A finales de 1957 el Ministro de la Defensa el General Oscar Mazzei Carta, convoca a todos los Comandos de la Fuerzas Armadas que tenían manejo de personal civil en número apreciable. El Centro que comandaba tenía para esa época alrededor de doscientos empleados civiles con pleno goce de sus derechos políticos esto es, que ejercerían el derecho al voto durante el plebiscito que se realizaría el 15 de diciembre para ratificar la reelección del Presidente de la República, General Marcos Pérez Jiménez, para el período 1958 - 1963. Este Referéndum violaba la Constitución Nacional que preveía elecciones libres.

El mismo General Mazzei nos impone de la directiva que tienen que seguir esos Comandos para la participación de sus empleados civiles en el plebiscito. Cada Comando enviará al Ministerio de la Defensa una lista con el nombre y cédula de identidad de cada uno de sus empleados civiles, a los cuales se les exigirá la tarjeta roja que le entregarán el día del plebiscito, para anexarla a la lista que debe ser enviada al Ministerio (la tarjeta roja significa No y la azul Si). Ninguno de los presentes emitió palabra, el silencio absoluto significaba dos cosas, o que todos estábamos de acuerdo con la orden y la acataríamos o el silencio era más elocuente que las palabras.

Días después nos convocan al Palacio de Miraflores, fuimos recibidos por el General Pérez Jiménez y en un monólogo muy corto nos dice: "Todos ustedes han visto y oído por la prensa y por radio, las declaraciones de apoyo casi unánime que tiene mi postulación a la presidencia. Por el ordenamiento legal y para cumplir una ley del congreso, se efectuará la elección solo como un requisito a cumplir. Pero es obvio que en la práctica yo seré el Presidente para el próximo período". Al finalizar la intervención del General Pérez Jiménez, ninguno de los integrantes de la reunión emitió opinión alguna.

Siguen los días, comentarios y chistes acerca del plebiscito. Se decía ¿si la mayoría vota rojo que vamos a hacer? Allí no había otra alternativa. Si la mayoría votaba azul el General Pérez Jiménez ganaría la elección; pero si la mayoría votaba rojo, ¿qué pasaría?

Para la organización nacional del plebiscito, las Fuerzas Armadas asumieron la responsabilidad del orden público y la tarea de manejar el traslado de las urnas, como siempre se había hecho en las anteriores elecciones del 27 de octubre de 1946 para la Asamblea Nacional Constituyente, y luego en la elección del 14 de diciembre de 1947, que resultó en la presidencia de Rómulo Gallegos y cuerpos deliberantes.

A mí se me designa Comandante de la Guarnición del litoral con jurisdicción amplia desde Carayaca hasta Los Caracas. Con esa designación asumo el control y por lo tanto la subordinación de todo el personal de las Fuerzas Armadas en esa área; buques de la armada, la infantería de marina, la policía naval, la guardia nacional, la policía municipal y lo que podríamos llamar los cuerpos auxiliares, tales como los bomberos, boy scouts, y otros. Con el nombramiento en mi mano establecí la sala de operaciones en el Centro de Entrenamiento Naval para ejecutar y controlar la Operación Plebiscito. Organicé el sistema de comunicaciones a base de unidades móviles, nombré el Estado Mayor y se montó, de acuerdo a la situación especial que se trataba, el aparato que más tarde serviría para controlar militarmente el litoral central (como se narrará en su oportunidad).

El proceso plebiscitario venía poniendo la situación tensa, que algunas veces pasaba a chistosa con ese humor violento y demoledor que hacen los venezolanos en las situaciones más difíciles y dramáticas.

En la segunda quincena de noviembre, estuve de visita en una reunión familiar en la casa del Comandante General de la Marina, Contralmirante Carlos Larrazábal, junto al Doctor J.M. Cervoni y mi cuñado César Nahmens. Carlos y yo armamos una partida de dominó y en el transcurso del juego formado por Carlos y el Doctor Cervoni y por César Nahmens y yo, se trajo a colación el Plebiscito. Entonces el Dr. Cervoni me hace la pregunta directa: "Capitán Sosa, ¿qué opina usted del plebiscito?". Le contesté: "doctor, yo soy un militar en servicio activo por lo tanto me está vedado meterme en política. Ahora, mi opinión personal es que la Constitución venezolana no prevé esa modalidad de elección y lo más grave es que si la mayoría vota rojo no se sabe lo que hay que hacer". Carlos opinó: "y si no es Pérez Jiménez el Presidente, ¿quién va a ser?" Seguimos jugando, Cervoni había trancado el juego de palabras. Continuamos con el de dominó.

En el Litoral la situación sigue bajo expectativa, los comentarios giran alrededor del plebiscito, se organizan los sitios de votación y se establecen los puestos de vigilancia militar. Se ejecuta el plan de operaciones y ya para el día de su realización todo está listo. El acto de votación se realizó sin ninguna seriedad. Las mesas estaban constituidas a capricho del presidente de cada una de ellas, nadie tomaba en cuenta el acto en sí, más bien parecía un juego de carnaval. Las tarjetas de votación estaban regadas como papelillo en las calles y centros de votación. Bastaba con mandar a recoger suficientes tarjetas rojas para cumplir la orden de enviar al Ministerio de la Defensa el listado de los empleados votantes, cédula de identidad y la tarjeta roja adjunta. Nadie controló la entrega de las tarjetas y éstas estaban por todas partes. Hablando en criollo, el plebiscito fue tomado por el pueblo con desprecio burlón, lo convirtió en una mamadera de gallo colectiva.

Finalizado el plebiscito, el resultado fue la indiferencia total de la población. Ya estaba en el ambiente la firme convicción de que algo pasaría. El día 22 de diciembre a las 4 de la tarde recibimos la visita en mi casa del Mayor Julio César Castellanos y Deyanira, (había regresado de Brasil ya graduado de Oficial de Estado Mayor). Charlamos largo rato, le informé de mi designación como Director del Centro de Entrenamiento Naval, de mi nombramiento como Comandante de la Guarnición del Litoral Central y de la estructura del comando de operaciones. Julio César me informó: "Todo está listo para poner en marcha la operación militar. Tan pronto me sean comunicados los detalles vendré a avisarle". Le contesté: "mira Julio César, la Marina no es un avión que se opera en 15 minutos. Para que un buque con propulsión a vapor pueda operar necesita por lo menos 6 horas para encender las calderas, y como la situación es anormal y la operación no es normal, se tienen que tomar todas las medidas de seguridad para que lo que hacen los buques no sea detectado. Para zarpar es necesario que me informes la hora 'H' por lo menos con 24 horas de anticipación para poder prepararnos". Así quedó convenido con Julio César Castellanos, mi amigo y único contacto que tuve para informarme de lo que pasaba en la Fuerza Aérea, pues con Leiciaga no tuve mas contacto. Los que vivimos esos momentos bien sabíamos el riesgo que se corría frente a la Seguridad Nacional y sus numerosos confidentes.

EL 23 DE ENERO DE 1958

Se inician las fiestas navideñas, pasa el 24 y el país está aparentemente tranquilo. Llega el 31 con la noticia en la calle que el Gobierno está tomando medidas de seguridad. Involucran en la conspiración al General Hugo Fuentes, hay oficiales arrestados. Es un final de año con alta tensión militar y con muchos comentarios a soto voce. Después de recibir el año Venezuela se acuesta y el 1° de enero la levanta la Fuerza Aérea con sus aviones a reacción volando sobre Caracas, en una acción militar de insurgencia contra el Gobierno, contra el plebiscito y sobre todo contra un sistema mal llamado "Gobierno de los Militares". El país ya no lo soportaba.

Cuando se siente el rugir de los aviones, me llama Esther, mi señora para decirme que hay aviones volando sobre Caracas y que la radio informa que están bombardeando a Miraflores. Inmediatamente trato de comunicarme con Julio César pero es imposible. Salgo inmediatamente para el Comando de las Fuerzas Navales y me entrevisto con el Comandante, Capitán Oscar Ghersi Gómez. Le pregunto qué es lo que pasa. Me contestó: "no es nada es un foquito de insurgentes que hay en Maracay pero el Gobierno controla la situación". Yo estaba con una rodilla inflamada por un problema de menisco y Ghersi me dijo: "no te preocupes tú estás enfermo vete para tu casa". No acepté su recomendación y me fui directamente a ocupar mi puesto en el litoral.

Llegué y se tomaron todas las medidas de seguridad. Puse en vigencia el plan de operaciones y a las 4 de la tarde me reuní en mi comando con los Capitanes Miguel Rodríguez Olivares, Miguel Hernández Soucier, Armando López Conde, Juan José Molina Villegas, Eduardo Morales Luengo y Manuel Ponte Rodríguez. Se hizo una apreciación de la situación y se llegó a las siguientes decisiones: Elaborar un radiograma en respaldo a la Fuerza Aérea; enviar a Caracas los autobuses para recoger el personal franco de los buques y preparar los buques para zarpar. A todas estas llegan rumores que la Fuerza Aérea se rindió, no había ninguna fuente de información; nos llega la noticia de que los autobuses de la Marina han sido detenidos en el Cuartel Urdaneta y que van a ser requisados por los alzados en el cuartel; no existía ningún contacto con el Teniente Coronel Hugo Trejo. Los buques saldrán a la mar con tripulación reducida, operando con la tripulación en guardias dobles.

Se decide que el día 2 a las 8 de la noche zarpen los buques a la mar y que al salir, el último envíe el radiograma de respaldo a la Fuerza Aérea. A las 7 de la noche recibo en mi Comando una llamada de Miraflores. Se me informa que los líderes del movimiento se fueron a Colombia y que la Fuerza Aérea trasladará un grupo de aviones a Maiquetía. Al frente de ella estará el Coronel Romero Villate. Inmediatamente llamo al muelle naval para detener la operación y así se hace. Los buques regresan a puerto y entonces empieza lo que debería llamarse el inicio del 23 de enero, fecha que determina el espíritu rebelde y patriota de todos los venezolanos, donde no puede decirse que pertenezca a tal o cual persona, a tal o cual grupo, es la conjunción del pensamiento de libertad que vibra en los venezolanos, es la rebeldía de la dignidad ante el atropello y la barbarie, es el hombre y la mujer venezolana siempre de pié al lado de la razón y la justicia. Atribuirle a alguien la paternidad del 23 de enero es injusto, el 23 de enero tiene un solo actor principalísimo que lo merece todo: El pueblo venezolano.

Después de las acciones de la Fuerza Aérea el 1° de enero, hora a hora, minuto a minuto la situación del Gobierno se hace más precaria. Nos llegan noticias de la progresiva desintegración de los comandos promovida por los oficiales comprometidos. En mi comando tenemos otra reunión para analizar la situación y la condición que impongo a través de nuestras deliberaciones es que la Marina tiene que respetar la jerarquía, no iremos contra nuestros superiores. La jerarquía es la razón de ser de las Fuerzas Armadas, sin un escalón jerárquico se puede mandar pero no se ejerce la autoridad. Para que la Marina pudiera ejercer su autoridad tenía que respetar la jerarquía, así la Marina de Guerra sería la que asumiría la responsabilidad del mando en la Junta de Gobierno que naturalmente se formaría.

Además, había una razón muy sencilla: la Fuerza Aérea tenía el liderazgo de la conspiración; los líderes eran el Coronel Jesús María Castro León y los Mayores Martín Parada, Luis Evencio Carrillo, Julio César Castellanos y Rosvelt Adrianza Galvis. La consigna que tenían era "no queremos nada con generales", y la insurgencia llevaría a un gobierno en el cual no querían nada con civiles. Así lo manifestaban. Sería una junta estrictamente militar. Ante ésta situación, la única forma que la Marina pudiera tener el liderazgo era respetando la jerarquía. Si se eliminaban los almirantes que para esa oportunidad existían, los oficiales más antiguos en la Marina estábamos a tres años de antigüedad de los de la Fuerza Aérea.

Después que los buques regresan a puerto me llama por teléfono el Capitán Ghersy Gómez y me interroga porqué los buques salieron a la mar y quién dio esa orden. Le contesté: "ante la insurgencia de la Fuerza Aérea tomé esa medida de carácter elemental; unos buques de guerra no puede estar todos juntos en un puerto cuando el país está en una emergencia militar". No hubo más preguntas.

A partir del 3 de enero se suceden varias reuniones en mi Comando. Me reunía con los comandantes de los buques, los jefes de artillería y el comandante de la Infantería de Marina, Capitán de Navío Armando López Conde. Teníamos entendido que López Conde se acuartelaría en la sede del batallón de infantería de marina Simón Bolívar Nº 1; el comandante del batallón era el Capitán de Fragata Oscar Paredes López, quien venía de ejercer como edecán en la casa militar del Presidente y por eso se resolvió no informarlo de nada. Lo mismo se decidió con el Capitán de Fragata Guillermo Ginnari Troconis, visto que un edecán es símbolo de lealtad, y en estos casos no se le puede proponer a nadie que se encuentre en ese cargo solidaridad ni connivencia. Es por eso que después del 23 de enero el Capitán Ginnari regresa a su Fuerza, se le designan cargos de alta responsabilidad y durante todos esos años de agitación que convulsionaron a la nación entera, Ginnari estuvo leal a su comando legítimo.

Los sucesos del alzamiento de la Base Naval en junio de 1962 así lo comprobaron. Los capitanes de Navío Jesús Carbonell Izquierdo, Guillermo Ginnari Troconis, Miguel Benatuil Guastini, Constantino Seijas Villalobos y Oswaldo Moreno Piña, y los oficiales superiores y subalternos de la Escuadra respondieron a su juramento de defender el gobierno legalmente constituido. Sólo menciono los nombres con los cuales tuve contacto personal y telefónico. Quisiera mencionar los nombres de otros oficiales por la valiente y honrosa posición que asumieron en respaldo de sus comandos legítimos, pero para no pecar de omisiones, vayan para todos ellos mi agradecimiento permanente por la forma en que contribuyeron para que yo pudiera cumplir con mi deber en mi ejercicio como Comandante General de la Marina,.

En una de esas reuniones se decide convocar a todos los oficiales de la Marina para una reunión a bordo del destructor "Zulia", cuyo Comandante era el Capitán de Navío Eduardo Morales Luengo. La situación general del país era preocupante, nos llegaban noticias contradictorias. El Capitán de Navío Manuel Herrera era uno de los comandantes, pero su buque estaba en Puerto Cabello, se venía por tierra de noche, nos informaba de la situación en la Base Naval y luego se regresaba.

La reunión se fijó para las 10 de la mañana, pero se informó que los oficiales tendrían que llegar a horas diferentes comenzando a las 7 de la mañana. Los comandantes y jefes de artillería de las unidades estaban juntos en el muelle naval; los oficiales ajenos a la Escuadra vendrían cada uno por separado. A las 10 en punto todos los convocados estábamos en la cámara del comandante del destructor "Zulia", únicamente faltaba el Capitán de Fragata Miguel Hernández Soucier. A los pocos minutos tocan la puerta y se aparece Hernández acompañado del Capitán Oscar Paredes López, quien había sido edecán del Presidente Pérez Jiménez e ignoraba totalmente el asunto que se trataría en la reunión. Al verlo dije en alta voz "nos han convocado a una reunión y aquí tenemos tiempo esperando, ni siquiera nos han brindado un café". En eso toma la palabra el Capitán Hernández y nos dice: "Yo me tomé la libertad de traer a mi compañero (Capitán Oscar Paredes López) quien es el único de nosotros que no conoce nuestras inquietudes; esto no puede seguir Tenemos que alzar la Marina, dinamitar los puentes de la carretera El pueblo en Caracas así lo esta pidiendo con sus manifestaciones contra el Gobierno".

Nada más extemporáneo ni más imprudente que esta actitud del Capitán Hernández. De inmediato lo interrumpí y dije a los presentes, "a mí se me ha convocado para hacer un análisis de la situación de la Fuerzas Armadas en esta emergencia nacional; yo no he venido aquí para alzar la Marina ni mucho menos; por lo tanto me retiro". Y así lo hice. Me retiré tan pronto salió Paredes López acompañado de su hermano que allí lo estaba esperando y quien lo acompañó hasta el muelle. Lo llamé y le dije: "Paredes esta situación es muy desagradable e inconveniente para la Marina como institución, está en juego el prestigio de nuestra Fuerza, tan dañino será que la Fuerza se alce como que digan que se va alzar; vamos a mantener este incidente en nuestra familia naval". Paredes me oyó con todo respeto y no pronunció palabra. Posteriormente me informaron que el hermano de Paredes subió a Caracas.

Todo lo ocurrido a bordo del destructor "Zulia" lo supo ese mismo día el Coronel Carlos Pulido Barreto, jefe del Servicio de Armamento del Ministerio de la Defensa. Esta situación es la que decide que el Presidente ordene el arresto de los comandantes y oficiales que estuvieron en la reunión. A mí no se me detiene pues cuando se me participaban las órdenes de arresto y el desarme de los buques mediante el desembarque de la munición, un oficial de marina que estaba en Miraflores, el Capitán de Navío Marco Tulio Montero, al oír la conversación en que el Mayor Chalbaud me comunicaba, que de orden del Presidente, el General Llovera Páez bajaría al Litoral con tanques del blindado para sacar la munición de la santa bárbara de los buques, y además arrestar a los comandantes y otros oficiales; dijo en voz que pude oír a través del teléfono: "¿y el Capitán Sosa?", alguien le contestó: "no, fue el único que se opuso".

Vuelve la situación a ser apremiante. Caracas se llena de rumores y temores, los oficiales de artillería de los buques habían tomado las previsiones para zafarrancho del combate. Los buques tenían munición en las torres de los cañones; no estaban del todo desarmados. El capitán Manuel Herrera tenía su unidad operativa ciento por ciento en Puerto Cabello. La situación de la Marina era crítica pero no grave; se prepararon los planes de operación de las unidades con personal mínimo. Así llegamos al 4 de enero. Tenía días que no veía a mi familia. Me llega noticia que el Coronel Jesús Manuel Pérez Morales ha sido arrestado.

(Interrumpo la narración para explicar lo siguiente: A mediados del mes de noviembre, la Marina aún no había concretado planes para enfrentarse a los sucesos que lógicamente acontecerían. Muy pocos sabían lo que se estaba preparando en la Fuerza Aérea. La situación era muy difícil ya que existía una falta de confianza recíproca. Si nos remontamos a la época de los que conocían el poder que tenía la Seguridad Nacional y la gran cantidad de agentes que tenía ese cuerpo en todas partes, entonces entenderíamos la razón del fracaso de todos los movimientos que lucharon contra el gobierno desde la clandestinidad. Existía un miedo colectivo, un temor permanente, nadie confiaba en nadie).

En noviembre de 1957 visité el Círculo de las Fuerzas Armadas para entrevistarme con el Contralmirante Wolfgang Larrazábal, quien se desempeñaba como su director. Hablamos de la situación del país, del plebiscito, de la situación militar general. El almirante no sabía nada de nada de lo que estaba pasando en la Fuerza Aérea. Le comenté que la situación era difícil, que había que estar preparado para cualquier emergencia y él ingenuamente me dijo, "compadre

¿y si el Presidente no es Pérez Jiménez, quién puede ser?" a lo que le contesté, "usted compadre o cualquiera". Le expliqué el problema político que se presentaría si el voto era adverso a Pérez Jiménez y no hubo más comentarios. Me fui convencido que a Wolfgang no lo habían contactado y en ese momento no me pareció prudente ni oportuno informarle lo que yo sí sabía.

Enero 4 de 1958. Al tener conocimiento que habían arrestado al Coronel Pérez Morales, me dirigí a la casa del Almirante Wolfgang Larrazábal. Aún estaba de Director del Círculo de las Fuerzas Armadas y era el único en la Marina que podría ir a Miraflores y enterarse de la situación. Llegué a su casa en Santa Mónica a las 4 de la tarde, nos saludamos cordialmente y nos fuimos a conversar en la biblioteca. Allí me dijo: "compadre, ¿qué lo trae por aquí?", "vengo a hablar contigo, para pedirte una cosa; vete a Miraflores y habla personalmente con el General Pérez Jiménez. Pérez Morales fue detenido, habla con el Presidente de Almirante a General. Allí puedes hacer una apreciación de la situación. Yo te espero aquí". No me dejó terminar y me contestó: "tu como que estás metido en una vaina, te vas a joder".

Regresé a mi casa y me encontré que allí estaba mi compadre Luis Eduardo Arocha a quien puse en conocimiento de la situación sin muchos detalles; no había que decirle mucho, él comprendió perfectamente. Para esa época Luis Eduardo era consultor jurídico de la compañía petrolera Mobil, y en esos altos niveles se analiza cualquier situación que afecte la marcha normal del país. Le pedí a Luis Eduardo que viniera a mi casa con frecuencia, que yo estaba acuartelado y..... no me dejó terminar, me contestó: "Compadre no se preocupe por la familia ni la casa, váyase tranquilo, yo me encargo de todo". Me sentí confortado y comprendido. En esas situaciones es que uno puede apreciar lo que verdaderamente es un amigo y lo que vale. Al salir a la calle para irme al litoral me encontré con mi amigo de muchos años, el Dr. Nicolás Suels. Estaba saliendo de una visita que junto con su señora hacían a mi vecino. Al verlo le dije: "Nicolás, necesito que me lleves a mi comando en Catia La Mar, al Centro de

Entrenamiento Naval". Observó mi automóvil y sin hacer preguntas me dijo: "vamos para llevarte". Yo saqué la subametralladora de mi carro y salimos, Nicolás y yo solos rumbo al litoral. Sobre los vehículos oficiales ejercían más control que sobre los carros particulares; los detenían e informaban a Miraflores. Esto hacía parte de una serie de medidas tomadas por el Gobierno para vigilar los movimientos de los oficiales. Pasamos por el peaje de la autopista directo a mi comando.

El día 11 de enero el Gobierno, presionado por la opinión pública y por el malestar que se profundizaba en todos los sectores, se ve obligado a efectuar cambios en el ejecutivo y en los mandos de las Fuerzas Armadas. Al comandante de las Fuerzas Navales, Capitán Oscar Ghersy Gómez lo designan Gobernador de Caracas y el Contralmirante Wolfgang Larrazábal es designado en su reemplazo. Con ese nombramiento se empezó a jerarquizar la Marina. Ya la Marina tenía en su más alto cargo la voz de un Almirante. Subí a Caracas para entrevistarme con el nuevo comandante y allí si le dije todo lo que estaba pasando. Le informé que todos los buques de la Armada recibirían y cumplirían las órdenes que le transmitiera, lo mismo la Infantería de Marina bajo el comando del Capitán Armando López Conde que tenía el mando del Batallón y estaba acuartelado en su sede. También que yo mantenía el control de todo el litoral pues había sido designado Comandante de la Guarnición para el plebiscito. Me oyó preocupado y confundido me contestó: "hagan lo que quieran, álcense". El nuevo comandante de las Fuerzas Navales había tomado el camino de que todo se lo resuelva el tiempo.

A pesar de los cambios hechos por el gobierno, la situación se hace más precaria, sale al exilio el Director de la Seguridad Nacional. Otro almirante, Carlos Larrazábal, es designado Ministro de Fomento. Aquí nos recordamos de ese célebre refrán sajón que dice: inglés que no quiere cochino... jamón con él. Aumentan los desórdenes, el pueblo se siente con más bríos para la insurgencia, las noticias de Caracas son cada vez más favorables; se me informa que hay una reunión en la Escuela Militar; se dice que irá una comisión a pedirle al

General Pérez Jiménez que renuncie; me dicen que en la reunión están los Coroneles Pedro José Quevedo y Frank Rísquez y el Capitán José Azopardo Mirabal. (Sería interesante que alguien de los allí presentes relaten esos momentos).

Por mi parte la situación del Litoral es tranquila, ya que tengo el control de todas las unidades militares del área, como son la Infantería de Marina, el destacamento de la Guardia Nacional y todos los efectivos de mi propio comando. Llamo al Teniente Coronel José Paredes Maldonado, quien años más tarde ascendió a General y sería Comandante de la Guardia Nacional, y le comunico que voy a instalar mi comando en su sede. Además, le ordeno a un destructor que se fondee frente al Comando de la Guardia para darle apoyo al cuartel en caso necesario. Así se hace. El 22 empiezo a despachar desde la sede del comando de la Guardia. Quiero manifestar mi reconocimiento al comandante del destacamento, el General Paredes Maldonado por su eficaz y leal subordinación en todas las decisiones que tomé en esos cruciales momentos; la Policía Municipal se integró a la Guardia, ocupamos todos los sitios estratégicos en el área, solamente la "Seguridad Nacional" sufrió el saqueo de sus oficinas, por lo demás en toda el área del litoral la tranquilidad fue total.

Al Comando se me presentó el señor Eduardo Mayorca, Prefecto del Departamento Vargas, nos saludamos y me dijo: "aquí vengo a ver qué se hace conmigo"; le contesté: "contra usted no hay nada, puede irse a su casa, si usted quiere le designo una guardia permanente para su seguridad y la de su familia"; Mayorca me contestó: "no, muchas gracias" y era verdad que no la necesitaba. Mayorca fue un excelente y pulcro gobernante.

En la capital se sucedía lo que otros conocen mejor pues yo no estaba presente. Junta de Gobierno modificada, los pescadores en río revuelto. El Capitán de Navío Eduardo Morales Luengo se sienta en la silla del Comandante de las Fuerzas Navales y empieza el "merequetén" para asaltar los altos cargos. Se crea el rumor que yo estoy alzado en el litoral, me llama el Almirante Wolfgang Larrazábal y me dice que suba a Caracas. Me entrevisto con él y me pregunta si yo creo que la Marina aceptará a Carlos como su Comandante. Mi respuesta tenía que ser una sola, "Wolfgang la condición impuesta a los oficiales que me buscaron para que liderara el movimiento en el litoral, fue que se tenía que respetar la jerarquía. Que la Junta de Gobierno lo nombre y yo haré todo de mi parte para que Carlos salga bien en el desempeño de su comando".

Posesionado Carlos Larrazábal del Comando de las Fuerzas Navales, lo rodea un grupo de oficiales para organizar los cuadros de la Marina. Para jefe del Estado Mayor Naval surgieron dos nombres, los Capitanes de Navío Luis Croce Orozco y Ricardo Sosa Ríos. En esa reunión yo no estaba presente ni supe exactamente qué oficiales estaban; yo me encontraba embarcado como Jefe de las Fuerzas Flotantes (antigua designación del Comando de la Escuadra). El cónclave decide que sea Luis Croce el nuevo jefe del Estado Mayor Naval. A mí no me interesaba estar en esos momentos en un escritorio. Me quedé al frente de la Flota e instalé mi Comando a bordo del buque presidencial Las Aves T-12 y allí, junto al Capitán Rodríguez Olivares, estructuramos las bases de lo que más tarde se convertiría en las Fuerzas Flotantes y posteriormente en el Comando de la Escuadra.

No pasaron ni dos meses y se crea un cisma en el Comando. Algunos oficiales acusan a Croce de estar conspirando, lo que nunca creí. Sin defenderse pues no tenía de qué, Luis Croce, se va de motu propio como agregado naval en Washington y soy llamado para ejercer el cargo de Jefe del Estado Mayor Naval; lo asumo y empiezo a ejercerlo.

Lo primero que se hace es elaborar un proyecto de decreto para darle autonomía a las cuatro Fuerzas. Se trata del discutido y objetado Decreto 288 de la Junta de Gobierno, que entra en vigencia y se cumple a cabalidad. Los que lo discuten y objetan no tienen más remedio que cumplirlo, es ley de la República. Ese decreto es el que le da a las cuatro Fuerzas su plena autonomía y es por esa autonomía que no pueden, desde el Ministerio de la Defensa, preparar ni ordenar golpes de

Estado. El Ministerio de la Defensa pasa a ser lo que debe ser, un órgano administrativo del Presidente de la República como Comandante en jefe de las Fuerzas Armadas. El Ministro de la Defensa no ejerce mando en las Fuerzas, es un simple vocero político-administrativo del Comandante en Jefe de las Fuerzas Armadas, y el comando es ejercido por cada Comando de Fuerza. El Decreto 288 se explica por sí solo: se elimina el Estado Mayor General de las Fuerzas Armadas, y se crea el Estado Mayor Conjunto de las Fuerzas Armadas, con la organización, composición y atribuciones que serán determinadas por reglamentación especial.

Desde el ejercicio del Comando de la Marina, siempre sostuve que el Ministro de la Defensa debe ser un civil o tal vez un militar retirado; la presencia de un militar en servicio activo en la cartera de defensa es una flagrante violación del artículo 64 de la Ley Orgánica de las Fuerzas Armadas que dice: "Los oficiales, suboficiales, clases, soldados y asimilados de todos los grados y de todas las armas y servicios de las fuerzas activas del Ejército y la Armada no podrán tener participación directa ni indirecta en la política ni ejercer ningún derecho político. Igual prohibición regirá para los que estén movilizados para fines de instrucción o durante el tiempo de guerra".

El país empieza a disfrutar de lo que pudiéramos llamar la "luna de miel" del 23 de enero. Se respira un sentimiento de unidad política donde las diferentes organizaciones de los trabajadores, los intelectuales, la prensa y la iglesia, respaldan a la Junta de Gobierno. Pero como dice el tango, "el músculo duerme la ambición descansa", por lo que se suceden varios intentos aislados de conspiraciones. Los medios de comunicación están alertas.

Especial mención voy a hacer de la radiodifusión, toda unida como un solo hombre que tiene ojos, oídos y voz alertas para respaldar el gobierno provisional. Al saberse cualquier intento de alzamiento contra la Junta de Gobierno, Radio Continente tenía el aviso listo en clave para lanzarlo al aire. Era el despertador listo a funcionar para poner el pueblo entero de pie en defensa del Gobierno

CASTRO LEÓN SE ALZA

Se abortan los movimientos en la Escuela de Guardias Nacionales de "El Junquito", y el verdadero y más fuerte movimiento contra la Junta de Gobierno, el auspiciado por el General Jesús María Castro León desde su despacho del Ministerio de la Defensa en la Planicie. El Ministro tenía manos libres para actuar y lo visitaban políticos y militares de todas las Fuerzas. El movimiento de visitantes al Ministro de la Defensa era intenso. En asuntos relacionados con la Marina voy al Ministerio de la Defensa donde se sentía una atmósfera muy tensa. Cuando entró al Despacho del Ministro Castro León me saluda efusivamente y me dice: "¿Cómo estás Sosa Ríos"? Le respondo: "¿Cómo estás Cabito?" Era el trato cordial que sus amigos le daban. Me comenta efusivamente: "qué te parece el estado del país, esto va al caos, eso del apoyo de los trabajadores al gobierno es falso, te voy a presentar al hombre que moviliza y dirige el movimiento obrero, lo tiene todo bajo su control". Pasamos al departamento que tiene el Ministro al lado de su despacho a través de una pequeña puerta que obliga a inclinarse. Al entrar veo sentado en la cama del Ministro a un hombre joven, es Diógenes Caballero "el Hombre de la Chaqueta Negra". No emití palabra alguna, sólo el saludo de presentación con la mano. De allí salí con la firme convicción que se avecinaban momentos difíciles. Castro León era de proceder impulsivo, de inconformidad permanente y era usado por grupos descontentos con el resultado del 23 de Enero. Lo planeado por la Fuerza Aérea no les resultó como ellos querían, un movimiento estrictamente militar, con junta militar sin intervención de ningún tipo del elemento civil. (Sería interesante que los actores principales de esa Fuerza echaran el cuento como fue).

A mi regreso al Comando de la Marina le informo al

Comandante mi impresión sobre la visita efectuada al Ministro de la Defensa. También informo a los oficiales del Estado Mayor Naval. La Segunda Sección empieza a trabajar intensamente, se alerta al Comando de la Escuadra, los buques y batallones de Infantería de Marina, que sin estar acuartelados, sus comandantes saben que hay que dormir con un ojo abierto y otro cerrado.

El Comando de la Escuadra mantiene los buques a seis horas de aviso para el zarpe en guardias por División y se toman todas las medidas de seguridad en el Comando que funcionaba en "La Guzmania". Se alerta la Base Naval de Puerto Cabello para que, sin aspavientos, extreme la vigilancia. También se toma contacto con las otras Fuerzas para hacer un sondeo de la situación de cada una.

La situación militar se siente tensa, pero la vida en la Capital se desarrolla normalmente. El Presidente de la Junta está en el Nuevo Circo presenciando un encuentro boxístico y a las 11 de la noche me llama a mi casa el Capitán Héctor Abdelnour, edecán del Almirante Larrazábal y me informa: "Mi Capitán salimos para "La Guzmania", en la Planicie se están reuniendo numerosos oficiales, ya se les está avisando a los otros miembros de la Junta y a los Ministros para que se dirijan al Litoral". El Comandante de la Marina se apersona en su Comando, lo llamo y le informó que salgo para "La Guzmania", pasamos el resto de la noche y la madrugada en pie. Ya el Capitán Rodríguez Olivares, Comandante de la Escuadra, había tomado todas las medidas y la Escuadra estaba en pie de guerra. El Capitán López Conde, Comandante de la Infantería de Marina hacía lo mismo, se movilizaba entre La Guaira y Puerto Cabello.

En la mañana se presenta en "La Guzmania" el Mayor Martín Parada, jefe del Estado Mayor de la Aviación, quien en alta voz informa la situación y dice: Castro León tiene el dominio y mando de todas las Fuerzas Armadas, todas las guarniciones están listas para cumplir sus órdenes. Su oratoria es eufórica pero desesperada; nadie emite palabra. El Almirante Larrazábal trata de calmarlo pero Martín no reacciona y por último dice: "ustedes serán los culpables por la sangre que se derrame". No me aguanté y le dije: "mira Martín, nosotros estamos dispuestos a que se derrame sangre aún cuando sea de las Hermanitas de la Caridad, pero ustedes no se van a coger el país". El jefe de Estado Mayor Aéreo se regresó a Caracas.

A las diez de la mañana se recibieron los partes de los buques y de los Comandos de los batallones de infantería de marina. Los Comandantes Rodríguez Olivares y López Conde me informan que todo está listo y en marcha. La operación en defensa de la Junta de Gobierno está funcionando. A las once de la mañana se recibe información del Palacio Blanco que todo está bajo control. El Almirante Larrazábal preguntó por el paradero del jefe de la Casa Militar y el Capitán Abdelnour le responde que anoche estuvo tratando de localizarlo pero me informaron que estaba en la Planicie con el General Castro León. Alguien dijo: "El gobierno se ejerce en Miraflores, ¡vámonos para Caracas!". A medio día llegamos al Palacio Blanco donde a la entrada nos recibió un enjambre de reporteros tomando fotografías que de nuestra llegada publicó la prensa. Todos los Ministros se reunieron en sesión permanente mientras el Palacio Blanco era un hervidero de gente que entraba y salía para manifestar su apoyo a la Junta de Gobierno. Representaban a industriales, trabajadores, intelectuales, la prensa, la radio y la televisión, además de los más destacados líderes políticos de todos los partidos. El pueblo de Caracas se volcó en una manifestación jamás vista. La marcha de los estudiantes la presidía el Rector De Venanzi. A las tres de la tarde la multitud frente al Palacio Blanco era impresionante, toda Venezuela de pie en respaldo a una Junta de Gobierno a través de la cual el pueblo se sentía representado

Llegó la noche y el Almirante Larrazábal llama a Castro León al Palacio, pero el Ministro se niega a salir de la planicie. Se decide el envío de emisarios para que parlamenten con Castro León. Van el Dr. Rafael Caldera y el Dr. Jóvito Villalba; cumplen la misión y cada uno informa a la Junta y al Gabinete reunidos en sesión conjunta. El Dr. Caldera hace un preámbulo: "lo que voy a comunicar a ustedes son estrictamente las palabras que dijo el General Castro León... No me solidarizo con los planteamientos hechos por el Ministro de la Defensa, solamente informo a ustedes cual es la posición del General". Enumeró las aspiraciones y condiciones del Ministro rebelde que naturalmente eran todas inaceptables. Caldera cumplió con su misión.

La intervención del Dr. Villalba fue expresada con gran dramatismo: "Castro León tiene el control del país, las guarniciones están con él, hay que negociar; es una situación en que hay que engavetar los principios, hasta Bolívar los engavetó cuando fue necesario". Nadie emitió palabra. El gabinete entero como una unidad de honor le manifestó al Almirante Larrazábal que ellos no permanecerían en el gobierno si Castro León continuaba formando parte de él. Le informé telefónicamente al Comandante de la Marina la situación en el Consejo de Ministros y él se solidariza con la actitud del gabinete. Inmediatamente llamo aparte al Almirante Larrazábal y le digo: "Wolfgang, si Castro León se queda en el Gabinete la Marina no te reconocerá como Presidente de la Junta".

Avanzaba la noche y Castro León decide ir al Palacio Blanco. Habla de la renuncia de la Junta jugando esa carta para impresionar. Venir a conversar es signo de su debilidad, está impresionado con la demostración de apoyo a la Junta. No era como se decía, que todas las guarniciones estaban con el Ministro, no era tanta verdad, incluso habían muchos oficiales que no estaban de acuerdo con ese movimiento y fueron sorprendidos. Las manifestaciones en respaldo del gobierno a todo lo largo y ancho del país les hicieron ver la realidad. Un grupo había embarcado al Ministro en una aventura peligrosa e incierta.

Castro León sigue hablando y razonando sus pedidos. Después de dos horas de conversaciones donde Castro León hablaba de renuncia, el secretario de la Junta, el Dr. Sanabria, dice en voz alta: "a mí no tienen necesidad de pedirme la renuncia, ya la tengo en el bolsillo, lo que yo tendría que ver es cómo van a gobernar".

Aquí interviene un venezolano, cuyos compatriotas deben rendirle homenaje de admiración y respeto, fue el factor determinante para que el General Castro León renunciara y saliera para el exterior. El gravísimo conflicto creado por el Ministro de la Defensa está resuelto. La solución favorable tiene un nombre y se le debe íntegramente al Dr. Héctor Hernández Carabaño. Al salir Castro León del salón donde estaba dialogando con Hernández Carabaño me dijo: "tú serás el responsable del caos en que los políticos hundirán a este país". "Tal vez, pero lo necesario es que tú te vayas p'al carajo", le dije.

El acto de renuncia del General Ministro es transmitido por la cadena de radio y televisión. El país vuelve a la total normalidad. La demostración de fuerza cívica por el pueblo venezolano fue determinante.

Asume el cargo de ministro otro oficial de la Fuerza Aérea, el General Josué López Henríquez. Fue un Ministro discreto, nunca pretendió ser el Comandante de las Fuerzas, y durante su mandato le dio plena vigencia y respeto al Decreto 288

LARRAZÁBAL SE LANZA

Se inicia la etapa para que el país entre en un nuevo proceso electoral, se estructura el Consejo Supremo Electoral y los partidos y organizaciones electorales comienzan a tener actividad en toda la República. A medida que el tiempo avanza y las campañas políticas se intensifican, se vislumbra que Rómulo Betancourt y Rafael Caldera serán candidatos. El partido político URD comienza con sus contactos con el Almirante Larrazábal para que se lance como candidato; en los corrillos del Palacio Blanco se reunían los oficiales y personas que lo frecuentaban.

En una oportunidad los generales Pedro José Quevedo, Carlos Luis Araque, Antonio Briceño Linares y yo estábamos conversando con el Almirante Larrazábal al pie de la escalera que conduce al primer piso del Palacio Blanco. La voz la tenían Quevedo y Briceño Linares quienes le plantearon al Almirante la necesidad que tenía el país que se lanzara como candidato. Le insistían con vehemencia: "Wolfgang, tú tienes que lanzarte, tú eres el único que le puedes ganar una elección al...... de Rómulo Betancourt". Dejo a la imaginación del lector que complete la frase.

Araque no pronunció palabra; su silencio me sirvió de ejemplo. Tampoco tomé la bandera, me reservé mi opinión para la oportunidad que más temprano que tarde tendría que llegar, y así sucedió.

Wolfgang llama al Comandante de la Marina y le ordena que se haga una reunión con el Alto Mando Naval en la oficina del Comandante. Las conversaciones con URD están bien adelantadas, y él debe tomar su decisión. Wolfgang llega a la reunión. Estaban presentes, el Almirante Carlos Larrazábal, el Capitán Francisco Lares, el Capitán Jesús Salazar Hidalgo, el Capitán Miguel Hernández Soucier, el Capitán Miguel José Rodríguez Olivares, el Capitán Armando López Conde y yo. Que me excusen los otros que también estaban pero mi memoria no los recuerda. Toma la palabra el Almirante Presidente de la Junta y se dirige a todos los oficiales. Les manifiesta que su presencia allí es para oír la opinión del Alto Mando Naval con respecto a la proposición del partido URD de lanzarlo como candidato a la Presidencia de la República. Luego dice: "quisiera oír primero al Capitán Sosa Ríos, él ha pasado tiempo en la vida civil, tiene experiencia y conocimiento en los avatares de un militar que pasó casi cinco años como civil". Tomé la palabra y le dije: "mi Almirante, yo en ningún momento puedo aconsejarle nada, usted es Presidente de la República, es Almirante y yo, como Capitán de Navío, sólo me voy a permitir decir lo que yo haría en su lugar. La proposición de ser el candidato de una sola fuerza política no basta, usted tiene el sartén agarrado por el mango, espere más bien para obtener el apoyo de más de un partido". El Almirante Carlos Larrazábal no me dejó terminar y dijo: "Esa es una opinión adeca".

No contesté una sola palabra e inmediatamente me retiré, y al salir del despacho del Comandante le dije a mi ayudante, el Teniente de Navío Manuel Díaz Ugueto: "al terminar la reunión le dice a los oficiales que asistieron que vayan a mi despacho que les voy a hablar". Tan pronto terminó la reunión me dirigí al portalón de la Comandancia para despedir al Presidente de la Junta de Gobierno y luego volví a mi oficina. Allí estaban reunidos los oficiales y les dije: "ustedes acaban de oír lo sucedido en la oficina del Comandante, yo he analizado esa actitud y estoy pensando en irme de nuevo a la vida civil". El Capitán Salazar Hidalgo no me dejó terminar diciéndome: "No puede irse mi Capitán, usted es el cerebro de ese señor". Se disiparon las dudas. La expresión del Capitán Salazar Hidalgo, franca y generosa me hizo ser más leal y sincero con el Comando, mi posición se reforzaba ante todos mis subalternos, todos ellos sabían cual es la diferencia entre mando y autoridad.

Al poco tiempo el Almirante Wolfgang Larrazábal le comunica a su padre la posición de URD; el viejo Capitán Fabio Larrazábal le dice que él quiere reunir a los hijos y a la familia, para oír en consejo la opinión de cada uno de ellos. El viejo no sabía nada de la reunión en el Comando ya que los asuntos que se tratan en las reuniones de oficiales del Alto Mando de la Marina son sagrados y sólo pertenecen a los que estuvieron presentes. Así pues, para complacer al viejo se hace la reunión. Asistí a ella por respeto y cariño al Capitán Larrazábal quien era mi suegro y al cual quise entrañablemente. En momentos y circunstancias difíciles en que se necesita de una mano amiga, el viejo Larrazábal y mi cuñado Florencio Robles, fueron las manos amigas que me ayudaron cuando verdaderamente lo necesité; fue durante la época que inicié mi primera experiencia en la vida civil. También esta vez el viejo Larrazábal me pregunta primero: "Ricardo ¿qué opinas tú de esto?". Le dije: "Wolfgang se va a meter en una refriega política muy difícil, será una lucha de simpatía contra organización". La reunión continuó, se comentaba mi opinión, no se llegó a conclusión alguna; la cordialidad absorbió el planteamiento y todo acabó simplemente como había comenzado.

El Almirante renuncia a la Presidencia de la Junta de Gobierno y decide entrar en la lucha política por la Presidencia de la República. El Dr. Sanabria asume la Presidencia de la Junta y el 18 de octubre de 1958 URD anuncia por cadena de radio y televisión, durante acto celebrado en la casa nacional del partido URD, el lanzamiento de Wolfgang Larrazábal como su candidato a la Presidencia de la República. La silla de honor la ocupa el Almirante y a su espalda en la pared cuelga el retrato del General Isaías Medina. La coincidencia de la fecha para lanzarlo y los contrastes entre el acercamiento de las cámaras al retrato de Medina y a la figura del Almirante fueron "simples coincidencias".

Las Fuerzas Armadas en general y muy en particular la Marina estaba pendiente de la suerte del Almirante ya que era la primera vez en la historia que un militar renuncia a la Presidencia de la República, deja el servicio activo y solicita permiso para hacer incursión en la política. Es un gesto que honra y enaltece la figura militar ante la nación entera.

El receso impuesto por el Consejo Supremo Electoral termina con la campaña política, y luego viene el día de la elección. El país está en expectativa esperando los escrutinios, la votación se ejerce con absoluta calma; las mesas de votación están colmadas de electores, el evento parece más bien un acto religioso.

Por la noche empiezan a llegar visitantes al Comando de la Marina, es un salir y entrar en el despacho del Comandante y a medida que el escrutinio avanza, la situación en la Comandancia se hace mas tensa. Empiezan a llegar mensajeros que le calientan la oreja al Comandante con sobres llenos de tarjetas amarillas. Uno de los mensajeros se anuncia como enviado por Doña Lola Fuenmayor, más tarde Doña Lola Fuenmayor visita personalmente al Almirante. Es un ir y venir de gente con la misma cantaleta. "Se está cometiendo un fraude".

Se alertó al Comandante de la Escuadra y al Comandante de la Infantería de Marina. La suerte del país está en manos del Consejo Supremo Electoral, de más nadie. Cuando la situación es mas tensa, llamo al Almirante Wolfgang Larrazábal, le planteo la situación y me dice: "ya salgo para la televisión para reconocerle el triunfo a Betancourt". Es otro gesto de hidalguía que el Almirante Ex-Presidente tiene y que sin duda afirma las bases de lo que sería el Gobierno Constitucional. Honrar honra. Wolfgang Larrazábal merece el respeto y consideración de los venezolanos. Nuestra democracia tiene en él un símbolo, los militares un ejemplo y los políticos una lección.

RÉGIMEN CONSTITUCIONAL

Antes de entrar en este capítulo, narraré sobre la intervención de la Marina para ayudar a la Revolución Cubana. El Comandante maneja directamente esa operación y René Fiallo lo visita frecuentemente. Sus contactos son el Presidente de la Junta y el Capitán Héctor Abdelnour, edecán del Almirante Presidente. El conoce todos los hilos de la madeja y sería interesante que narrara lo que él sí sabe: avión y armas. Fidel Castro entra en La Habana estrenando el nuevo uniforme que más tarde reestrenaría la Infantería de Marina en Venezuela; es un pasaje muy interesante que debe ser conocido con detalles. El bolívar para la Sierra Maestra, la campaña de Radio Continente, Juan Francisco Rodríguez, el célebre "Don Fulgencio", venezolano integral, peón de brega cuando la democracia está amenazada sin exigir nada y darlo todo. También sabe cómo se demuestra la fe, el cariño y el deber para consolidar la democracia de la misma desinteresada manera.

Como era natural, el triunfo del Presidente Betancourt,

la instalación del Gobierno y los actos oficiales no halagaron mucho al Almirante Carlos Larrazábal, Comandante de la Marina. Sus más allegados no lo aconsejaban precisamente para que se convenciera de la nueva situación. Daba la impresión que quería estar permanentemente viviendo en un gobierno de facto.

La Comandancia somete a consideración del Ministro el proyecto de Resolución creando el Consejo Superior de la Marina. Siendo Ministro de la Defensa el General Josué López Henríquez, se puso en vigencia la Resolución Ministerial N° 220 de fecha 16-12-59 creando el Consejo Superior de la Marina. No se le dio el nombre de Consejo de Almirantes, pues para la época en que se creó, no había un número suficiente de Almirantes, por lo que para formarlo se tenía que convocar a los Capitanes de Navío que se encontraban ejerciendo cargos que eran para el rango de Almirante.

Creado ese Consejo, que más tarde se convertiría en Consejo de Almirantes, él asumió el proceso de evaluación para el ascenso de los oficiales en los grados de Capitán de Fragata y de Capitán de Navío, que irían a la consideración del Congreso de la República. Es obvio que si la Fuerza consideraba los ascensos para los otros grados de oficiales y suboficiales nombrando las comisiones para su evaluación dentro de su seno y donde no intervenía otra autoridad que no fuese la Marina, la evaluación para el ascenso en los grados de más responsabilidad, debía ser hecho también por la Fuerza, quién es la que mejor conoce a sus oficiales. La intromisión de opiniones de las otras Fuerzas no tiene sentido; opinar en favor o en contra de un oficial debe ser hecho en el seno de su propia institución y por sus propios oficiales.

Cuando la evaluación para el ascenso de los oficiales se basa únicamente en sus méritos personales y profesionales, en su conducta dentro y fuera del servicio, en su honestidad y capacidad en la administración de los bienes de la Marina que se le confíen; entonces los ascensos se consideran con justicia. Pero también existe un factor organizacional que determina cuantos cargos para Almirantes y Capitanes de Navío quedarán vacantes para el momento de los ascensos. Cuando la organización de la Fuerza no tiene claramente determinados los cargos y los grados requeridos para cubrirlos, y por lo tanto no se ha determinado cuantos oficiales con el rango de Almirante y Capitán de Navío se necesitan para ocuparlos, y además que estos cargos estén precisamente determinados en la Ley de Presupuesto, entonces el camino incorrecto es el de modificar la organización aumentando la burocracia con cargos que arbitrariamente se determinan deben ser cubiertos por Almirantes o Capitanes de Navío. De esa forma se está creando un proletariado de almirantes y capitanes de navío. Recuerdo una frase empleada por el General Gómez, cuando le insinuaron que había muchos generales. El dijo: Mejor, cuanto mas hay menos valen.

El Estado Mayor se avoca y trabaja a todo tren para reestructurar aceleradamente el sistema de Comunicaciones. La Dirección de Ingeniería de la Comandancia trabaja día y noche. Hay que reconocerle al Capitán Miguel Hernández el eficiente trabajo que hizo. Se instala el sistema de microondas para enlazar telefónicamente el Comando de la Marina con todas sus unidades fundamentales: La Base Naval en Puerto Cabello, el Comando de la Escuadra en "La Guzmania" y en los buques, el Centro de Entrenamiento Naval y la Infantería de Marina en el litoral central, y en la isla de La Orchila, ocupada por la Marina para convertirla en Base Aeronaval. En tiempo récord tenemos un sistema de comunicaciones eficiente; podíamos discar directo desde Caracas a cualquier teléfono en Puerto Cabello y además el Comandante de la Marina podía comunicarse por su canal de comando exclusivo con sus comandantes subordinados más importantes: El Comandante de la Escuadra, el Comandante de la Infantería de Marina, el Comandante de la Base Naval de Puerto Cabello y el Director del Centro de Adiestramiento Naval. (Más adelante veremos como fue de útil ese sistema de comunicaciones en las lamentables pero necesarias acciones de Carúpano y Puerto Cabello).

Nos faltaba una efectiva comunicación con el

Occidente del país, que sería muy necesaria cuando se materializase el proyecto del Apostadero Naval Juan Crisóstomo Falcón en la península de Paraguaná. Le escribí una carta a la CANTV ofreciéndole tres canales de microondas para que enlazara, para uso civil, la ciudad de Caracas con Puerto Cabello, a cambio del servicio a través de su sistema para el apostadero de la Marina en Punto Fijo. No fue posible hacerlo pues la CANTV no se interesó en el asunto o no estaba preparada para el canje.

Dentro de los planes prioritarios se ejecutó el aumento de los efectivos de la Infantería de Marina como principal componente de nuestra capacidad para proyectar nuestro poder naval a tierra; y además como fuerza de apoyo para asegurar las bases de la Escuadra, para el manejo de la artillería secundaria en los buques y en fin, una serie de diversos servicios que presta a la seguridad de nuestras instalaciones. Se adquirieron los fusiles FAL calibre 7,62 mm, las ametralladoras UZI calibre 9 mm, ambas armas con sus respectivas municiones. Se construyeron los cuarteles y sollados para marineros en la Base Naval, se comenzaron a construir los muelles de la Base Naval de Puerto Cabello con todos los servicios para los buques. Estos muelles debían haber sido construidos cuando la Marina adquirió los destructores Clase Nueva Esparta y Clase Clemente para modernizar su flota. Se adquirieron 6 buques transportes de desembarco tipo L.S.M que la marina norteamericana tenía en la reserva Eran buques construidos hacia finales de la II Guerra Mundial y que nunca entraron en servicio en la flota de ese país. Estaban prácticamente nuevos y sólo tenían unas seis horas de navegación, que fue el tiempo empleado para las pruebas de mar antes de pasarlos directamente a la reserva. El costo total de los 6 transportes fue 126.000 dólares, solamente 21.000 dólares por unidad. Un solo motor diesel Fairbanks Morse de los dos que usan para su propulsión valía esa cantidad).

Durante mi actuación como Jefe del Estado Mayor, y después como Comandante General de la Marina, se estableció que las adquisiciones de buques, material, y equipos para la Marina se hicieran de gobierno a gobierno. Los pagos se hacían con cheques en dólares a nombre del Tesoro de los Estados Unidos. Quiero hacer un recordatorio al jefe de la Misión Naval Norteamericana, el Capitán de Navío Eli Vinock, quien se desempeñó en ese cargo durante mi actuación como Jefe del Estado Mayor Naval y luego como Comandante General de la Marina. El fue el renovador de la Misión y dejó recuerdos de su gran capacidad y lealtad. La Marina Venezolana lo recuerda siempre con cariño.

Siendo Jefe del Estado Mayor Naval y estando el Dr. Raúl Valera al frente del Ministerio del Trabajo, el Comando de la Marina me comisiona para una entrevista con el Ministro para tratar un asunto de gran importancia.

Al llegar al Despacho del Dr. Valera, me estaban esperando el propio Ministro y el Director del Trabajo, quienes me informan de la situación. La Compañía Shell tiene un problema laboral con el personal de marina y tiene la amenaza de un paro intempestivo de los buques que hacen el tráfico de cabotaje; el Gobierno tiene dispuesto enfrentarse a ese paro ilegal pero necesita estar preparado y es por eso que quieren la opinión de la Marina de Guerra.

Después de oír la exposición del Ministro del Trabajo, le presenté los pasos que deberían darse para que la Marina de Guerra pudiese garantizar la operación de esos buques. Primero se requiere que se le suministren a la Marina los planos actualizados de la planta propulsora, sistemas auxiliares y sistemas de carga y descarga de los buques. Segundo, que Gobierno decrete la ilegalidad del paro y por último, que durante la emergencia, la Dirección de Marina Mercante adscrita al Ministerio de Transporte pase bajo el control del Ministerio e la Defensa.

Tan pronto salí de la reunión con el Ministro, donde se le solicitó a la Marina que asumiera la operación de los tanqueros de la Shell, caso se materializase el paro laboral, informé al Comandante de la Marina de la situación y ordené de inmediato todas las acciones destinadas a la elaboración del Plan de Ocupación y Operación de los buques en todos sus detalles así:

Tareas a cumplir:
a) Dirección de Ingeniería: Selección y adiestramiento del personal para la operación de la maquinaria de los buques.
b) Comando de la Escuadra: Selección y adiestramiento del personal para la operación de los buques y sus equipos de cubierta.
c) Comando de la Infantería de Marina: Ocupación militar de los buques.
d) Dirección de Personal: Contacto con el Capitán, Oficiales y tripulación de los buques intervenidos.

A las 24 horas de tener la Marina conocimiento de la situación, ya estaban en marcha los planes para la ocupación de los buques, cada dependencia de la Marina tenía en detalle la manera de proceder para el cumplimiento de su misión.

Ya listos, le informé al Ministro de Trabajo, que para proceder, la Marina de Guerra sólo esperaba que se materializase el paro y además que fuese declarado ilegal. Así entiendo la democracia, así es que se aplica la fuerza en defensa del sistema democrático.

Afortunadamente no hubo necesidad de hacer la ocupación de esos buques, pero sí estaba planeada y dispuesta a ejecutarse con decencia, pero con firmeza, sin atropellos, pero con autoridad ejercida de acuerdo a la Constitución y Leyes de la República.

El Comandante General delega en mí casi todas las representaciones a los actos oficiales, pero desarrolla su rutina, recibiendo a los diversos comandantes que tiene bajo su mando directo, firma documentos y recibe las audiencias que le son solicitadas. Frecuentemente no tomaba en cuenta el horario de trabajo establecido, llegaba cuando el personal estaba de salida y salía cuando el personal estaba llegando. Visitaba con frecuencia las dependencias navales, lo acompañaba su ayudante personal y su secretario el Sr. Rafael Yánez. A veces invitaba a algún otro oficial superior para que lo acompañara. Como le había ofrecido al Almirante Presidente de la Junta, me dediqué a trabajar para el Comando. Como Jefe de Estado Mayor Naval, jamás me abrogué atribuciones o tomé decisiones que pudieran lesionar la majestad del Comandante General. Sólo pertenecía al órgano asesor del Comandante ya que no estaba en la cadena de comando. La prudencia en mis actuaciones siempre estuvo presente en mis intervenciones en reuniones de oficiales, siempre lo hacía como una delegación del Comandante, siempre hablaba haciendo hincapié en eso.

ATENTADO EN LOS PRÓCERES

Transcurren los meses y el 24 de junio de 1960 se sucede el atentado contra el Presidente de la República. Cuando a las 9 de la mañana me dirijo por Santa Mónica hacia la Avenida Los Próceres, oigo una explosión y le digo a mi ayudante: "Parece que explotó una bomba de gasolina". Sigo mi camino y me encuentro con el Mayor Valmore Rodríguez quien me da la noticia: "El Presidente está en el Hospital Universitario". Sigo para la tribuna de Los Próceres donde todo está listo para comenzar los actos conmemorativos del día del ejército. Allí está el General Régulo Pacheco Vivas, Jefe del Estado Mayor Conjunto con quien comento la noticia. "¿Qué hacemos?". Entonces le dije: "Régulo, que empiece la misa". En el automóvil del Presidente venía el Ministro de la Defensa General Josué López Henríquez.

El General Régulo Pacheco Vivas preside el acto y ordena que comience la misa. El tiempo que durará la misa es precioso; a López Conde, presente en el acto, le ordeno que se traslade al litoral, que acuartele la Infantería de Marina y que asuma el control de todo el litoral. Se le avisa la situación al Comandante de la Escuadra, Capitán de Navío Rodríguez Olivares, y se le ordena que la flota suspenda las maniobras que estaba efectuando en el Golfo de Venezuela y permanezca en la mar a espera de las órdenes del Comando

General de la Marina. Hora y media después del atentado la Marina estaba en pie de guerra.

Durante la ceremonia de la Santa Misa, la Policía Militar le informa al General Pacheco Vivas: "Tenemos información que debajo de la tribuna hay colocada una bomba". Régulo me dice: "¿Oíste Sosa Ríos?". "Sí", le contesto: "no nos queda más remedio que esperar el ruido". Pacheco me contestó: "Vamos a seguir oyendo misa". Afortunadamente la tal bomba era una noticia falsa. Al terminar la misa nos dirigimos a nuestros comandos donde llegan las noticias desde Miraflores informándonos de la realidad. El Presidente está en el Hospital Universitario y dentro de algunas horas lo trasladarán a Miraflores. El propio Presidente así lo ha ordenado. Toda la nación se entera del atentado. Las noticias se dan después que las Fuerzas Armadas están prácticamente en pie de guerra. Al día siguiente en la noche voy al Palacio de Miraflores. Me anuncio y el Presidente ordena: "Que pase Sosa Ríos". Una de las muy pocas personas que vio personalmente al Presidente fui yo. Estaba con todas sus plenas facultades, lo acompañaban Doña Carmen y su hija Virginia. No había más nadie en la habitación. Me preguntó: "Almirante, ¿como están las cosas?". "Todo bajo control, Presidente". Mantenía su buen humor, sólo lo afectaba la tremenda hinchazón de la cara y las quemaduras en las manos. Me despedí y al salir, Virginia me pregunta: "Almirante, ¿cómo ve usted la situación?". "No se preocupen, la Marina cumplirá con su deber. El país está convulsionado y sorprendido, el atentado fue verdaderamente sorpresivo".

A Miraflores llegan comisiones de profesionales, trabajadores, sindicatos y telegramas pronunciándose y repudiando el hecho. El respaldo al Presidente fue inmenso. Los venezolanos somos hidalgos, no usamos el crimen como arma política y como lo demuestran los hechos, la acción criminal no tuvo respaldo.

Ante las imágenes de las manifestaciones de solidaridad con el gobierno que se transmitían por televisión, donde desfilaban numerosas personalidades y representantes de numerosas instituciones, creí conveniente que la Marina lo hiciera y más aún cuando en el atentado estaba comprometido un oficial de marina. Llamé al jefe de la Segunda Sección, el Capitán de Navío Francisco Lares y le dije: "Pancho, tráeme un formulario de radiogramas de All American Cable en blanco". Me senté en la máquina y yo mismo redacté un radiograma que decía: "Contralmirante Carlos Larrazábal, Comandante General de la Marina, Caracas, Venezuela. Al conocer del vil atentado que fue víctima nuestro Presidente repudio ese abominable acto y la intervención en él de un oficial de marina. Sé mi vocero ante el Presidente de todo mi incondicional apoyo al Gobierno Constitucional. Saludos Wolfgang Larrazábal". El doctor Elías Osorio Belisario leyó la copia y me dijo, "Almirante, ¿y quién lo va a leer por la televisión?". Le contesté: "Venga a mi despacho". Nos sentamos frente al televisor. Quince minutos después el Comandante General de la Marina, quien minutos atrás estaba acuartelado, apareció en Miraflores frente a las cámaras de televisión leyendo el mensaje que supuestamente desde nuestra Embajada en Chile le mandara el Almirante Wolfgang Larrazábal. No sólo leyó el texto, lo amplió con su opinión personal, con euforia y vehemencia en apoyo al Presidente Betancourt. En el proceso de las averiguaciones sale complicado el Capitán de Navío Eduardo Morales Luengo, que es posteriormente condenado y va a prisión.

DE NUEVO EN EL COMANDO DE LA ESCUADRA

Las actividades de la Marina siguen un curso aparentemente normal. Me informan que en la Intendencia Naval se efectúan reuniones, una de ellas entre el Contralmirante Carlos Larrazábal y el Dr. Gustavo Machado. Fui directamente a la oficina del Comandante y le dije: "Carlos, tú eres el Comandante General de la Marina y el doctor Gustavo Machado es un senador de la República. El sitio normal para hablar con esas personalidades debe ser en tu oficina del Comando de la Marina". No me contestó ni una palabra.

Esas y otras situaciones de diversos tipos llevaron al Comandante de la Marina a decirme un día: "Al negro Rodríguez (el Capitán Rodríguez Olivares) lo voy a proponer como Jefe del Estado Mayor y tú vuelves para el Comando de la Escuadra". Le dije: "Muy bien". El Almirante Carlos Larrazábal mandó a preparar las resoluciones para llevárselas al Ministro. Regreso para el Comando de la Escuadra, allí donde estuve después del 23 de enero. La situación tenía presagios que indicaban que era mejor estar con la fuerza en la mano que sentado en un escritorio.

Me encuentro de nuevo en la Escuadra reemplazando al Capitán de Navío Miguel J. Rodríguez Olivares, el cual por su vez me reemplaza en la Jefatura del Estado Mayor Naval (EMN). El negro Rodríguez no llegó a posesionarse de su cargo, pues un terrible mal lo llevó a la tumba. La Marina había perdido una de sus cifras más valiosas. El Almirante Gámez Calcaño es designado jefe del EMN. De acuerdo con la organización que se le ha dado a la Marina, los Comandos de la Escuadra, Infantería de Marina, Centro de Entrenamiento Naval, Base Naval de Puerto Cabello y Escuela Naval, dependen directamente del Comandante General de La Marina. Tienen el mismo nivel, no están subordinados sino al Comandante General. Así mismo las cuentas del Director del Personal, Director de Administración y Director de Ingeniería, son rendidas directamente también al Comandante General. El cargo de jefe de Estado Mayor tiene el mismo rango que los Comandantes de Escuadra, Infantería de Marina, Centro de Entrenamiento Naval, Base y Escuela Naval, pero es sólo un órgano asesor del Comandante General; no puede ordenar y modificar órdenes, de él dependen las cuatro secciones del Estado Mayor Naval que son: La primera es Personal, la segunda es Informaciones; la tercera es Operaciones, y la cuarta es Logística. Sólo para planear, no para ejecutar.

De acuerdo con el Comandante de la Base Naval de Puerto Cabello, Almirante Francisco Lares, organizo la segunda planta del edificio del Comando de la Base para instalar allí el Comando de la Escuadra. Lares estaba compenetrado con mi decisión de mudar el Comando de la Escuadra lo más pronto posible y sacarlo de "La Guzmania", y aunque Lares y yo teníamos el mismo nivel de Comando, yo era mas antiguo y me correspondía ser el Comandante de la Guarnición de Puerto Cabello, la cual él ejercía antes de yo instalarme en la Base Naval. Por cortesía militar le comuniqué a Lares que se necesitaba hacer unas ampliaciones en la enfermería de la Base, mejorarla, y en fin, una serie de trabajos debido a las necesidades que generaba la presencia del Comando de la Escuadra dentro de las instalaciones de la Base Naval. Me contestó: "Almirante, usted manda, bien sé que todo lo que usted haga va en beneficio de la Marina; soy su subordinado". Lares fue uno de los mejores colaboradores que tuve en la Guarnición que comandaba. En el acto de toma de posesión como Comandante de la Guarnición conocí al Teniente Coronel Eusebio Suzzarini, Comandante del Destacamento de la Guardia Nacional, quien como subordinado, me demostró una lealtad y eficiencia a toda prueba. Los sucesos acaecidos durante el alzamiento militar del Batallón de Infantería N° 2 lo demostraron plenamente. El Teniente Coronel Suzzarini era todo un señor Comandante.

Después que sale la Resolución con mi nombramiento y en un encuentro que tuve con el Presidente en Miraflores, le interrogo: "Presidente, ¿qué le parece mi cambio para la Escuadra?", "me extrañó que usted no me hubiera llamado, no para discutir el cambio, sino para averiguar cuál sería mi opinión y las causas que tuvo el Comandante de la Marina para proponerlo. Me dijo, "Lo vi más conveniente". A lo que yo le respondí: "Así lo creo también".

SUBMARINO PARA LA ARMADA

En el año 1960 siendo jefe del Estado Mayor Naval, fui comisionado para recibir en San Francisco, ciudad de los

Estados Unidos de América, el primer submarino para la Armada de Venezuela. Viajé en representación del Ministerio de la Defensa. El Embajador de Venezuela para ese momento, el doctor Marcos Falcón Briceño, fue designado representante del gobierno nacional en ese acto. El submarino se había adquirido para que fuese un buque escuela para submarinistas, pero se le hicieron las reparaciones y mantenimientos necesarios para operarlo también como unidad de combate para la Escuadra. El primer Comandante de nuestro primer submarino fue el Capitán de Fragata Armando Pérez Leffmans. En esa misión me acompañó mi ayudante, que para la época era el Capitán de Corbeta Ernesto Reyes Leal. Uno de los oficiales integrantes de la misión era el Teniente de Navío Alfredo Vega Torrealba.

Mi ayudante me informa que el Teniente Vega ha solicitado una audiencia para hablar conmigo. Recibo al teniente quien me manifiesta que hace meses envió a la Comandancia de la Marina su solicitud de permiso para contraer matrimonio con su prometida que es de nacionalidad salvadoreña, que para él será un problema muy grande regresar a Venezuela sin haberse casado, pues sus condiciones económicas no le permitirían hacer los gastos para regresar a cumplir la palabra empeñada, y que si no llega el permiso antes de la salida del submarino, su regreso a San Francisco le causará gastos que sólo endeudándose podrá hacerlo. Le contesté: "Pase su permiso aquí nuevamente por su órgano regular al Capitán Pérez Leffmans, que yo se lo voy a conceder". El mismo día recibí el permiso y se lo firmé.

A mi regreso a Venezuela, el Ministro de la Defensa me increpa y me dice que con la concesión del permiso para contraer matrimonio en San Francisco al Teniente Vega Torrealba, he tomado decisiones que corresponden al Ministro. Cordialmente le respondí: "Quien concede los permisos para contraer matrimonio es el Ministro; yo estaba en San Francisco en representación del Ministerio. El Oficial llenaba todos los requisitos legales, era Teniente de Navío, por lo tanto, había cumplido con el aparte 'C' del Artículo 749 de la Ley Orgánica de las Fuerzas Armadas. Ese permiso estaba ajustado a derecho; proceder de otra manera sería una estupidez".

Durante la gestión del Almirante Carlos Larrazábal al frente del Comando de la Marina, el Ministro Briceño Linares no le objetó absolutamente nada, el Comandante de la Marina actuaba a su bien parecer y entender, jamás fue interferido por el Ministro en sus actuaciones.

Cuando mi comando planea y decide la adquisición de un segundo submarino, y estando este asunto en los trámites necesarios ante el Ministerio de la Defensa, el día 6 de diciembre de 1962 el Agregado Naval a nuestra Embajada en Washington me envía la comunicación N° 829 que muestra la interferencia del Ministerio de la Defensa en los siguientes términos:

Embajada de Venezuela. Agregaduría Naval. Para Comandante General de la Marina. Asunto, adquisición de un segundo submarino.

Esta Agregaduría tiene conocimiento que Venezuela ha sido incluida en la lista de los países a los cuales se le podrá vender un submarino. El proyecto de Ley que permitirá dicha venta está siendo preparado para su envío al Congreso de los E.U.A.

Por otra parte, esta Agregaduría tiene también conocimiento que en la entrevista que sostuvo nuestro Ministro de la Defensa con el Presidente Kennedy, fue opinión del Ciudadano Ministro que el citado submarino no era necesario por el momento y que su adquisición podría ser relegada para otra oportunidad.

Esta Agregaduría estima altamente ser informada sobre el criterio de dicha Comandancia en lo que se refiere a la adquisición del segundo submarino, y de igual modo el criterio del Ministerio de la Defensa.

El suscrito se permite recordar a esa Comandancia que cuando fue Jefe de la I División del Estado Mayor Conjunto, la adquisición del segundo submarino, presentada por la Comandancia General de la Marina, fue aprobada por unanimidad en una reunión del Estado Mayor Conjunto efectuada aproximadamente entre noviembre del 60 y Enero del 61. Firmado Antonio Eljuri Yunes. Capitán de Navío. Agregado Naval.

La respuesta a este oficio se la di al Agregado mediante el siguiente radiograma: Para Capitán de Navío Antonio Eljuri Yunes. Agregado Naval. Embajada de Venezuela Washington DC. En relación a su comunicación N° 829, le informo que la adquisición de la unidad a que se refiere no debe ser relegada. La Marina si esta interesada en incorporar el nuevo submarino en el menor tiempo posible. Ricardo Sosa Ríos. Contralmirante Comandante General de la Marina

Luego le enviaría otra comunicación ratificándole el radiograma anterior e informándolo de las aspiraciones de la Marina. Además le indiqué algunas acciones que debía tomar para neutralizar la interferencia del Ministro de la Defensa, cuando trató de minimizar nuestro requerimiento ante el Presidente de los Estados Unidos de Norteamérica. Veamos la comunicación: Para Agregado Naval a la Embajada de Venezuela en Washington. Asunto, adquisición de submarino. Referencia (A) Su oficio No. 829 de fecha 6-12-62. Anexo (1) Lista tentativa material a incluirse en el crédito No. 1663.

Acuso recibo de su Oficio indicado en referencia (A) y en atención a su contenido, le informo que tan pronto como este Comando General recibió dicha correspondencia, le envió el Radiograma No. 868 del 12-12-62, en los siguientes términos: Le informo que la adquisición de la unidad a que se refiere no debe ser relegada. La Marina si esta interesada en incorporar el nuevo submarino en el menor tiempo posible.

Adjunto a la presente se está enviando una lista tentativa de las necesidades de la Marina a ser incluidas en el crédito 1963. Como usted podrá apreciar, allí esta contemplado el submarino ya que la Marina tiene primordial empeño en que esa unidad sea recibida lo más pronto posible.

Para lograr este fin, haga los trámites iniciales para definir la posibilidad de que la Marina Estadounidense nos traspase una unidad que requiera el menor tiempo posible para entrar en servicio. Con respecto a los otros renglones de la lista, vaya haciendo los contactos extra-oficiales para que la Marina pueda obtener todo ese material a la mayor brevedad.

Oficialmente el Comando General de la Marina hará los trámites correspondientes por intermedio de su órgano legal, el Ministerio de la Defensa.

Manifiéstele al Almirante Anderson mi dedicación personal por la incorporación de un segundo submarino a la Escuadra venezolana, para poder rendir con eficiencia las tareas que el destino nos asigne. Ricardo Sosa Ríos. Contralmirante Comandante General de la Marina.

Después de conocer estos hechos es lícito concluir que el Ministro de la Defensa está interfiriendo con los planes de desarrollo de la Marina usando métodos nada "oficiales" El Ministro sabía perfectamente que todos los planes que se hacían bajo mi comando eran serios, bien estudiados y aprobados por el órgano asesor del Ministro de la Defensa como lo es el Estado Mayor Conjunto. El párrafo N° 4 de la comunicación de nuestro Agregado, el Capitán de Navío Eljuri Yunes, es una bala rasa. Entonces ¿a qué se debía la actitud del Ministro? ¿Por qué el Ministro le dice al Presidente Kennedy que por el momento el submarino no es necesario? ¿Por qué el ministro actúa a espaldas del Comandante General de la Marina? Si el Ministro no tomaba en cuenta las opiniones de su órgano asesor, el Estado Mayor Conjunto, entonces mucho menos querría acatar un decreto que le concedía a los Comandos de Fuerza su autonomía. El correr del tiempo ha sido el mejor juez. ¿Cuál fue el destino del Decreto 288? Ha sido anulado con instructivos, resoluciones y con directivas de administración centralizada. Y como el hecho económico es

—

determinante, la autonomía de las Fuerzas ha quedado para ordenar fiestas y cócteles, modificar el reglamento de uniformes para agregarles más artefactos de colores dorados y plateados, y asignarle más vehículos y personal para uso particular en los altos rangos.

Ahora crearon la modalidad que para ser Comandante de Fuerza se tiene que ser General de División o Vicealmirante. Yo me pregunto: ¿acaso la Comisión de Defensa del Senado de la República no ha leído el Artículo 759 de la Ley Orgánica de las Fuerzas Armadas que a la letra dice:
"El ascenso a los grados de Vicealmirante y Almirante, serán concedidos teniendo en cuenta la capacidad marino-militar del candidato, la antigüedad en el servicio **y los hechos de armas distinguidos que haya ejecutado"**

Supe últimamente que con motivo del reemplazo del Ministro de la Defensa General de División Álvarez Torres, se estaban dando los pasos para él que saliera del Ministerio con el grado de General en Jefe. Cosas veredes Sancho que harán falar las piedras. La faena montada para que ese ascenso fuese enviado a consideración del Congreso no cristalizó, ya que si lo hubiese hecho, habría sido entonces enviada a la Comisión de Defensa de esa Cámara con un resultado obvio: El ascenso del Ministro de la Defensa a General en Jefe. Jamás el senado ha rechazado por iniciativa propia un ascenso. El único caso de un ascenso propuesto al Senado y posteriormente retirado es el de un Oficial de Marina y eso por decisión y orden del Presidente de la República.

LA DEFENSA JUSTA DEL SUBALTERNO

El día 19 de octubre de 1962, la revista "Venezuela Gráfica" publica una información de origen dudoso. ¿Quién le entregó esa información a "Venezuela Gráfica"? ¿Acaso no sería el mismo oficial que la retiró de la Imprenta Naval? ¿Por qué ese oficial no fue al Comando de la Marina para informar sobre el asunto? ¿Por qué el Ministerio de la Defensa se hace el sueco y pasa agachado?

Aquí están los hechos. Lean la siguiente comunicación N° 18624 de fecha 16 de octubre de 1962 y saquen sus propias conclusiones: De Comandante General de la Marina para Ministro de la Defensa. Asunto: Publicación aparecida en la revista "VENEZUELA GRAFICA".

En la revista "VENEZUELA GRAFICA" No. 576 de fecha 19 de octubre de 1962, se inserta una información, que además de estar reñida con la verdad, exhibe a un oficial de marina, el Capitán de Fragata Héctor Abdelnour Mussa, como un militar venezolano que recibe medio millón de bolívares de Fidel Castro y publican una fotocopia de un cheque del Colonial Trust Company por la cantidad de US$125.000,00. La publicación contiene una serie de informaciones que a la luz de la verdad califico de falsas e insidiosas, y que al desvirtuar la realidad pretendiendo lesionar la dignidad del oficial, intenta desprestigiar las bases morales de nuestra Institución.

Usted recordará señor Ministro, que el caso del Capitán de Fragata Abdelnour Mussa quedó aclarado a raíz de la investigación que ordenó este Comando, tan pronto recibió la información emanada de su Despacho sobre la existencia del mencionado cheque. El resultado de dicha investigación fue comunicado a usted por conducto de la Dirección de Gabinete, a quien se le entregó copia del radiograma girado a toda la Marina, donde aparecen los elementos de juicio utilizados para aclarar el hecho, así como los datos atinentes al caso. En esa oportunidad se estableció que el nombrado oficial había sido víctima de una calumnia y que había sido objeto de una lamentable intriga, que lo ha afectado en su integridad profesional.

Ahora bien, ante la insidiosa publicación de la revista "VENEZUELA GRAFICA", que revela la tenaz, aviesa y soterrada campaña que se ha dirigido contra este oficial, y siendo totalmente falsa la información publicada, solicito a usted tenga a bien impartir instrucciones para que el Ministerio de la Defensa, por su órgano correspondiente o por el que su digno criterio crea conveniente, emita un Comunicado desmintiendo la información aparecida en la precitada revista, aclarando la información inserta en sus páginas y diciendo la verdad con respecto a la calumnia y afrenta de que ha sido objeto el Capitán de Fragata Héctor Abdelnour Mussa.

Tengo la convicción que ese Despacho, al actuar sin retardo para aclarar la falsedad de la crónica publicada en la referida revista, procederá con merecida ecuanimidad, con justicia y con acierto, a defender de calumnias a uno de los oficiales defensores de la constitucionalidad; y al hacerlo señor Ministro creo firmemente que se defiende también a la Institución Armada.

Me permito transcribirle el radiograma antes mencionado, que como se indicó, fue enviado a usted oportunamente: De Comandante general de la Marina para todas las unidades de la Marina. N° 7586.
Para conocimiento de los oficiales, aproximadamente el 12 de Junio de 1962, el Comandante de la Base Naval N°1 envió a la segunda sección del Estado Mayor Naval (EMSS) una copia fotostática de ambas caras de lo que aparentaba ser un cheque del Colonial Trust Bank por la cantidad de ciento veinte y cinco mil dólares, expedido en La Habana, Cuba, a favor del CF Héctor Abdelnour Mussa, cuyo reverso estaba endosado con la firma autógrafa del precitado oficial y el sello del First National Bank de Miami. Procesada la susodicha copia fotostática por intermedio de las autoridades bancarias federales de los Estados Unidos de América resultó ser que la firma del endoso no correspondía a ninguna cuenta corriente en el First National Bank de Miami y que el Colonial Trust Bank, banco del supuesto origen del cheque nunca ha tenido sucursal en La Habana y que la firma del cheque no es positivamente la de un funcionario de dicho banco. Averiguado el origen de la fotocopia resultó lo siguiente: Un oficial superior pasó por la Imprenta Naval en busca de unos trabajos pendientes y

observando que encima del escritorio del Ciudadano Rafael Vásquez, encargado de dicha dependencia, habían tres copias fotostáticas de las ya citadas. El oficial le solicitó a dicho ciudadano si podía quedarse con ellas, a lo que él mismo accedió. Interrogado el referido Vásquez negó tener conocimiento de las fotocopias aludidas a pesar que dicho oficial superior ratificó su información ante el EMSS. Esta investigación continúa y proseguirá exhaustivamente hasta determinar la responsabilidad de las personas que resultasen culpables de este asunto a fin de proceder de acuerdo con la ley, sin perjuicio de las acciones que por ante los tribunales competentes, tiene derecho a promover la parte afectada. Este Comando General está dispuesto a seguir la línea de inalterable conducta que se ha venido trazando para defender y garantizar el buen nombre de sus oficiales, reivindicando públicamente el prestigio de quienes, hechas las averiguaciones procedentes, resultaren agraviados injustamente. Pero también está dispuesto a castigar hasta el límite de la autoridad que para ello tiene asignada por la Ley y los reglamentos a los que se hicieren acreedores a los mismos. En consecuencia, se hace del conocimiento de los señores oficiales que el CF Héctor Abdelnour Mussa está exento de responsabilidad en el hecho imputado y que de las investigaciones realizadas se infiere que ha sido objeto de afrentosa acción. Firmado, Ricardo Sosa Ríos Contralmirante Comandante General de la Marina

Yo tenía la obligación de informar a todos mis subordinados de esta vil acción emprendida contra un integrante de la Marina. Hechos de esta naturaleza no pueden quedar para uso del Comandante General. La defensa justa del subalterno acrecienta la autoridad del Comando. Los subalternos no pueden estar regidos por el capricho ni la arbitrariedad del que comanda.

LA RUTINA DE MIS ACTIVIDADES

Al estar en el Comando de la Escuadra no tenía contacto diario con la Comandancia y sus dependencias, solamente con el Comandante General en los días de cuenta que eran los lunes de cada semana, pero tenía mi contacto con la Segunda Sección del Estado Mayor Naval a través del pequeño servicio de Inteligencia que funcionaba en la Base Naval y que también servía al Comando de la Escuadra.

Cambié totalmente la rutina en mis actividades. La cuenta al Comandante de la Marina dejó de ser sistemáticamente los lunes y por uno u otro motivo la alternaba para diferentes días de la semana. No establecí como norma venirme todos los fines de semana para mi casa en Caracas, permaneciendo en la Base Naval durante muchos de ellos, dedicado a la pesca o al tiro de escopeta en el polígono de la Base Naval. Me iba al club Recreo a jugar dominó y cenaba en la cámara de algún buque con el oficial de guardia.

La Marina había adquirido 12 patrulleros de la Marina Estadounidense. Pero además, había adquirido uno, anteriormente en Panamá, que sería usado por los alumnos del último año de la Escuela Naval para sus prácticas de maniobra. Allí estaba, atracado a muelle, esperando que el Comando de la Marina ordenara su alistamiento para comisionarlo en la Escuadra. Para esa época estaba en la Escuadra el Teniente de Navío Tulio Márquez Planas. Resolví darle una sorpresa al Comandante de la Marina, y se la dimos. Usando recursos de la Escuadra y la ayuda de la Base Naval y del Dique, el Teniente Márquez Planas y su equipo de suboficiales, clases y marineros, desplegaron un trabajo intenso y activaron el Patrullero. Le comuniqué al Comandante: "Puede publicar la Resolución Ministerial adscribiendo el Patrullero P-01 a la Escuadra, que el Comando escoja el nombre y avíseme para grabárselo en la popa y mandar a timbrar la papelería".

La Marina tenía una nueva unidad, el Patrullero

"Mejillón" P-01. El 24 de julio de 1961 salió la Resolución, su primer Comandante fue el Teniente de Navío Tulio Márquez Planas. Fue una realización del esfuerzo, la mística, la moral y el empeño en demostrar que en la Marina había hombres cuyo corazón, pensamiento y trabajo eran   para construir una Marina digna y fuerte.   Para todos ellos vaya mi recuerdo permanente.

Seguimos trabajando intensamente en la Base Naval. Se amplió la enfermería con recursos del presupuesto del Comando de la Escuadra para que los oficiales y suboficiales pudieran ser atendidos y hospitalizados en caso necesario, pues la enfermería sólo tenía hospitalización para el personal de clases y marineros e infantes de marina.

Un día en la tarde, a eso de las 6 PM, estaba en mi camarote de la Base Naval en la residencia de almirantes. Me tocan la puerta y al abrir, es el Capitán de Corbeta Pablo Torrealba, y me dice: "Mi Almirante, tengo que hablar con usted". Lo mandé a pasar y le dije: "¿Qué hay de nuevo?". Enseguida me dijo: "Le vengo a informar algo muy serio. En la casa de mi hermana se entrevistaron el Mayor Martín Parada y el Capitán de Navío Andrés de La Rosa Vargas". El Mayor Parada estaba en Venezuela clandestinamente. El Capitán de La Rosa era el Comandante de la Tercera División de Destructores.

Torrealba me dice: "En la entrevista con el Mayor Parada, el Capitán de La Rosa le dijo que el General Briceño le mandaba a decir que la situación no es para insurgir, que te avisará cuando sea oportuno, te garantiza que podrás salir del país y te ofrece 10.000 dólares y el pasaporte.". Aprecié la situación como gravísima y en la madrugada salí para Caracas. Al llegar a mi casa llamé a la casa del Contralmirante Carlos Larrazábal, Comandante de la Marina, y le relaté lo que me había dicho el Capitán Torrealba. Le recomendé que él debería informar de ese incidente al Presidente, y que yo estaba saliendo para su casa a buscarlo para ir juntos. Me dijo: "Es mejor que vayas tú sólo". Entonces le respondí: "Eso es un deber del Comando, pero si me lo delegas, iré".

Inmediatamente llamé al Presidente a su residencia en "Los Núñez" y le solicité una audiencia con carácter de urgencia. Me mandó ir enseguida. Al entrar lo saludé militarmente y le dije: "No hay novedad en la Escuadra. Presidente, le voy a hacer una pregunta ¿Usted confía en su Ministro de la Defensa?".

El Presidente Betancourt tosió, dio una fumada a su pipa y me dijo: "¿Qué pasa?". Le comuniqué todo tal cual me había sido informado. El Presidente me respondió: "Esa actuación de Briceño tiene la aprobación mía, ¿y cómo lo supo usted?". Le respondí: "Ah Presidente, yo también tengo mi periquito..."

En ese momento ratifiqué mi concepto que como Presidente tenía de Rómulo Betancourt. El siempre sabía dónde estaba parado. Naturalmente que este incidente quedó entre el Comandante de la Marina, el Presidente y yo. El ejercicio del Comando y los presagios para el futuro recomendaban prudencia; no se podían revelar fuentes de información. Al revelar un hecho se da la punta del hilo y se llega al final de la madeja.

El país está convulsionado por la insurgencia latente, auspiciada y propiciada por los inconformes. Caracas es una ciudad en que el orden público es crítico, se queman autobuses, se propician desórdenes, hay francotiradores.

En uno de mis viajes a la capital para dar cuenta al Comando, paso por Miraflores y me encuentro con Luis Vera a quien saludo. Comentamos la situación. Desde la Capilla de El Calvario están disparando. Llega el doctor Ramón Velásquez, lo saludo y le digo que me preste su teléfono para hablar con La Carlota. El avión me espera y voy a ordenar que adelantemos la hora de regreso a Puerto Cabello. El doctor Velásquez me dice: "Almirante, no use ese teléfono que está interferido, la Central de la Pastora la controlan los insurgentes", por lo que me fui directamente sin avisar. Esa era la situación creada por grupos del gobierno derrocado el 23 de enero y otros que no descansaban en cobrarle a AD el

18 de octubre. El servicio de inteligencia de la Base Naval de Puerto Cabello me informa que hay patrullas del tránsito en la ciudad. Son patrullas de Caracas que recorren la República y mantienen un servicio de información con la central en la capital. Es un servicio que no era precisamente para regularizar y controlar violaciones de la ley de tránsito terrestre. La situación era difícil, la conspiración era propiciada y auspiciada también por algunos funcionarios del propio gobierno. Eran inexplicables las cosas que pasaban. ¿Cómo se puede uno explicar que a la vez se esté gobernando y conspirando?

PARA EJERCER EL COMANDO

Son innumerables los rumores. Llegamos al 15 de diciembre de 1961. Estoy en la residencia de almirantes de la Base Naval de Puerto Cabello donde se comenta que el Vicealmirante Carlos Larrazábal va a solicitar su retiro por tener 30 años de servicios cumplidos. Los comentarios son diversos; pasan los días y ya se conoce que la decisión del Almirante es un hecho. Se reúne un grupo de oficiales y me solicitan que los reciba, que tienen que hablar conmigo. Con la lealtad que siempre me demostraron y el aprecio al amigo, uno de ellos me dice: "Mi Almirante, váyase para Caracas, están reunidos otra vez en cónclave para escoger el reemplazo del Comandante. Usted tiene que moverse". Mi contestación fue tajante: "Hay otra profesión, muy antigua, que necesita moverse para conseguir algo. Los militares ni se ofrecen ni se niegan; para poder ejercer el Comando con plena autoridad no se debe hacer ninguna clase de gestión para obtenerlo".

Pasan los días y el Comandante General de la Marina presenta su carta solicitando su pase a retiro por haber cumplido sus 30 años de servicio. El Ministerio de la Defensa recibe la carta, le da cuenta al Presidente. En el ambiente se rumora que el reemplazo debo ser yo. Mantengo mi posición de no hacer ningún tipo de gestión. Si voy a ser comandante, seré eso, El Comandante. En ese trance de mi vida me acordé de una expresión de mi abuelo, el General José Dolores Ríos, que oí de mi tío Federico Ríos Vale: "el grande es grande para aquel que se arrodilla".

Estoy informado de todos los conciliábulos. El Ministro de la Defensa le informa al Presidente que "el nombramiento de Sosa Ríos puede ser inconveniente. Es violento. Su nombramiento no caerá bien en la Fuerza". El Presidente le argumenta: "Nombrémoslo con carácter de Encargado a ver qué pasa". Y así se hace. El Ministro no puede imponer su candidato, el Capitán de Navío Andrés de La Rosa Vargas.

Ya para los primeros días de enero se decía que yo sería designado Comandante General de la Marina. El día 7 de enero de 1962 me visitaron a mi casa Hernani Portocarrero y Eduardo Machado. Soy amigo de Hernani desde hace muchos años; a Eduardo Machado no lo conocía y allí Hernani me lo presentó. Pasamos al recibo, me llevaron de regalo un juego de pluma y lapicero Parker. Hablamos de generalidades y luego Hernani entró en materia.

Me dijo: "Ricardo, nosotros sabemos que tú vas a ser designado Comandante General de la Marina. No te venimos a pedir que compartas con nosotros ni nuestro pensamiento ni nuestras acciones, pero te venimos a informar que el Gobierno de Rómulo Betancourt no dura seis meses. Te pedimos que como Comandante de la Marina no vayas a tomar ninguna actitud ni en favor ni en contra". A lo que yo les respondí: "Mira, Hernani, si a mí me nombran Comandante General de la Marina y juro en la ceremonia de transmisión de mando que defenderé la Constitución y las leyes, tengan por seguro que así lo haré, manifestándolo no sólo con la palabra sino con las armas en defensa de mi juramento".

La situación en la Marina era verdaderamente crítica. A fines de enero me llama el Presidente a Miraflores y me participa que voy a ser designado Comandante General de la Marina, pero con carácter de encargado. El día 2 de febrero de 1962 asumo la Comandancia General de la Marina "con carácter de encargado".

El acto de transmisión del Comando se realiza en la Escuela Naval, con asistencia del Presidente de la República y los integrantes de Poder Ejecutivo. Fue un acto sencillo, ajustado al ceremonial naval, cuyos procedimientos hilvanan esas cosas simples que hacen en conjunto la majestad del mando naval. Pronuncio unas palabras cortas asumiendo el mando de la Marina en nombre de mi promoción, como representante de una generación de oficiales de Marina.

Al despedirse, el Comandante saliente me dice: "Ahí te dejo el borrador de la orden general para efectuar los cambios de personal con motivo del cambio del Comando. Mis colaboradores te serán de gran utilidad para el desempeño de tus nuevas funciones". Se despidió y se fue a su casa. Inmediatamente llamé al Capitán de Navío Alfredo García Landaeta a quien tenía decidido nombrar Director de Personal, le enseñé el proyecto en cuestión, lo deseché y le dije: "Elabóreme el proyecto de orden general para llevárselo al Ministro. Carbonell para la Escuadra, López Conde ratificado en la Infantería de Marina. Los otros nombramientos los haremos después".

El día 9 de febrero, siete días después de asumir el Comando, se me cita al Palacio de Miraflores. Son las 12 del día. Al llegar paso al Despacho del Presidente donde están el Presidente Betancourt y el General Martín Márquez Añez. Me siento al frente del Presidente, Martín me queda a la derecha. El Presidente se dirige a mí y dice: "Almirante, la situación es muy grave. Tengo información de fuente muy seria y segura que el Mayor Vargas Medina va a cercar el Palacio con el Blindado y el Capitán Víctor Hugo Morales va a subir el Batallón de Infantería N°1 para Caracas. Es una conspiración en marcha y hay que tomar medidas inmediatas. Vamos a esperar que llegue el Ministro que ya lo llamé". Cuando llega, el Ministro de la Defensa se sienta del lado derecho del Presidente; somos cuatro en la sala. El Presidente vuelve a repetir lo dicho antes; le solicito que me permita intervenir y el Presidente accede. Le dije: "Presidente, no es que se va alzar el Batallón de Infantería de Marina N°1. Se van a alzar el uno, el dos y el tres. La Infantería de Marina está minada. Cuando estuve en Carúpano la actitud del Capitán Jesús Teodoro Molina me dejó muchas dudas". El Ministro intervino: "Yo hablé con Molina, no creo que haya problemas con él; además, yo soy el Ministro". Le respondí: "Con perdón Ministro, yo bien sé que usted lo es, lo leí en la Gaceta Oficial".

Allí nos interrumpió el Presidente, y su alta jerarquía terminó lo que podría convertirse en una discusión sin sentido. El Presidente fue al grano. Ordenó el cambio inmediato del Comandante del Batallón N°1, designando al Capitán de Fragata Guillermo Gómez Muñoz, quien se desempeñaba como su edecán naval, como el nuevo Comandante de Batallón de Infantería de Marina N°1.

Salí de Miraflores acompañado del Capitán Gómez Muñoz y nos dirigimos en mi carro directamente a la sede del comando del batallón en Maiquetía. Su comandante, el Capitán Víctor Hugo Morales estaba en la cámara de oficiales. Al llegar me recibió el Oficial de Guardia e inmediatamente le ordené que llamase el batallón a formación. Cuando se estaba formando la tropa se presentó el Capitán Morales. Me saludó y le dije: "Vengo a reemplazarlo como comandante del batallón". Ya con la tropa formada el oficial de guardia le entregó novedades y el mando de la formación al Comandante Morales, y éste por su vez me lo retransmitió a mí. Asumí el mando de la formación y dirigiéndome a la tropa hice el nombramiento de estilo. "Batallón de Infantería de Marina Simón Bolívar N°1. Atención ¡Firmes! Por disposición del Presidente de la República y Resolución del Ministerio de la Defensa, ha sido nombrado Comandante del Batallón de Infantería N°1 "Simón Bolívar" el Capitán de Fragata Guillermo Gómez Muñoz, a quien obedecerán y respetarán en todo lo concerniente al servicio". De vuelta a Caracas me traje al Capitán Morales.

Se corre el rumor en la Comandancia que yo voy a botar a todo el mundo, que la raspadera será total. Pero como el tigre come por lo ligero, tan pronto me lo informaron, reuní a todos los empleados civiles de la

Comandancia y les dije: "Todos están ratificados en sus cargos. Efectuaré algunos cambios indispensables en la secretaría de mi comando, pero los afectados irán mejorados o a desempeñar funciones de igual nivel a la que tienen actualmente". Y así se hizo. A Yánez se le designó para la Escuela de Guerra Naval y se cambiaron dos secretarias, con mejoras económicas para cargos en la Dirección de Ingeniería. Una de ellas no aceptó y renunció a su cargo. Llevé al Comando como secretario para asuntos relacionados con el personal no militar y con las relaciones con todas las dependencias oficiales no militares a Ramón Ortega Pérez.

Comienzo la reorganización del Comando de la Marina en sus aspectos militar y administrativo. Encargo de la Dirección de Administración al Capitán de Corbeta Manuel Díaz Ugueto, quien fue mi primer ayudante. La misión asignada a Díaz Ugueto fue la de mecanizar la administración de toda la Marina. Y así se hizo. El cambio fue total. Inicialmente los sistemas se implantaron usando los equipos IBM del Ministerio de la Defensa que tenían una enorme capacidad ociosa, para luego ir adquiriendo progresivamente nuestros propios equipos, cuando fuese verdaderamente necesario. En esta tarea de organización quiero tener un recuerdo para Alberto Yánez Gordil, quien trabajó con eficiencia, prontitud y lealtad y en tiempo récord concluyó sus tareas.

El Capitán de Navío Orlando Medina Sauce se desempeñaba como Director de Materiales. En una de sus cuentas me informa que el Almirante ex-comandante no tiene vehículo particular. Le ordeno que le deje indefinidamente el carro que usaba como Comandante, pero que la Segunda Sección le entregue las placas particulares que tiene ese carro para circunstancias especiales y que lo use hasta que él resuelva lo de su transporte particular. Al día siguiente el Capitán Medina me trae en la cuenta de la Dirección, la orden para comprar un carro y regalárselo al ex-comandante de la Marina. Argumenta que así se hizo cuando el Capitán Wolfgang Larrazábal fue reemplazado por el Capitán Oscar Ghersi el año 1948 y también cuando el Capitán Ghersi fue reemplazado el año 1958. Le dije: "Capitán Medina, el presupuesto es una ley con capítulos y partidas ya especificadas; en el presupuesto de la Marina no figura partida alguna para regalar carros. Si se le quiere regalar un carro al ex-comandante de la Marina, haga una lista de contribuyentes y póngame a mí de primero con dos mil bolívares". No se habló más de los carros para los ex-comandantes.

Se ajustan todas las órdenes y actitudes del Comando al Decreto 288, y así como el decreto le da autonomía a la Fuerza en la persona del Comandante, así mismo doy autonomía en el ejercicio de las Direcciones. Estas manejan su presupuesto de acuerdo a los planes y necesidades de la Fuerza en cada una de sus actividades. Por ejemplo, la Dirección de Ingeniería hacía todas las licitaciones para la ejecución de las obras siguiendo un Reglamento de Licitaciones. El Director de Ingeniería, Capitán de Navío Armando Pérez Leefmans, y el doctor Arturo Obadía Beracasa, como jefe de las obras civiles, tenían mi supervisión. Pero jamás intervine en minucias, ni recomendaciones de ningún tipo. Los oficiales que me acompañaron en mi Comando saben del respeto que tenía para su gestión. Jamás recibí ni conocía los suplidores de la Marina. Cada Director tenía las relaciones necesarias que su actividad requería para el cumplimiento de sus funciones.

Comienzo las gestiones para la adquisición del edificio de la Compañía Shell de Venezuela, para instalar allí el Comando de la Marina. Después de un largo proceso al fin se ocupa el edificio. Un voluminoso expediente existe de esa operación; nos mudamos en tres días sin interrumpir las labores del Comando.

En una administración hay que estar pendiente de eso que llaman las "pequeñas grandes cosas", por ejemplo, eso del pago de horas extras. En la Marina se pagaba una suma apreciable por horas extras mediante un simple recibo emitido por el beneficiario. Esa irregularidad tenía que corregirse, y así se hizo, le ordené a la Dirección de Personal que elaborara una planilla para que todas las dependencias, incluyendo la

Secretaría del Comandante General, las llenara indicando lo siguiente: Dependencia que solicita el trabajo extra, dependencia a que pertenece la persona que va a ejecutar el trabajo, tipo de trabajo, tiempo estimado, día y horas para efectuarlo y referencia del trabajo hecho. Luego el trabajador presentaría un recibo, adjuntando copia de la planilla de solicitud y el recibo debería estar conformado por la persona que solicitó el trabajo.

Los resultados fueron extraordinarios. Como por arte de magia los pagos por horas de trabajos extras se redujeron al mínimo, se procuró que para trabajos extras se utilizaran los sábados o días no laborables, trabajos extras hechos aumentando la jornada normal no conviene, el personal se cansa, no rinde y no se obtienen los resultados que con el esfuerzo normal rinden los trabajadores.

La administración pública adolece de tantos males que podría decirse que en ese aspecto Venezuela es un país estafado.

Pero ese fue solo uno de la infinidad de detalles de tipo administrativo que manifestaban la necesidad de ajustar tornillos. Los pequeños grandes detalles así lo revelan. Convoco una reunión en mi Despacho a los oficiales directamente bajo mis órdenes. Aunque el órgano regular existe solamente de abajo hacia arriba, yo hacía uso de mis contactos de arriba hacia abajo con cualquier miembro de la Marina cuando las circunstancias lo demandaban.

Reuní en la Sala al Comandante de la Escuadra, al Comandante de la Infantería de Marina, al Jefe de Estado Mayor Naval, al Comandante de la Base Naval N° 1, al Comandante del Centro de Entrenamiento Naval, al Director de Ingeniería, al Director de Personal, al Director de Administración y al Director de la Escuela Naval. Comencé la entrevista con las palabras siguientes: "Los he convocado para participarles que si yo soy el Comandante General de la Marina, ustedes son mis principales colaboradores. Cada uno ejercerá sus funciones con plena autonomía, cada uno tendrá la partida que le asigna la ley de presupuesto. El Comando ejercerá un estricto control por intermedio de la Dirección de Administración y de la Oficina de Control del Presupuesto. Tienen que llenar todos los extremos legales. El Comandante es un ser humano, por lo tanto, puedo equivocarme. Si a todo lo que yo ordene ustedes dicen que sí, yo puedo sacar una de dos conclusiones: o que yo soy un genio o que ustedes son unos *yes man*. Yo estoy seguro que no soy un genio"

Cada día que pasa estoy más satisfecho de la lealtad y eficiencia con que se desempeñó ese primer equipo que me ayudó a comandar la Marina, y que mantuve hasta mi salida del Comando. (Siempre hay una excepción que confirma la regla). Para Carbonell, López Conde, Gámez, Rodríguez Olivares, Ginnari, Pérez Leefmans, Benatuil, Lares, Seijas, Moreno, García Landaeta, Orlando Medina, Armando Medina, y a esa numerosa oficialidad que tenían bajo su mando, los cuales no menciono para no caer en omisiones, les entrego mi eterna amistad y agradecimiento. Pero si relataré los diálogos que en ocasiones tuve con oficiales superiores y subalternos, pues forman parte importante de esta narración. Se podrá apreciar la lealtad y la forma como respetaban a sus superiores inmediatos y como el Comandante también era leal con ellos.

Pasan los días y llegamos al mes de abril. Cuando recibí el Comando en el mes de febrero de 1962, el gobierno constitucional tenía en el poder tres años, que pudiéramos llamarlos "La luna de miel de la democracia". La situación de la Marina no era color de rosa y la estabilidad era precaria. Un Partido estaba en el poder y aunque el Presidente era el más cuestionado por los amigos de la insurgencia, los pactos políticos alcanforaban aparentemente esa precaria estabilidad. El candelero estaba por debajo. Algunos funcionarios con altos cargos son complacientes con los conspiradores; son los que quieren estar bien con Dios y con el Diablo. Había que estar en una constante prédica institucional. Yo era viajero incansable de buque en buque, de cuartel en cuartel, del Centro de Entrenamiento Naval a la Base Naval de Puerto Cabello, de allí al apostadero Juan Crisóstomo Falcón y al apostadero Francisco Javier Gutiérrez.

Mi primera intervención fue en el teatro de la Base Naval "Agustín Armario" de Puerto Cabello. Allí reuní oficiales y suboficiales de la Marina y les hice la siguiente exposición.

AGENDA PARA LA CONFERENCIA DEL COMANDANTE GENERAL EN LA BASE NAVAL No. 1 EL DIA 2 DE ABRIL DE 1962

INTRODUCCION GENERAL

Desde que me encargué del Comando General de la Marina me hice el propósito de no propiciar por ningún respecto, ni tolerar que se propiciaran reuniones masivas de Oficiales, que en una u otra forma tuvieran carácter de asamblea o produjeran controversias o debates. Pues con ello estaría creándose un clima propicio a la deliberancia, lo que es impropio del militar, no sólo por el mandato de la Constitución sino por la propia disciplina y moral de la Institución Armada.

Algunos hechos e informaciones recibidas por intermedio de organismos autorizados o por mi contacto personal, tanto en los altos niveles de la jerarquía como en los más próximos al Comando, me han hecho mover a esta Base, núcleo y asiento principal de las fuerzas navales y del conglomerado más numeroso de oficiales. Vengo con todo el carácter que representa el Comando, con la autoridad moral que me avala y con la confianza en mí depositada por el ciudadano Presidente de la República, Comandante Supremo de las Fuerzas Armadas Nacionales y por el ciudadano Ministro de la Defensa, a quien he comunicado la realización de este acto. Confío plenamente en que todos los jefes y oficiales que me están subordinados tienen clara conciencia de sus deberes y diáfano criterio para apreciar con justeza la actitud del Comando cuando se trata de defender y mantener la moral, la disciplina y el respeto a la autoridad por encima de todo interés personalista.

Si al concluir mi exposición alguno de ustedes creyere necesario aportar ideas o hacer llegar al Comando alguna inquietud o sugerencia, estoy dispuesto a oírlo a través del órgano regular correspondiente.

ASUNTO A TRATAR

1) PROPOSICION DEFINIDA DE CUMPLIR Y HACER CUMPLIR LA CONSTITUCION

a) Irrenunciabilidad a los medios democráticos para solucionar los asuntos públicos y legales.

b) Firme defensa de las instituciones legal y legítimamente constituidas.

c) No deliberancia, apoliticismo y unidad de doctrina de la Institución.

d) Error de aquellos que entregan sus servicios, su uniforme y su trayectoria a la aventura de una conspiración de cualquier tipo o color.

2) POSICION ERRADA DE QUIENES SALTAN POR ENCIMA DE SUS ORGANOS O ESCALONES DE MANDO

a) Hipoteca de la autonomía administrativa de la Fuerza.

b) Deslealtad.

c) Forma poco decorosa de ganar la confianza de la superioridad y en cambio triste traición al compañero y al subalterno.

3) LA HONESTIDAD PARA EL SERVICIO DE LA MARINA Y DE LA NACION EN LA ADMINISTRACION DE SUS BIENES

a) No son los controles ni las organizaciones quienes hacen posible la honestidad y el sentido ecuánime en la administración. Son sus hombres

b) En la Marina han habido organizaciones ilógicas y algunos las han manejado a sabiendas de que eran así; ellos tenían los conocimientos necesarios para saber cual era el camino cierto.

c) El Comando está siendo implacable con los casos

investigados. Si es necesario se recurrirá a la Comisión de Enriquecimiento Ilícito.

d) Se impone la austeridad no como forma mentecata de economizar, sino como forma inteligente de que los procesos y los sistemas rindan con más eficiencia al menor costo.

Ejemplo de ello es lo que está en marcha con los nuevos sistemas de la Dirección de Administración.

4) EL CASO DEL CONTRALMIRANTE LARES (ANEXO)

5) LA NECESIDAD DE CAMBIAR O ENRUMBARSE HACIA LOS CURSOS QUE CONDUCEN AL OFICIAL A CUMPLIR SU MISION: CADA QUIEN DEBE SER LO QUE LA NACION NECESITA PARA LA GUERRA

a) Tienen que acabarse las posiciones cómodas.

b) No pueden haber favoritismos.

c) El oficial debe ser ante todo OFICIAL NAVAL, sea técnico o táctico o logístico.

d) El respeto a la Jerarquía hasta donde ella asegure a la Marina lo que la Marina requiere.

6) LA DELIBERANCIA

a) Reuniones sociales o agasajos en donde la deliberancia abierta, difamadora y poco varonil ha tenido lugar, en presencia de superiores que no han sabido acallarla.

b) Inconformidad con decretos o leyes, manifestada de palabra delante de los subalternos; incluso hasta pidiendo opinión a éstos.

c) La forma desleal de endilgarle a otros colores políticos o posiciones.

d) La forma deliberativa del proselitismo o la propaganda política.

e) A todos estos actos de deliberancia los comandos y todos los jefes y oficiales tienen formas legales y reglamentarias de oponerse y erradicarlas.

7) DEFINICION

La posición del Comandante General de la Marina no es distinta a la que la Constitución y las leyes le señala, y se centra en la Defensa de la Soberanía, Defensa de la Constitución y las Leyes y Acatamiento del Poder Civil legítimamente constituido

Todos los oficiales tienen que tener esa posición definida, de lo contrario estarían perjurando. Pero tampoco puede el Comando, ningún jefe u oficial abrogarse públicamente una definición que no sea la que le señale la Constitución, ella es suficiente para que todos comprendan que nuestro sistema es el ESTADO DEMOCRATICO DEL DERECHO sin ANTIS ni PROS, distintos de los que este sistema rechaza o favorece.

Y es bueno que todos se estudien la Constitución de la República y se la conozca bien y también las leyes principales que nos rigen. Es bueno que los Comandos y los futuros comandantes se conozcan la Ley Orgánica de la Hacienda Pública Nacional.

Por último quiero hacer mi especial complacencia por la forma sistemática, casi diríamos incansable, como la gran mayoría de los jefes y oficiales se están preocupando y ocupando de sus problemas más específicos, así están contribuyendo a formar una verdadera Marina de Guerra.

OBSERVATORIO DE LA MARINA

Después del 23 de enero la administración del Observatorio Cajigal fue entregada a la Marina con infinidad de problemas que por las mismas circunstancias existentes era difícil enfrentarlos. Se continuó la administración del Observatorio tratando de mejorarlo. Desde mi cargo de Jefe del Estado Mayor hice lo que podía hacerse, hasta tanto se pudiera dedicarle más esfuerzo y presupuesto para mejorarlo y llevar a efecto los planes que el Gobierno anterior tenía en cartera. Pasa el tiempo, asumo el cargo de Comandante General de la Marina y el Director del Observatorio, el doctor José Abdala presenta su renuncia. Como era rutina, ordeno que se haga una revisión general de su administración para que el sucesor tenga la información exacta del estado en que está el Observatorio. De seguida el lector se informará por los documentos que siguen:

El primero es el memorando N° 043 de fecha 9 de mayo de 1962 proveniente del Director del Observatorio Cajigal para el Director de Hidrografía y Navegación. Los términos son los siguientes: Me permito notificar a Ud. que a partir de la presente fecha, renuncio al cargo de Director del Observatorio Cagigal. Firmado Dr. José Abdala Genatios.

En primer lugar, la respuesta la dio el Director de Personal en su memorando N° 08499 del 11 de mayo de 1962 para el Director de Hidrografía y Navegación en estos términos: Sobre los particulares a que se contrae la comunicación indicada en la referencia, cumplo en informarle, que a partir de la presente fecha, esta Dirección ha resuelto aceptar la renuncia del cargo presentada por el ciudadano Doctor José Abdala Genatios. Firmado Alfredo García Landaeta. Capitán de Navío.

Posteriormente, el Director de Personal le envió directamente al Dr. Abdala el memorando N° 08629 de fecha 15 de mayo de 1962, en los siguientes términos: Cumplo en hacer de su conocimiento, que a partir de la presente fecha, esta Dirección ha resuelto aceptar la renuncia del cargo presentada por usted, ante el Director de Hidrografía y Navegación. En nombre del Ciudadano Contralmirante Encargado de la Comandancia General de la Marina, le damos las gracias por sus servicios. Firmado. Alfredo García Landaeta. Capitán de Navío

En paralelo con los trámites de la renuncia, se le ordenó a la Dirección de Administración que realizara una auditoría, con especial cuidado en el manejo de divisas. Se emitió un instructivo especial para que el auditor, Sr. Jesús R. Ascanio, efectuase la revisión de solicitudes de dólares por el Observatorio Cajigal, que se muestra a continuación:

1. Verificar las solicitudes formuladas por dólares.

2. Verificar si efectivamente fueron adquiridos los equipos y hechos los pagos indicados.

3. Si se adquirieron los equipos, determinar a que obedece al reintegro en bolívares en función del valor de cheques en dólares al cambio controlado.

4. Verificar estados de cuentas bancarias.

5. Si no se adquirieron los equipos, entonces se justifica el reintegro. Determinar si hubo diferencia en el mismo.

6. En algunos casos en el acta de entrega se indica que los equipos son para el Planetario Humboldt. Tomar en consideración la posibilidad de que los equipos hayan ido al Planetario Humboldt y que éste le haya devuelto el dinero para reintegrarlo a la Marina. Cosa improbable porque la administración del Planetario seguramente preferiría que el dinero saliera de la Marina y no de sus ingresos. Visita al Planetario.

7. Establecer claramente en las conclusiones del informe si hubo o no mal uso de las autorizaciones concedidas y determinar si hubo un beneficio en el cambio de dólares.

8. Prejuicios al Fisco Nacional.

A continuación les presento en informe redactado por el auditor, Sr. Jesús R. Ascanio, con sus conclusiones, recomendaciones y posteriores acciones tomadas para subsanar las anormalidades encontradas:

En cumplimiento a las instrucciones recibidas, se procedió a verificar los puntos del programa en referencia, con el siguiente resultado:

Se comprobó que se hicieron solicitudes y se emitieron órdenes a nombre del Dr. José Abdala, Director del Observatorio Cajigal, para la adquisición de dólares americanos por un monto de 12.637,24 con el fin de realizar compras, en los Estados Unidos de Norteamérica, de equipos científicos y especiales para el Observatorio y el Planetario respectivamente, y hacer el pago de horas extras a los técnicos alemanes que estaban trabajando en el acondicionamiento del Planetario.

Mediante investigación, se observó que los $12.637,24 mencionados fueron adquiridos así:

a) $10.837,24 por Bs. 36.204,00 con fondos del Observatorio.

b) $1.800,00 por Bs. 6.003,00 con dinero entregado por el Dr. José Abdala

Se verificaron los estados de cuenta del Banco Venezuela, observándose que existen varios depósitos que no corresponden al presupuesto ordinario que recibe el Observatorio. Uno de estos depósitos es por Bs. 17.603,26 de fecha 11 de Julio de 1961, y que corresponde al reintegro hecho por el Dr. José Abdala, de las órdenes N°. 3012, 3013 y 3282 por la cantidad de 5.278,34 dólares al cambio de 3,335 bolívares. Los otros depósitos se refieren a reintegros por cheques comprados y luego no utilizados.

Se comprobó por conversación con el Sr. Rafael Silva Ríos, administrador del Observatorio, que el Dr. José Abdala le entregó el cheque 547561 del Banco Metropolitano, por un monto de 18.570,75 bolívares para reintegrar las órdenes N° 2221 y N° 2568 por la cantidad de 3.459 dólares al cambio de 3,335 y 2.100 dólares al cambio de 3,35 bolívares respectivamente. Esta suma en bolívares fue utilizada por el Administrador para complementar el pago de los sueldos del personal en la primera quincena del mes de Junio de 1961.

De acuerdo con las investigaciones practicadas, ninguno de los equipos que indican las solicitudes ingresó al Observatorio Cajigal.

En conversaciones con el Dr. Enrique Campderá M. y con el señor Ramón Auslar, Director y Administrador del Planetario respectivamente, tuve conocimiento que en ese Instituto no se recibieron ninguno de los equipos que se mencionan en las solicitudes de órdenes de adquisición de dólares, y de igual manera me informaron que a los técnicos alemanes de la casa Carl Zeiss de Alemania, que trabajaron varias horas extras, sólo le fueron pagados 248 dólares, solicitados independientemente de las órdenes objeto del presente informe, con el memorándum No. 227 de fecha 11-10-61 y lo cual fue cancelado por el Observatorio con fecha 2-12-61, según comprobante de egreso No. 2.

Como de la exposición que antecede se desprende que los dólares objeto del presente informe fueron utilizados para fines ajenos a los especificados en las solicitudes al Banco Central de Venezuela, se ha procedido a determinar la diferencia total considerada al cambio libre de $4,58 que regía para fecha de dichas solicitudes

De acuerdo con lo expuesto en los puntos anteriores, se concluye que en poder del Dr. José Abdala, Director del Observatorio Cajigal, quedó un beneficio de 15.701,55 bolívares, derivados del uso de los cheques en dólares citados. Este beneficio va en perjuicio del Fisco Nacional, considerando que las cantidades de dólares las adquirió a razón de Bs. 3,335 y 3,35 que es el cambio de dólares controlados, y es como los adquiere la Comandancia General de la Marina para hacer sus compras necesarias en el exterior, y que de acuerdo con el control de cambio vigente, no pueden ser usadas sino para lo especificado en la solicitud respectiva.

Se recomienda citar al Dr. José Abdala a este Despacho, a fin de que explique el destino que le dio a los cheques en dólares obtenidos por medio de las órdenes citadas, y el motivo por el cual no hizo el reintegro de los cheques, ya que no fueron usados con el fin original. Y si fueron usados de manera personal, porqué efectuó los reintegros al cambio de Bs. 3,335 y 3,35, cuando ha debido hacerlo a razón de Bs. 4,58, que es el cambio del dólar libre de control por el Estado para esa fecha. Firmado. Jesús R. Ascanio. Auditor

Para solucionar esa situación, se reunieron en la oficina de la Dirección de Administración de la Comandancia General de la Marina, el Capitán de Navío Enrique Domínguez García, Director de Administración de la Comandancia General de la Marina, y el Doctor José Abdala, Director del Observatorio Cajigal, procediendo el primero con el carácter antes dicho y el segundo en su propio nombre a firmar el 26 de abril de mil novecientos sesenta y dos, la siguiente declaración:

El Doctor José Abdala hace entrega en este acto al Director de Administración de la Comandancia General de la Marina, la cantidad de QUINCE MIL SETECIENTOS UN BOLIVARES CON CINCUENTA Y CINCO CENTIMOS (Bs. 15.701,55), en el cheque No. 547585, de fecha 26 de Abril de 1962, correspondiente a la cuenta corriente A2, emitido por el ciudadano Dr. José Abdala contra su cuenta corriente en el Banco de Venezuela, Oficina Central, a favor de la Comandancia General de la Marina.

El Capitán de Navío Enrique Domínguez García, Director de Administración de la Comandancia General de la Marina, declara recibir en este acto del Doctor José Abdala, el cheque identificado en el particular anterior, por la cantidad de QUINCE MIL SETECIENTOS UN BOLIVARES CON CINCUENTA Y CINCO CENTIMOS (Bs. 15.701,55).

La cantidad de dinero en referencia, o sea la suma de QUINCE MIL SETECIENTOS UN BOLIVARES CON

CINCUENTA Y CINCO CENTIMOS (Bs. 15.701,55), que reintegra en este acto al Fisco Nacional el Doctor José Abdala, corresponde a la diferencia determinada por el Departamento de Auditoría y Central de la Dirección de Administración de la Comandancia General de la Marina, en Informe de fecha 21 de Abril de 1962.

Después de concluida la auditoría, se designa al doctor Oscar Oyarzábal para Director del Observatorio Cajigal y se le respeta su total autonomía para que ejerza la dirección de esa institución, tal cual era la política con todos mis comandos subordinados. El doctor Oyarzábal fue un insigne colaborador, capaz, honesto y con una vocación de servicio inigualable. Guardo para él mi más profundo agradecimiento.

EL CARUPANAZO

Se acrecientan los rumores. El Gobierno sabe que hay un movimiento por las informaciones que maneja el Ministerio de Relaciones Interiores. La conspiración se mueve, son gajes de la democracia. Me vuelven a informar que hay 60 patrullas de la Dirección del Tránsito en todo el país y no precisamente en faenas de tránsito. En una reunión oficial en la Embajada de Bolivia, siendo Embajador el Dr. Gastón Araoz, me encuentro a Domingo Alberto Rangel, nos saludamos, y cuando se está yendo me dice: "Me voy a conspirar". Le respondo: "Bueno Domingo, yo me iré a vigilar".

Las informaciones que tiene el Comando son que algo se está gestando. El barbero de la Comandancia Luis Noel va a la casa del Almirante Carlos Larrazábal en La Trinidad cada vez que el ex-comandante de la Marina necesita cortarse el cabello. Lo lleva una camioneta o el carro de un amigo del Almirante. En uno de sus viajes Luis comenta que el problema de ir a cortarle el cabello es lo lejos, entonces el Negro Yánez le dice: "No te preocupes, dentro de poco se lo irás a cortar a Miraflores".

Llega el día 4 Mayo de 1962 a las 5:30 AM y revienta el alzamiento de Carúpano. Me dirijo por radio a los insurrectos, los integrantes del Batallón Mariscal Sucre, instándoles a que depongan su actitud de rebeldía y señalándoles las graves implicaciones de la misma. La Escuadra destaca el destructor General Morán D-22 al área insubordinada. La presencia del destructor atemoriza la guarnición alzada.

Se le ordena al Capitán de Navío José Seijas Villalobos, quien había sido designado para una inspección a la Guarnición de Carúpano en las primeras horas del mismo día 4, que permanezca en Cumaná en contacto con las autoridades civiles y militares del área y que espere instrucciones. Se designó al Contralmirante Francisco Lares para que ejerza el mando de todas las fuerzas navales en el Departamento Vargas (el Comandante de la Infantería de Marina López Conde estaba en los Estados Unidos en un chequeo médico) y se designaron dos compañías de Infantería de Marina, una del batallón "Simón Bolívar" y otra del batallón "Rafael Urdaneta" con el propósito de cooperar con las otras Fuerzas para sofocar la insurrección.

Cuando conversé por teléfono con el Presidente, le pedí que me diera la oportunidad que fuera la Marina la que sofocara del alzamiento. Mediante acción militar combinada, la primera compañía llegó a Cumaná el día 5 a las 16:00 horas y la segunda a las 11:30 horas del día 6. Para ese momento ya se había tomado la decisión de conformar una Fuerza de Tarea Conjunta, designando al Coronel Sánchez Olivares como Comandante del Teatro de Operaciones. Además de la fuerza de Infantería de Marina, se desplegó el destructor Nueva Esparta D-11 y los Transportes LSM T-13 y T-14 para cumplir operaciones anfibias en el área, caso fuese necesario. Este Grupo de Tarea estaba al mando del Capitán de Navío Seijas quien comandaba las Fuerzas concentradas en Cumaná y que serían lanzadas contra los sediciosos en Carúpano.

Antes de salir para el Teatro de Operaciones el Coronel Sánchez Olivares estuvo en mi Comando. Solicitó mis instrucciones con respecto al Grupo de Tarea que estaba en Cumaná. Le dije: "Ya Seijas sabe que usted es el jefe del Teatro de Operaciones, recibirá y cumplirá órdenes suyas. Lo que si quiero es que el cuartel de Carúpano sea tomado por la propia Infantería de Marina. Puede ser con los integrantes del batallón Urdaneta o del batallón Bolívar". Sánchez Olivares respondió: "Así se hará Almirante". Y así fue. Sánchez Olivares todo un jefe militar ocupó el Cuartel de Carúpano solamente con Infantería de Marina.

El gesto que no se puede pasar por alto es el del Teniente de Navío Colmenares Saavedra, quien con peligro cierto de su vida se mantuvo leal al Comando General de la Marina. No aceptó en ningún momento acatar la orden de alzamiento, fue arrestado y confinado a su camarote. También quiero manifestar mi reconocimiento al Capitán Torres Zavarce, comandante de la compañía del batallón Simón Bolívar que fue empleada en Carúpano. Cuando lo hice llamar a mi Comando para participarle la misión que tenía que cumplir e informarle que la fuerza que entraría al Cuartel sería la Infantería de Marina me contestó: "Mi Almirante, para eso es que estamos aquí".

La Compañía "A" reforzada con fusileros del Batallón Simón Bolívar a la vanguardia, actuó en la acción militar sobre el objetivo, y como es bien sabido de todos, tuvo una destacada actuación, demostrando todos sus integrantes alto espíritu de combate, arrojo y valentía.

La Compañía proveniente del Batallón "Rafael Urdaneta" permaneció en Cumaná a las órdenes del Capitán de Navío Seijas, quien desde allí organizó una operación anfibia para efectuar un desembarco en Carúpano. Lista ya la operación con la compañía del Batallón Urdaneta embarcada en los 2 transportes LSM con el apoyo del destructor Nueva Esparta, ésta no tuvo necesidad de llevarse a efecto. Se había producido la rendición. Sofocada la rebelión, presos sus cabecillas, el Ministro de la Defensa tomó las acciones legales correspondientes basadas en el Código de justicia Militar y el Decreto Ejecutivo N° 751.

Luego después que los sediciosos fueron controlados, se realizaron varias reuniones para procesar toda la inteligencia disponible sobre el Carupanazo, con la participación del Ministerio de la Defensa, de los comandos o autoridades navales que participaron en las operaciones realizadas para sofocar el acto insurreccional de Carúpano y de los organismos de inteligencia responsables de la seguridad interna. Como medida de seguridad adoptada con tal motivo, el Comando General se vio en la imperiosa necesidad de relevar de sus cargos y poner a la orden de la Comandancia algunos oficiales de los cuales se había tenido presunciones o indicios de culpabilidad, indiferencia o actitud irresponsable en el caso.

También se ordenó y entró en funciones una comisión interna presidida por el Contralmirante Francisco Lares e integrada por los Capitanes de Navío José Seijas Villalobos y Alfredo García Landaeta, el Capitán de Fragata Héctor Abdelnour Mussa, el Capitán de Corbeta Ramón Riera Paredes y el doctor Efraín Perdomo Yánez, Jefe del Servicio de Justicia Naval. Esta comisión tuvo la misión de interrogar a los oficiales que habían sido relevados de sus cargos y a cualquier otra persona que estime conveniente, con el propósito de presentar al Comandante General, un informe completo sobre la validez o veracidad de tales presunciones e indicios, proveyendo los elementos de juicio para proceder a fijar las responsabilidades del caso y darle curso legal a la aplicación de las sanciones o medidas correctivas a que haya lugar, dando cuenta al ciudadano Ministro de la Defensa de lo actuado y elevando a su consideración los casos en particular que requieran una decisión suya o del ciudadano Presidente de la República.

La situación dentro de la Marina sigue tensa. La información que nos llega desde la Base Naval de Puerto Cabello es que algunos oficiales de Marina reciben con frecuencia muchos visitantes. Es gente amiga de ellos por muchos años. Algunos son empleados civiles de la Fuerza, precisamente de la Intendencia Naval. El Ministerio de Relaciones Interiores tiene también esta información. En

Miraflores, el Presidente de la República y el Ministro del Interior aprecian la situación. Se me ordena que ponga en alerta al Capitán Carbonell, Comandante de la Escuadra y al Capitán Ginnari, Comandante de la Base. Se alerta al Comandante del Destacamento de la Guardia Nacional. El Capitán Pedro Medina Silva es el segundo en la Base pero todo indica que está comprometido con la insurgencia. Era amigo personal de muchos años del Capitán Ginnari, quien muchas veces insistía en la verdadera amistad de Medina Silva. Ginnari lo avaló sin reservas para que lo nombraran su Segundo Comandante en la Base Naval.

EL PORTEÑAZO

El día 23 de Mayo me nombran Comandante General de la Marina con carácter de titular, y poco después se presenta en mi Despacho el Capitán de Navío Alfredo García Landaeta, Director de Personal, y a cuyo cargo estaba el Comando de la Policía Naval. Lo acompañaba el Capitán de Corbeta Ricardo Ríos Noguera (conocido como Ruma Ríos). El Capitán García me pide que oiga lo que Ruma Ríos tiene que decirme. Ríos comienza: "el sábado pasado fui invitado por teléfono para visitar la casa de una persona en la cual se encontraba el Almirante Carlos Larrazábal. Me invitaron a que fuera a formar la cuarta pareja de un dominó, y que me esperarían para jugar. Cual no sería mi sorpresa cuando al llegar me encuentro con una nutrida reunión; había personas para más de dos mesas de dominó. Allí estaba el Almirante Carlos Larrazábal quien me llamó aparte y me recordó su gestión de Comando. Me reiteró su amistad, y de lleno me dijo que yo estaba comisionado para arrestar al Comandante de la Marina. Se te dará el día y la hora precisa. Confundido y asombrado por tal proposición le dije: ¿Mi Almirante, y usted no es el que siempre nos había predicado la lealtad a la Constitución y a las leyes? Me contestó: Te volveremos a llamar".

Felicité al Capitán Ruma Ríos y le dije que el camino que había optado era el correcto. No lo contactaron más. (Ruma Ríos conocía los personajes presentes en el segundo juego de dominó, por lo que estábamos alerta, ya que algunos de ellos eran visitantes de la Base Naval de Puerto Cabello). El servicio de Inteligencia de la Marina está en la pista; algo se fragua. Se tomaron todas las medidas de seguridad en el Comando y el personal de guardia tenía órdenes estrictas para el control de visitantes. Yo tenía cuatro meses que había dejado el Comando de la Escuadra y tenía plena confianza en sus oficiales. Como veremos más adelante, la Escuadra respondió haciendo honor la confianza depositada.

El día 2 de junio de 1962 tiene lugar el segundo alzamiento en la Marina en menos de un mes. Detienen en la Base Naval de Puerto Cabello al Comandante de la Escuadra, al Comandante de la Base Naval y a los oficiales de la Escuadra que allí se encontraban. A las 7 a.m. el camarero del comandante de la Base, el Sr. Armando Torres, me informa de la situación por intermedio del canal de microondas del Comando (es una comunicación directa, sólo con pulsar un timbre me repica el teléfono en mi casa o en el Comando). Actúa por instrucciones del Capitán Ginnari y me dice: "Mi Almirante, el Capitán Morales se encuentra aquí y está movilizando el Batallón de Infantería. El Comandante de la Escuadra está preso junto con mi Comandante Ginnari". Los alzados no sabían de la existencia ni como funcionaba ese canal de comunicaciones y se limitaron solamente a controlar los operadores de la central en el edificio de comunicaciones. No sabían que ese canal era totalmente directo y no podía ser interferido sin un profundo conocimiento el sistema. Durante toda la insurgencia ese canal funcionó en una sola vía, de Puerto Cabello a Caracas. Hubiera sido imprudente pulsar el timbre para que fuese oído en la Base Naval.

El Capitán de Corbeta Víctor Hugo Morales subleva el Batallón y da acceso a la Base Naval a los civiles comprometidos con el alzamiento a través de la entrada de La Planchita. Ese ingreso se efectuaba a través de botes que cruzaban el canal de acceso al puerto, entre el hotel Los Baños y el viejo dique. Morales envía fuerzas de infantería a la ciudad de Puerto Cabello al mando de oficiales subalternos, Alféreces de Navío y Tenientes de Fragata. El se queda en la Base Naval. El mismo Morales le entrega a civiles el mando de piquetes de Infantería de Marina para que actúen contra el gobierno civil, tomando el cuartel de la policía y la prefectura. El Capitán Miguel Benatuil Guastini, Comandante de la Tercera División de Destructores se hace a la mar. Me informa que está frente a la Base Naval y espera mis órdenes. El destructor Nueva Esparta está en reparaciones en el dique seco y agrupa su tripulación para una acción de comando en apoyo a los oficiales detenidos para capturar del área donde están ubicadas las oficinas del Comando de la Escuadra, el Comando de la Base y las residencias de Almirantes y Oficiales Superiores y Subalternos. Con el Destructor comandado por Benatuil se da comienzo a la operación de captura de la Base Naval. Se le hace un tiro de hostigamiento al área de la Infantería de Marina con fuego de la artillería secundaria y se horquilla el fuego en el área de entrada por tierra a la Base Naval. Prácticamente se mantiene un área libre de fuego; es el área donde están detenidos los Capitanes de Navío Jesús Carbonell Izquierdo, Guillermo Ginnari Troconis y otros oficiales.

Dentro de los planes que tenían los sublevados, se contemplaba ocupar los buques de la Escuadra surtos en la rada. Pensaron que les sería fácil abordar esas unidades por estar atracadas a los muelles. Pero al conocer la sublevación, los oficiales de guardia de los diferentes buques separaron los buques del muelle realizando la maniobra que para estas emergencias estaba prevista: El Plan de Defensa Inmediata. Los alzados tratan de sublevar el Patrullero P-01 y el Alférez de Navío Aníbal Montenegro Navas, de guardia en esos momentos, se opone enérgicamente, manteniéndose fiel a su comando. El destructor Nueva Esparta envía los refuerzos de marinería que había alistado para realizar una acción de rescate de los oficiales que están detenidos en el Comando. Las acciones en tierra son aisladas, los oficiales subalternos alzados al mando de tropa pierden el contacto con su comando. Al recibir fuego desde el mar, los sublevados se refugian en el castillo Libertador. Los sollados de los infantes de marina son hostigados con fuego intermitente que impacta sobre todas las instalaciones de la infantería de marina en la Base Naval. Todo ese personal corre hacia el refugio que le brinda el Castillo Libertador.

Las Fuerzas Armadas preparan la toma de Puerto Cabello. Para las 11 a.m. del día 3 de junio la Base Naval ha sido tomada y está en manos de los oficiales leales. Hablo con Carbonell quien me informa que los sublevados enviaron una patrulla compuesta por infantes de marina desde el Castillo Libertador hasta la sede del comando de la Base Naval. Las tropas que defienden el comando, ya en poder de las fuerzas leales, abren fuego contra la patrulla. Hubo tres Infantes muertos y dos marineros heridos. Los Infantes de Marina están desconcertados, no saben de qué se trata. En las posteriores declaraciones hubo soldados que manifestaron que creían que estaban defendiendo al Gobierno. Para ese momento comienzan a regresar por "La Planchita" los infantes que habían sido sublevados. No tenían agua ni comida, estaban exhaustos. Los jefes de la sublevación habían repartido fusiles FAL y ametralladoras UZI a civiles; algunos son detenidos otros se fugan a las montañas de San Esteban llevándose el armamento. Ya dominada la situación se nombra la comisión investigadora para que rinda un informe y luego los juicios militares.

El informe que rindió el Comandante de la Escuadra al Comandante General de la Marina dice:

INFORME QUE PRESENTA EL CAPITAN DE NAVIO JESUS CARBONELL IZQUIERDO, COMANDANTE DE LA ESCUADRA, ACERCA DE LOS SUCESOS ACAECIDOS CON MOTIVO DEL ALZAMIENTO DEL BATALLON No. 2 DE LA INFANTERIA DE MARINA EN PUERTO CABELLO:

Viernes, 1º de junio de 1962.

A las 15:00 horas fui informado por el Comandante de la Marina sobre un posible alzamiento combinado del Destacamento 99 de las Fuerzas Armadas de Cooperación y la Infantería de Marina de La Guaira y Puerto Cabello, ordenándome que me trasladara a esta última ciudad.

A las 15:55 salí de Caracas desde el Aeropuerto de La Carlota en el avión especial de las Fuerzas Aéreas, en compañía del Capitán de Corbeta Ramón Riera Paredes, piloteado por el Capitán Márquez Guerrero, llegando al Aeropuerto de Puerto Cabello a las 16:35.

En el Aeropuerto se encontraba el Teniente Coronel Suzzarini en compañía de un Capitán y un Subteniente, esperando instrucciones que traía una avioneta de las Fuerzas Armadas de Cooperación. También se encontraba allí el Prefecto del Distrito Puerto Cabello, señor Lorenzo Márquez. A ambos los puse en conocimiento en una forma muy general de la posibilidad de insurrección que había.

De allí me trasladé a la Base Naval, llegando a ésta a las 17:00 horas, donde me reuní inmediatamente con el Capitán de Navío Guillermo Ginnari Troconis y el Capitán de Navío Andrés Oswaldo Moreno Piña, este último Comandante de la Primera División de Destructores, y les informé de los datos que me había suministrado el Comandante General de la Marina.

Inmediatamente se procedió a tomar las siguientes medidas de seguridad con respecto a las Unidades de la Escuadra:
1° Se ordenó Condición "INDIA" para todos los buques surtos en Puerto Cabello.
2° Se ordenó Condición "DELTA" para el Destructor "ARAGUA" (D-31), el cual se encontraba en La Guaira. También se llamó por teléfono al Comandante General de la Marina para que le avisara telefónicamente.
3° Se notificó a los comandantes que permanecieran alertas en sus casas.

Inmediatamente se hizo una apreciación de la operatividad de los buques de la Escuadra, llegando a la conclusión de que se encontraban en la siguiente condición:

Destructor "ARAGUA" (D-31), operativo en La Guaira.

Destructor "NUEVA ESPARTA" (D-11), en dique seco.

Destructor "ZULIA" (D-21), en mantenimiento para el viaje a los Estados Unidos.

Destructor "ALMIRANTE CLEMENTE" (D-12), operativo con una caldera.

Destructor "GENERAL MORAN" (D-22), en iguales condiciones.

Destructor "GENERAL FLORES" (D-13), en mantenimiento progresivo (operativo).

Transporte "LOS FRAILES" (T-15), operativo en caso de emergencia. (El Comandante de este buque se encontraba embarcado en el (T-13).

Transporte "LOS ROQUES" (T-14), en mantenimiento progresivo (operativo en caso de emergencia).

Transporte "LOS TESTIGOS" (T-16), en Porlamar, en comisión con 35 alumnos del Liceo San José de Los Teques, debiendo regresar a La Guaira el domingo a primera hora.

Transporte "LOS MONJES" (T-13), en comisión de relevo de personal de La Orchila a La Guaira.

Transporte "LAS AVES" (T-12), en comisión en Los Roques, con un grupo de médicos militares, debiendo regresar a La Guaira el sábado 02, a las 16:00 horas.

Buque Boyero "PUERTO SANTO" (H-01), en comisión hidrográfica.

A las 17:50 se ordenó a los buques que se mantuvieran alertas en las siguientes condiciones:

"INDIA", para buques en Puerto Cabello.

"DELTA", para buques en La Guaira. También se les informó a los Capitanes de Corbeta García Ibarra y Zambrano, Segundos Comandantes del Morán y Flores, respectivamente.

A las 18:50 llamó al Oficial de Guardia de la Base, el Teniente Mota Carpio, para informar que la Comandancia disponía acuartelamiento 100%. Se confirmó la noticia con el

Comandante General de la Marina y se ordenó que se encendieran los buques y se comenzó a llamar por teléfono a sus respectivos Comandantes y Oficiales.

A las 20:45 se ordenó al Destructor "ARAGUA" (D-31) que fondeara en la rada exterior y a todos los buques que estaban en puerto que permanecieran en Rol de Defensa Inmediata.

A las 21:50, en compañía del Capitán de Navío Andrés O. Moreno Piña, Comandante de la Primera División de Destructores, pasé revista a todas las Unidades, alertando al personal de guardia y se verificó que habían pasado al Plan de Defensa Inmediata.

Después de visitar los buques se hizo un recorrido por toda la Base, incluyendo el Arsenal, y entramos al Comando del Batallón de Infantería de Marina, donde se encontraba el Comandante, Capitán de Fragata Porfirio Delgado Colmenares y el Segundo Comandante, Capitán de Corbeta Riera Paredes. En esos momentos entró al Comedor del Comando el Alférez de Navío Bustamante Moratinos. Allí permanecimos aproximadamente una hora, y observando que no había novedad, nos dirigimos al Casino de Oficiales, donde permanecimos hasta las 24:00 horas aproximadamente.

Estando en el Casino, aproximadamente a las 23:30 horas, se presentaron los siguientes Comandantes:
- Capitán de Navío Miguel Benatuil Guastini.
- Capitán de Fragata Manuel Rojas.
- Capitán de Fragata Luis Ramírez.
- Capitán de Fragata Omar Guevara.

A todos ellos se les informó del estado de la situación y que se había ordenado pasar a "BRAVO-UNO", con Plan de Defensa Inmediata, y que debían mantenerse alertas, pues se esperaba un alzamiento a las 04:00 horas y que en caso de emergencia zarparan y procedieran de acuerdo a las circunstancias.

A las 21:00 horas, estando en el Edificio de Comando, se le dio permiso al Capitán de Corbeta César Márquez W para que permaneciera en reposo médico, de acuerdo a autorización que poseía.

Sábado, 2 de junio de 1962.
A las 00:15 se llamó a la Comandancia General de la Marina y el Capitán de Corbeta Manuel Díaz Ugueto informó que no había ninguna novedad, y que el Comandante General de la Marina no se encontraba en ese momento en su oficina.
Permanecimos en la oficina del Comandante de la Base hasta las 4:30 aproximadamente, y en vista de que todo estaba aparentemente normal, nos dirigimos a la Residencia a descansar.

A las 06:30 horas fui despertado por el Teniente de Fragata Pastor Pausides González y un Alférez de Navío de la infantería de marina, acompañados de varios Policías Navales armados de subametralladoras. El Teniente Pausides me notificó que estaba preso y que le entregara mis armas; le dije que las buscara, lo cual hizo, tomando mi pistola de salida y la subametralladora que se encontraba en el closet.
Le pregunté al Teniente Pausides que con orden de quién procedía en esa forma arbitraria y que pensara las consecuencias que podría acarrearle tal proceder. No me informó el nombre del promotor de la orden y en forma exaltada me notificó que se trataba de un movimiento nacionalista, tendiente a corregir las injusticias sociales y la moralización de las Fuerzas Armadas. Le contesté que esa no era la forma de proceder y que viera sensatamente la forma incorrecta en que estaba procediendo, notificándome que él estaba plenamente convencido y que posteriormente vendría el jefe del movimiento a hablar conmigo.

El edificio de la residencia de almirantes, el de residencia de oficiales y el de comando, se encontraban completamente rodeados por infantes de marina apostados en forma agresiva, listos para disparar. En la residencia se encontraban varios infantes abajo y en el pasadizo adyacente a nuestros camarotes, estaba el Capitán de Corbeta Henríquez Ledezma con varios infantes de marina. Cuando le pregunté al Teniente Pausides por el Comandante de la Base, me informó que ya había sido hecho preso, lo mismo que el Comandante Moreno Piña.

Aproximadamente a las 10:30 horas se presentó a la residencia de oficiales el Capitán de Corbeta Víctor Hugo Morales, el Capitán de Corbeta Luis Avilán Montiel, el Teniente de Fragata Pausides González, un Alférez de Navío de la Infantería de Marina y varios infantes de marina y policías navales armados todos de ametralladoras y fusiles FAL. Salí al pasillo exterior adyacente a los cuartos y comencé a hablar con el Capitán Víctor Hugo Morales, sentándonos los dos en un diván, manteniéndose el resto de los oficiales que andaban con él alrededor de nosotros. El capitán Morales me dijo que se trataba de un movimiento de liberación nacional, continuación del anterior de Carúpano, en el cual estaban comprometidas todas las Fuerzas y todos los buques, y que ellos deseaban que me plegara a ellos a fin de unir a todos los oficiales de la marina que no estaban comprometidos. Le contesté que mantendría mi posición firme como Comandante de la Escuadra y que estaba dispuesto a mantenerme leal al Gobierno Constitucional y que me seguía por lo que dictaban nuestra Constitución, Leyes y Reglamentos, por lo que desaprobaba de manera rotunda su actitud insurreccional, la cual no traería sino un derramamiento de sangre innecesario entre nuestros compañeros, y que no creía que estuviera metido ninguno de los buques de la Escuadra por estar seguro de la lealtad y forma de pensar de todos los comandantes y oficiales de los buques, y que además no era cierto que estuvieran comprometidos todos los oficiales del Comando de la Escuadra y Base Naval, pues estaban detenidos en el edificio de enfrente insultándolos a él y a los oficiales que lo acompañaban por proceder en tal forma; especialmente pude oír del Capitán de Corbeta Vizcaya, quien le dijo entre otras palabras fuertes que esos... revoltosos eran unos miserables. En ese momento les hice señas a los oficiales que no me plegaba al movimiento y todos ellos gritaron al unísono que estaban con nosotros, el Comandante de la Base y el suscrito, y que les ordenásemos, que ellos cumplirían.

El Capitán Ginnari, que en esos momentos se encontraba en la puerta de su camarote, me hizo señas, notificándome que él tampoco estaba ni se pasaría a los revoltosos. El Capitán Morales insistió, en compañía del Capitán Avilán Montiel, para que ordenara a los buques que se mantuvieran neutrales, ya que cuando los infantes de marina fueron al muelle a tomar las Unidades, encontraron una oposición efectiva y tuvieron que retirarse del muelle sin haber logrado su objetivo. Aproveché la oportunidad para decirle al Capitán Morales que los buques saldrían a la mar y bombardearían las instalaciones donde ellos se encontraban si no deponían su actitud.

Los oficiales que se encontraban en la residencia de oficiales fueron sacados con guardia de infantería de marina y trasladados a otra parte. Todos protestaron gritándome que no estaban con los golpistas. Le dije al Capitán Morales que deseaba saber quién era el Jefe del Movimiento y me notificó que le diría al Capitán de Navío Manuel Ponte Rodríguez, quien estaba en el edificio de comando, ya que el Capitán de Fragata Pedro Medina Silva se encontraba en tierra, por lo que pude enterarme que también estos dos oficiales se encontraban comprometidos y estaban dirigiendo la insurrección. Le dije entonces que deseaba hablar con el Capitán Ponte Rodríguez.

El Capitán de Corbeta Víctor Hugo Morales se retiró con los Oficiales y su escolta, dejando de guardia en la residencia de almirantes al Capitán de Corbeta Henríquez y a varios infantes de marina y el edificio rodeado por la misma guardia.
Le dije al Capitán Henríquez que deseaba hablar con el Capitán Ponte a la brevedad posible.
Desde ese momento comencé a hablar con el Capitán Guillermo Ginnari y me informó que había enviado un mensaje al Comandante General de la Marina con el

camarero Armando Torres.

Momentos después se presentó el Capitán Ponte, quien andaba desarmado, y le dije que pasáramos al cuarto, donde comenzamos a hablar, dirigiéndonos hacia la ventana. En ese momento entró el Capitán Ginnari. Desde este sitio pudimos observar que los destructores Morán y Clemente se encontraban navegando al frente de la Base con la artillería lista para disparar y en el radio que tengo en el camarote había oído anteriormente, por medio de mensajes de radiotelefonía, que ninguno de los buques se había rendido y habían procedido en la forma siguiente:

- Transporte "LOS ROQUES" (T-14), había zarpado y fondeado frente a la puerta del Dique Seco para proteger al Destructor Nueva Esparta que se encontraba subido a Dique.

- Destructores "ZULIA" (D-21) y "FLORES" (D-13), procedían con remolcadores a fondearse en la rada exterior.

- Patrullero "MEJILLON" (P-01), permanecía en muelle y el Alférez de Navío Montenegro Navas había hecho resistencia, disparándole al grupo de infantes de marina que estaba en sus alrededores.

En esos momentos, aproximadamente a las 11:00 horas, pudimos observar y oír los disparos, que con los montajes de 40 milímetros, efectuaban los buques sobre las instalaciones de la Infantería de Marina para hacerlos deponer su actitud insurreccional. Estos buques estaban bajo el mando del Capitán de Navío Miguel Benatuil, quien se había embarcado en el destructor Morán, formando un Grupo de Tarea y asumiendo así el Comando de la Escuadra, mientras permanecía detenido el suscrito.

En la conversación con el Capitán Ponte le preguntamos, el Capitán Ginnari y el suscrito, por qué se había comprometido con los insurrectos, contestándonos que a él le habían informado que toda la Marina estaba comprometida, así como las Fuerzas Armadas. Le hicimos ver que era falso, ya que el Comandante de la Escuadra, el Comandante de la Base, el Comandante de la Primera

División de Destructores y un numeroso grupo de Oficiales, como podía él haberse dado cuenta, estábamos detenidos. Su respuesta fue que él francamente sentía haberse comprometido en esa aventura.

Le hice ver al Capitán Ponte que ninguno de los buques se había plegado al movimiento, como podía demostrarse por la resistencia que habían hecho en el muelle y por el bombardeo que estaban efectuando y continuarían así hasta que depusieran su actitud. También le dije que podría estar seguro de que en ningún momento cancelaría la orden de bombardeo de los buques.

Luego de haberse retirado el Capitán Ponte; el Capitán Ginnari y el suscrito llegamos al acuerdo, junto con el Capitán Moreno Piña, de que debíamos tomar una acción en la primera oportunidad que se presentara para rescatar la Base Naval y apoyar así a los buques leales al Comando.

Unos minutos después regresamos a nuestros camarotes dejando las puertas abiertas para observar lo que pasara en el área adyacente a los edificios.

Poco después de esto se presentó el camarero Torres a mi camarote notificándome que había pasado a Caracas el mensaje del Capitán Ginnari.

Aproximadamente a las 14:00 regresó de nuevo el Capitán Morales y entró al camarote para exigirme que se diera orden para que los buques no continuaran el bombardeo de las instalaciones de la Infantería de Marina, contestándole que no podía dar esa orden, ya que el responsable de todos los daños y derramamiento de sangre que hubiera era él y los insurrectos bajo su mando, y que estaba seguro que si me obligaban a hacerlo, los comandantes no cumplirían tal orden. Le dije de nuevo que su acción era una aventura descabellada y que estaba en sus manos que no hubiera una guerra fratricida entre la Marina. Sin hacer caso a lo que le decía se retiró y salió con la escolta.

Estando asomado a la baranda de la ventana del camarote observé que en la puerta del edificio del Comando de la Base se encontraban el Capitán Manuel Ponte y el Capitán Medina Silva. El Capitán Medina Silva, acompañado de una escolta y de un civil, abordó una camioneta para dirigirse a tierra. Al pasar frente a la Residencia paró la camioneta y desde abajo habló con el suscrito, diciendo que en la tarde regresaría a hablar con nosotros y que sentía mucho lo que estaba pasando. Luego se montó en la camioneta y siguió hacia tierra.

Aproximadamente a las 14:15 entró el camarero Torres al camarote y nos comunicó al Comandante Ginnari y al suscrito que el Teniente de Fragata Justo Pastor Fernández Márquez se había fugado y tenía aproximadamente 20 hombres armados en la residencia de oficiales y había hecho prisioneros a varios infantes de marina y que esperaba órdenes para proceder a tomar la residencia donde estábamos detenidos. Se le mandó a decir con el mismo camarero que esperara que le avisáramos el momento favorable que facilitara tal acción. También nos comunicó el camarero Torres que el Teniente Justo Pastor Fernández Márquez tenía preso al Capitán de Corbeta Luis Avilán Montiel.

Durante todo este tiempo hablamos varias veces el Capitán Ginnari y yo y le notificamos al Capitán Moreno Piña de la acción que íbamos a tomar.
En varias ocasiones oímos disparos de FAL en la dirección de los muelles y en la vecindad del comedor de marinería.

Estando disparando los buques, la guardia que rodeaba el edificio se replegó al interior de éste, quedando solamente guardia en la planta baja y en el pasillo bajo el mando del Capitán Henríquez, quien nos tenía vigilados.

Aproximadamente a las 15:30 horas volvió a insistir el Teniente de Fragata Fernández Márquez en tomar una acción para rescatar el edificio y de nuevo se le ordenó que esperara una condición favorable.
Al observar que no había guardia alrededor del edificio, decidimos actuar y el Teniente Fernández Márquez mandó a

reemplazar los dos Infantes de guardia que nos estaban custodiando, por dos de sus hombres, y uno de ellos entró al cuarto notificándonos que estaban listos para proceder.

Aproximadamente a las 16:30 horas el Teniente de Navío Ramos Meléndez reemplazó al Capitán de Corbeta Henríquez, a quien los guardias le dijeron que el Capitán Avilán lo solicitaba en el edificio de enfrente, pero sospechó que pasaba algo anormal en ese edificio y se dirigió más bien al edificio de comando. Al llegar el Teniente Ramos Meléndez comenzamos a hablar con él y le preguntamos de qué parte estaba, notificándonos que él estaba con el movimiento revolucionario, ya que estaba plenamente convencido de lo que estaba haciendo, y me dijo que así como nosotros estábamos convencidos de la causa que defendíamos, él también defendía su causa y respetaba nuestro criterio. El Teniente Ramos Meléndez estaba armado de una subametralladora y de una pistola de gran potencia. Continuamos hablando con él dándole confianza hasta que subió al pasillo. En un descuido que tuvo le arrebaté la ametralladora y el Capitán Ginnari le quitó la pistola, ya que ligeramente trató de batallar.

Una vez desarmado y preso el Teniente Ramos Meléndez, el Capitán Moreno Piña pasó a la residencia de oficiales a informar al Teniente Justo Pastor Fernández Márquez para que viniera a la residencia para proceder a tomar el edificio de comando. En el edificio de comunicaciones los Maestres Finol y Temístocles Blanco habían desarmado a la infantería de marina.
Con el grupo formado por los maestres Blanco, Finol y diez marineros, el Capitán Ginnari y el suscrito nos dirigimos al edificio de comando, mientras el Capitán Moreno Piña y el Teniente Fernández Márquez nos cubrían la retaguardia desde la residencia de oficiales. Entramos al Edificio de Comando sin ninguna resistencia, entregándose los guardias que había en él. Inmediatamente se llamó por teléfono al Comandante General de la Marina y se le informó de la acción tomada y de la situación en que nos encontrábamos. En ese momento nuestro grupo consistía en 4 oficiales

varios Maestres y 20 marineros, y teníamos unos 40 Infantes de Marina presos bajo nuestra custodia, por lo que necesitábamos urgentemente refuerzos para reconquistar el Castillo y los otros edificios donde hubiera insurrectos.

Hicimos una apreciación de la situación y consideramos que en el Castillo estaban los oficiales leales detenidos y aproximadamente unos 300 Infantes de Marina. El Comandante General de la Marina nos informó que comunicaría a todas las unidades del estado de la situación y notificaría al Comando Unificado y al destructor Nueva Esparta para que nos mandaran refuerzos y así proceder a la reconquista del Castillo. También se llamó por teléfono al Comandante de la Guardia Nacional y se habló con el Coronel Alfredo Monch y el Capitán de Navío Diego Mérida Celis, informándolos de la situación en que nos encontrábamos y solicitando que nos enviaran una compañía de refuerzo.

Estando ya en el edificio de comando, se dejó una parte de los marineros leales en la residencia de oficiales con el Teniente Fernández Márquez con la misión de vigilar a los detenidos y el resto se distribuyó en los pasadizos laterales al puesto de información, dejando en la puerta dos marineros de guardia vestidos de Infantes de Marina para aparentar que todo estaba normal.
Como a las 17:30 se presentó al Comando el Teniente Pausides González escoltado por un grupo de infantes de marina y policías navales, y armado de una ametralladora y de una pistola. Sin sospechar nada, entró en el Edificio, donde se le dio la voz de arresto y fue desarmado junto con su escolta.
Posteriormente entró también el civil que andaba en la camioneta con el Capitán Pedro Medina Silva, quien fue arrestado y desarmado, resultando ser el señor Gastón Carvallo López de Ceballos, a quien le fue quitada una pistola de gran potencia. Ambos detenidos fueron pasados a la residencia de oficiales, donde se encontraba el resto de ellos bajo custodia. Minutos después, en igual forma, se presentó el Capitán Henríquez Ledezma, quien también fue

arrestado y trasladado a donde estaban los demás presos.

De nuevo se llamó al Comandante de la Guardia Nacional y a la Comandancia General de la Marina solicitando refuerzos. El Teniente Coronel Suzzarini informó que trataría de mandar una compañía de la Guardia Nacional después de abrir una brecha en el pueblo.

Alrededor de las 18:00 horas, el Capitán Víctor Hugo Morales, en compañía de varios infantes y de un civil, todos armados de armas automáticas, fueron detenidos por el Capitán Moreno Piña y el Teniente Fernández Márquez, apoyados por un grupo de 10 marinos leales. El Capitán Víctor Hugo Morales y su escolta se disponían a salir de la Base Naval con un camión cargado de municiones para reabastecer las tropas insurrectas. El Capitán Morales fue trasladado a la oficina del Comando de la Base, donde se le dijo que, a fin de evitar más derramamiento de sangre y la masacre de sus tropas que estaban sin jefes ni oficiales en tierra, diera la orden de que se rindieran. La respuesta fue que de ninguna manera lo haría y que la orden que tenían era de resistir hasta morir, y que lo que él sentía era no estar en su puesto peleando con las tropas. Repetidas veces se le dijo que estaba procediendo en forma errónea, pero no entró en razones, manifestando que la solución para evitarla era que se le pasaran a él las tropas del Batallón Carabobo. En vista de que no se le podía convencer de ninguna forma, se procedió a trasladarlo al edificio donde estaban los otros detenidos, en un cuarto aparte, donde permaneció preso. Se le comunicó a la Comandancia General de la Marina de estos últimos acontecimientos y de la situación de los oficiales que se encontraban detenidos. Se solicitaron de nuevos los refuerzos, siendo informados que pronto saldrían del destructor "Nueva Esparta" un grupo de hombres al mando del Alférez de Navío John Di Palo Pocaterra, quienes vendrían por la playa y la costa interior de la Base Naval y el Dique.

Aproximadamente a las 20:00 horas se presentó al edificio del comando el Capitán Pedro Medina Silva en compañía de una escolta, la cual se estacionó al frente de la puerta principal. Al entrar al edificio se le dio la orden de arresto y fue desarmado de la pistola que tenía y pasado al pasillo adyacente a la oficina del Comando de la Base.

El personal leal que estaba en el edificio gritó varias veces la orden de rendición a la escolta, sin embargo, estos respondieron con ráfagas de ametralladora. Nuestros marineros contestaron el fuego causando varias bajas en la escolta. El resultado de la acción fue de tres muertos de la escolta y dos marineros heridos.

El Capitán Medina Silva fue trasladado a la Oficina del Comando, donde se le notificó que, en vista de que todos ellos estaban presos y el Capitán Ponte se encontraba solo en el Castillo, que procediera a enviarle la orden de rendición, pero se comprobó que no había comunicación telefónica.

Momentos después se presentó el Alférez John Di Palo Pocaterra con unos 20 Marineros de refuerzo que nos había enviado el destructor "Nueva Esparta". En total teníamos en ese momento aproximadamente 50 hombres entre oficiales, suboficiales y marineros. Con ese personal se ocuparon todos los edificios adyacentes al edificio del comando, o sea, residencia de almirantes, residencia de oficiales y residencia de suboficiales, y algunos fueron enviados en patrullas para que actuaran como insurrectos y reconocieran la condición en que estos se encontraban. En consecuencia, supimos que para aproximadamente las 22:00 horas, la mayoría de los insurrectos se habían hecho fuertes replegándose hacia el Castillo Libertador. Además, los alzados controlaban la Alcabala fuertemente custodiada con dos ametralladoras de 12,7 mm, un mortero y gran número de municiones.

Aproximadamente a las 23:00 horas se presentó el Maestre Argenis Leal con otros 20 hombres del destructor "Nueva Esparta", subiendo nuestros efectivos a aproximadamente 70 hombres.

Se procedió a llamar por teléfono al Comandante General de la Marina solicitando de nuevo refuerzos, notificándonos que no podrían venir sino en la madrugada, después que las tropas leales efectuaran el ataque de penetración por la ciudad de Puerto Cabello, pues todavía la posición de los rebeldes estaba consolidada en la ciudad, y un ataque frontal podría causar muchas bajas. En vista de lo cual, se decidió esperar hasta la madrugada para avanzar sobre el Castillo Libertador con el personal que teníamos y rescatar los prisioneros.

El Comandante General de la Marina nos informó que en las primeras horas de la mañana la Fuerza Aérea bombardearían la Alcabala de entrada a la Base Naval. Se solicitó también al Comandante General de la Marina que ordenara al Morán y al Clemente que hostigaran la parte superior del Castillo con ametrallamiento de 40 mm, a fin de que el personal allí refugiado se entregara.

Aproximadamente a las 24:00 horas se presentó en la puerta del edificio de comando el Capitán Manuel Ponte con una patrulla. Salió del vehiculo sin tener intenciones de dirigirse al edificio, por lo que se le dijo al Capitán Medina Silva que lo llamara para que entrara al Comando, pero como el Capitán Medina Silva exigió que lo dejaran salir del edificio para hablar personalmente con el Capitán Ponte y poder convencerlo de que se rindiera, no nos pareció conveniente correr este riesgo de que trataran de tomar cualquier acción drástica. El Capitán Ponte tomó su vehículo y se retiró en dirección del Castillo.

Durante la noche se distribuyó el personal leal alrededor de los edificios que sosteníamos y se trasladaron los oficiales y el civil detenidos, exceptuando al Capitán Pedro Medina Silva y el Capitán Morales, al edificio de Comunicaciones, donde fueron encerrados.

El Capitán Medina Silva permaneció en el edificio de comando y el Capitán Morales en la residencia de oficiales, vigilados por sus respectivos guardias.

Aproximadamente a las 24:00 horas, un marinero del destructor "Zulia" se presentó con el radiograma No. 384 de fecha 03 de junio de 1962, firmado por el Teniente de Fragata Piccardo Román, dirigido a la Comandancia General de la Marina y con información para todos los buques, el cual textualmente dice así: "El destructor Zulia, fiel a las causas que sus tripulantes consideran las más justas, ha decidido mantener una actitud neutral. Considerando que nuestra Armada se halla empeñada en una lucha fratricida, de ser nuestro buque blanco del fuego de otra unidad, preferimos antes hundirnos con él a permitir que nuestros cañones tomen parte en tal lucha. Nos empeñaremos en evitar todo derramamiento de sangre."

Al recibir este radiograma nos dimos cuenta que el destructor "Zulia" no estaba al lado de los demás buques.

A las 02:00 horas se solicitó al Comandante General de la Marina que ordenara a los destructores "Clemente" y al "Morán" para que efectuaran fuego de hostigamiento durante la noche por encima del Castillo

Aproximadamente a las 03:00 horas se envió a Caracas un reporte de la situación resaltando que el destructor "Zulia" estaba en estado de rebeldía.

En horas de la madrugada se presentó una patrulla motorizada procedente del Castillo Libertador. Se le dio la voz de alto, bajándose del vehículo dos Maestres desarmados, quienes nos informaron que los oficiales que estaban presos en las fosas habían tomado el Castillo y hecho preso al Capitán Ponte y a los dos Alféreces de Navío que lo acompañaban. Inmediatamente se envió al Castillo al Teniente Justo Pastor Fernández Márquez con un Maestre, acompañado de la misma patrulla, con la orden de que regresaran con los oficiales que se habían liberado. Momentos después regresaron todos los oficiales que estaban detenidos y que habían tomado el Castillo, comunicándose esta novedad a Caracas y cancelando a los buques la orden de fuego de hostigamiento, así como el bombardeo a la alcabala por la aviación, pues ya con los medios que teníamos podíamos hacerla rendir, como en efecto se hizo.

La Comandancia General de la Marina nos informó que había comunicado a todos los buques que la Base Naval había sido recapturada, así como también había informado al

Comando Superior y al Comando Unificado de la acción y que procedieran a efectuar la penetración que tenían planeada.

A las 08:00 horas se le pasó un radiograma visual al destructor "Zulia" con el siguiente texto: "Base recapturada en su totalidad. Los oficiales del buque deben rendirse incondicionalmente sin armas ante este Comando". Del "Zulia" nos vino la siguiente contestación: "Se agradece enviar un oficial superior del Comando de la Escuadra a esta unidad fin parlamentar. Garantizamos su seguridad'.

En esos momentos el "Zulia" se encontraba rodeado por personal leal bajo el mando del Capitán de Corbeta Melecio Delgado, a la expectativa de cualquier acción que se debiese tomar.

A las 08:05 se le pasó el siguiente mensaje visual: "En referencia a su mensaje, fin evitar derramamiento de sangre o una pérdida valiosa para nuestra Armada, deben rendirse incondicionalmente de acuerdo a mi mensaje anterior. Peso de responsabilidad de lo que le ocurra al buque recaerá sobre ustedes. Exijo respuesta inmediata. Deben presentarse a este Comando el TF. Fermín Castillo, TF. Antonio Piccardo, TF. Juan Medina y AN. Otoniel Piccardo".

Se le comunicó esta situación al Comando General de la Marina, quien recomendó que se tratara de parlamentar antes de tomar una decisión que pudiera causar daños al buque y al personal que no estuviera comprometido. En consecuencia, a las 09:20, se le envió el siguiente mensaje visual: "Este Comando enviará al extremo del muelle un oficial a parlamentar. El oficial designado por ustedes debe dirigirse solo a su encuentro".

A las 09:22 se le ordenó al destructor "Clemente" bombardear el Fortín Solano, a fin de apoyar las tropas leales, de acuerdo al radiograma 2934.

A las 09:26 se le informó que el destructor "Zulia" estaba en rebeldía, para que se mantuvieran alertas para entrar en acción caso fuese necesario.

Aproximadamente a las 09:30 bajó a tierra el TF Antonio Piccardo y habló con el Capitán Melecio Delgado, quien estaba encargado de la guardia armada en el muelle, y le dijo que quería hablar con un oficial de la Escuadra para que le informara personalmente de la situación. El Capitán Delgado se presentó a este Comando suministrando esta Información y se le ordenó que regresara al muelle e informara a los amotinados que dieran cumplimiento inmediato a mi radiograma de rendición y que no teníamos más nada que hablar al respecto, pues si no se entregaban tomaríamos una acción enérgica inmediatamente.

El Capitán Delgado volvió al muelle y le notificó al Teniente Piccardo la orden recibida, diciéndole que dejaran el buque bajo el mando de un oficial leal y que se presentaran todos los demás oficiales al Comando de la Escuadra sin armas.

Posteriormente se presentaron todos los oficiales del "Zulia" y se mandaron presos al Castillo Libertador los cuatro amotinados, quienes eran: TF Fermín Castillo, TF Antonio Piccardo, TF Juan Medina y AN Otoniel Piccardo

Al resto de los oficiales se les ordenó que regresaran a bordo. También se dio la orden para que se encargara del Comando del "Zulia" al Capitán Andrés Moreno Piña y que el Capitán de Corbeta Galavís Collazo, quien se encontraba en el Comando de la Escuadra, regresara a su unidad.

A las 11:00 horas se envió un radiograma a todas las unidades informándoles que la Base Naval estaba completamente recuperada y que los Oficiales Fermín Castillo, Antonio Piccardo, Juan Medina y Otoniel Piccardo, quienes se encontraban en el "Zulia", habían depuesto su actitud de amotinamiento.

Se comunicó a la Comandancia General de la Marina, diciéndole que informara al Comando Unificado al respecto.

Aproximadamente a las 12:00 horas aterrizaron dos helicópteros transportando al General Moros, al Coronel Monch y a varios Oficiales del Comando Unificado, quienes nos informaron que todavía seguían las acciones en tierra y que tenían tomado un 60% de la ciudad. Se ordenó a todos los buques que permanecieran alerta, cumpliendo las misiones que tenían.

Así terminó este día sin más ninguna novedad. Puerto Cabello, 12 de Junio de 1962. JESUS CARBONELL IZQUIERDO. Capitán de Navío. Comandante de la Escuadra.

Le informo al Presidente y al Ministro de la Defensa la hora en que la Base Naval está en manos del Gobierno Constitucional. El esfuerzo que se hace por la Alcantarilla con tropas y blindados del Ejército y sus resultados es de todos conocido. No pudieron entrar a Puerto Cabello; tampoco era necesario. La Marina había rescatado el objetivo que ellos se proponían: la Base Naval. En esa acción se sucedieron actos verdaderamente dramáticos y se requirió ingenio para informar y preparar la acción de rescate de la Base. Hasta hubo un sacerdote circulando por la Base Naval coordinando las acciones de rescate. Era el Teniente de Fragata Justo Pastor Fernández Márquez disfrazado con una sotana.

Cuatro horas después de tomada la Base, Carbonell me informa que en el hotel Cumboto, situado a la entrada de Puerto Cabello, estaba parte del Estado Mayor Civil de la conspiración. Un conjunto heterogéneo de ciudadanos con diversas afiliaciones políticas Allí se elaboró el gabinete, se ofrecieron carteras ministeriales y otras cosas.
Carbonell manda una comisión al hotel pero desde la mañana todos se habían esfumado. En la noche me llama el Presidente Betancourt por teléfono y me dice: "Almirante, el país no sabe lo que le debe a usted por su enérgica actitud".

Dos días después de debelado el movimiento insurreccional de Puerto Cabello, me visita en mi Comando mi concuñado, el Sr. César Nahmens, amigo verdadero a quien quise mucho por sus dotes de hombre de bien, sincero, leal, excelente padre de familia. Va en una misión impuesta por él mismo. Apesadumbrado me dice: "Ricardo, yo quisiera que todos estos hechos no dividieran la familia; tú siempre has sido para todos un hermano, yo te vengo a pedir que Carlos y tú se den un abrazo". Mi aprecio por César se acrecentó aún más, mi inolvidable Nemo, así lo apodaba, crecía en la bondad que siempre lo caracterizó. Lo miré fijo y le dije: "Sé muy bien como te estás sintiendo en estos momentos, y como has pasado días entre el dolor y la angustia; eres como mi hermano, pero para complacerte te voy a pedir otra cosa: Dile a Carlos que me mande una carta donde condene enérgicamente los alzamientos de Carúpano y Puerto Cabello y que también condene enérgicamente los autores con nombres y apellidos. Al recibirla iré a su casa a darle un gran abrazo".

Pasó el tiempo y nunca tuve la oportunidad de abrazar a Carlos Larrazábal. Comienzan los juicios militares con los indiciados presos en el Cuartel San Carlos. Vienen las declaraciones, las investigaciones, los cargos y todo lo relacionado con la justicia. Después vienen las fugas y otros incidentes que fueron temas ampliamente tratados por la prensa.

También me visita en el Comando mi amigo Félix Cardona Moreno, portador de una carta de un amigo común de todo mi aprecio y cariño. Mantengo con el remitente de esa carta una amistad de más de cuarenta años que cada día se solidifica más. Además de ser mi amigo, es un venezolano integral, profesional capaz, con profundos y sólidos conocimiento de su tierra y de sus hombres. El me asistió y ayudó a estructurar los planes educativos de la Escuela Naval cuando el año de 1948 fui su Director. Leo detenidamente la carta que me envía Horacio Vanegas y al terminar la lectura, sin pronunciar palabra, llamo por teléfono al Ministerio de Relaciones Interiores. Al terminar de hablar, le digo a Félix: "Dile a Horacio que puede estar tranquilo que no tenga más preocupación, que se vaya para su casa, que no tenga nada que temer", y así fue... Leamos la carta de Horacio:

Ricardo: Por intermedio de un común amigo nuestro me tomo la libertad de hacerte llegar esta carta, la cual pido que consideres en nombre de nuestra antigua amistad. Sólo bajo ese ánimo deberías leer esta carta. Si no es así, si no puede ser así, la carta no tiene objeto.

Desde el día sábado 2 ando como quien dice a salto de mata. Escondido. Me escondí porque estaba asustado; pero después de pasado el susto inicial he reflexionado bastante y deseo entregarme al Comando General de la Marina para que, bajo su autoridad, se me arreste y se me someta a los Tribunales de rigor, si es que se me considera culpable de algún hecho extralegal.

Quién sabe si yo hubiera podido ponerme en contacto contigo el mismo día sábado 2, ya todo esto estuviera arreglado; pero comprendo que tú estabas demasiado ocupado para poner tu atención en un caso particular como el mío. Deseo explicarte el por qué me escondí. El sábado 2 yo fui, como es mi obligación, a dar clases en el Instituto Pedagógico, entre las 07:00 y las 09:15 hrs. Cuando salí de mi clase tuve conocimiento de que había una situación anormal en el país. Se rumoraba insistentemente de un golpe de derechas. Entonces, a eso de las 09:45 hrs. llamé a casa para decirle a mi mujer que no dejara que las niñas fueran a la Universidad. Quien me atendió en casa me dijo que la casa estaba siendo allanada y que buscaban armas. Que en la casa había un grupo de siete hombres, armados con metralletas y que la casa estaba rodeada por otros más. Yo pensé inmediatamente en el arma que tengo en casa y que tú me distes con una autorización por escrito, cuando eras Jefe del Estado Mayor Naval. Entonces traté de ponerme en contacto contigo y no lo logré. Inclusive se me dijo que estabas preso. Yo me hice cuenta, errónea, por supuesto, que la gente que había ido a mi casa era parte de alguno de los grupos en rebelión y entonces salí a esconderme y le hice avisar a Horacio, mi hijo, lo que estaba pasando; para que no fuera a ir por casa. Luego traté de hacer contacto contigo y no pude hacerlo. De ello encargué a Félix.

Te digo que me asusté mucho, porque cuando Pérez Jiménez la Seguridad Nacional fue a casa. Fueron a buscarme dos hombres y, en vista de que yo no estaba, me dejaron una boleta de citación firmada nada menos que por el Negro Sanz. Aunque yo, en esa oportunidad estaba conspirando, como el 90% de la gente decente de este país, hice de tripas corazón y me presenté a la Seguridad Nacional y, por supuesto, me arrestaron y me interrogaron.

(Era a propósito del célebre Manifiesto de los Intelectuales). Después vinieron el 21 y el 23 de enero y todo aquello pasó, afortunadamente. En esta ocasión sucedió el hecho, para mí insólito, de ser allanado por primera vez en mi vida, de no saber de qué lado venía el allanamiento y de efectuarse todo aquello dentro de un clima de inquietud hasta ese entonces desconocida. Después supe, como supo toda la Nación, lo del brote de Puerto Cabello.

Lo único que me preocupaba en esta ocasión del allanamiento era la posesión del arma que tú me diste, sobre todo cuando me dijeron que tú estabas preso; puesto que lo único que hace válido el que yo tenga esa arma en mi casa, es tu autoridad. Esta es la razón por la cual me escondí de primer intento. Luego un amigo personal con quien pude hacer un distante contacto, tuvo la amabilidad de visitar al Ministro de Relaciones Interiores y Carlos Andrés le dijo que "se me buscaba y se me seguiría buscando por estar en complicidad con el levantamiento de Puerto Cabello". Ya eso es otra razón, en este caso incierta. Yo estoy dispuesto a comparecer ante cualquier Tribunal no para que se me juzgue, sino para que se aclare esta situación, porque yo no estoy complicado ni directa ni indirectamente en el levantamiento. Soy amigo de Manuel Ponte y de Perucho Medina y no quiero negar esa amistad en la hora de su desgracia. Soy amigo de Manuel Ponte desde hace, más o menos, 30 años o sea, en la misma época en que conocí y me hice amigo del Chino Carbonell, o sea en la época de escolares. Soy amigo de Perucho desde que lo conocí en la Escuela Naval en la época en que tú y yo hicimos la modificación fundamental de la Escuela y, como resultado de esa amistad, Perucho me dio un hijo como ahijado. No es la hora, ni es de hombres negar estas cosas, lamento lo sucedido, pero no niego mi amistad.

Por otra parte me ha llegado, el rumor de que mi situación se agrava por el hecho de ser amigo de los Larrazábal. Esto lo tengo descartado porque no veo que ingerencia tengan ellos con los acontecimientos sucedidos en nuestro país. Los radiogramas de Wolfgang y las declaraciones de Carlos son bastantes explícitos; pero continuando en la misma línea de conciencia, no niego tampoco la amistad que me une con los Larrazábal. Felipe Oswaldo, Fabio Antonio, Wolfgang Enrique y Carlos Alberto son mis amigos, como lo eres tú, en la buena o en la mala y no lo niego porque no tengo por costumbre negar mis afectos. Yo nunca he andado dando vueltas alrededor de los Larrazábal por el mero hecho de que ellos han ocupado altas posiciones en nuestro país. Serví con Wolfgang porque Wolfgang me mandó a buscar a mi casa con aquel extraordinario hombre que fue el Negro Rodríguez. Mi amistad para con todos Uds. ha sido una amistad hogareña, silenciosa, desinteresada. Además, yo no creo en esos amigos que surgen y nos cercan en épocas de bonanza, sino en los que nos sostienen en las épocas de malestar.

Pues bien, en el entendido y declarado de que yo no tengo nada que ver con las acciones de Puerto Cabello, aunque haya suposiciones o consideraciones que puedan señalarme, quiero decirte definitivamente el objeto de esta carta. Es el siguiente: Deseo entregarme al Comando General de la Marina para que se me arreste en cualquier instalación naval: la Base, la Escuela, el Centro de Entrenamiento, a bordo; como quiera el Comandante y, una vez arrestado, se me someta a los Tribunales de rigor porque estoy seguro de salir absuelto. Tan cierto estoy que tengo pensado ni siquiera ocurrir a los oficios de un abogado.

Ahora bien, lo que le pido al amigo es que actúe con la autoridad que le presta su vida oficial y que me obvie el desagrado de tener que entregarme a cualquier otra institución; porque tengo la seguridad de que, arrestado entre las Fuerzas Navales, tendré un trato de consideración y respeto ya que entre ellas he servido con desinterés y abnegación, hasta el punto de haber merecido que mis servicios se hayan señalado -tú entre otros- como notables.

Esto es todo lo que quiero. Presentarme a ti y que tú me arrestes y que dispongas donde he de cumplir el arresto dentro de la Fuerzas Navales. Tú dirás si me presento a la Comandancia o a cualquiera de los comandos calificados. Por otra parte, deseo que se suspenda la persecución contra mi hijo, quien no tiene ni remotamente, ingerencia en estos asuntos. Horacio se debe graduar de médico, Dios mediante, el próximo julio. Una vez graduado deberá irse a los Estados Unidos a realizar dos años de estudios de Postgrado, gozando de una beca que le han dado los Laboratorios Lilly. Ya tiene su visa otorgada por la Embajada Americana que, como tú sabrás, no concede visas ni a comunistas ni a extremistas. Ni mi hijo ni yo somos extremistas. Yo, porque además de ser católico, soy demasiado burgués y mi hijo porque se ha criado en medio de una familia verdaderamente regida por los padres y bajo normas morales y cívicas quizá hasta extrañas en medio de esta rebatiña en que vive el universo. Mi hijo es un muchacho de ideas liberales que toma con el calor con que toman todas las cosas aquellos que tienen 22 años.

No deseo molestarte más. Te ruego que me dejes saber con nuestro amigo común lo que resuelvas acerca de esta petición que, en uso del amigo, le hago al Comandante General de la Marina.

Te abraza,
HORACIO

No podía hacer menos por Horacio, lo conocía bien y era, es y seguirá siendo mi amigo ya que como antes dije, fue pilar fundamental para la reorganización de la Escuela Naval para la época en que me desempeñé como Director allá por el año 1948, cuando se reestructuraron las bases educativas de lo que es hoy el Alma Máter Naval.
Horacio es sin duda, ejemplo permanente para la juventud venezolana; jubilado por esa Ley que poda los árboles por las raíces, aún sigue su permanente peregrinación de maestro sembrando sus conocimientos en esa muchachada de hoy que será la dirigencia del futuro. El es austero en su vida hogareña y digno de todo respeto y admiración por las generaciones que ha enseñado, dejándoles su huella para que continúen el

camino. Horacio seguirá siendo una esperanza   para la Venezuela educativa.

Armonizar los vínculos afectivos con el ejercicio del Comando es difícil, pero a la hora de escoger no se puede vacilar, el deber es primero. En este aspecto quiero expresar mi más profunda admiración por la actitud de mi mujer. Siempre tuve presente su lucha interna en ese conflicto de intereses sentimentales en el que más pudo su amor y su admiración por mí que todo lo demás. Quien la conozca supo lo duro que fue para ella ese calvario sentimental que le ocasionó su vía crucis familiar. Como homenaje a la mujer de toda mi vida, en esta narración no comentaré las confidencias que ella me comunicaba angustiada por los momentos más cruciales de la insurgencia en marcha. Pero sí tuve que manifestarle mi extrema preocupación y ratificar públicamente mi posición a su hermano Wolfgang Larrazábal, definida en carta de fecha 29 de mayo de 1962, que le envié a Chile, donde le informé todo lo que pasaba en cortas pero muy claras palabras, leamos.

Muy recordado Wolfgang:

Te escribo estas letras en momentos en que me siendo profundamente asombrado, profundamente conmovido y profundamente entristecido por la situación que atraviesa nuestra Marina. Nada grato es el mensaje que tengo que hacerte llegar en esta carta, pero es mi deber decirte cuanto me apesadumbra, para que tú, como Vicealmirante de la República, como compañero y como hermano, peses y valores, con la equidad que te ha caracterizado, los hechos que paso a transmitir.

Cuando sucediera el acto insurreccional de Carúpano, grave, muy grave para nuestra Marina, por la bochornosa y triste contradicción de los principios tradicionales que la Institución ha defendido, manteniendo siempre con dignidad y pundonor nuestro prestigio de Fuerza respetuosa de la Constitución y de la Ley, jamás al servicio de un hombre o de un grupo; cuando ese hecho -te repito- Carlos, nuestro hermano bien querido no fue capaz de ni siquiera una llamada telefónica para saber si yo estaba vivo o muerto o para ofrecerme su apoyo moral en aquellos momentos difíciles. Me extrañó mucho su actitud, pero no le di importancia y pensé que se trataba de su característica manera de ser un poco indiferente y hasta insociable.

Hasta ayer nada más, yo tenía para Carlos, en esos detalles y en otras de sus extrañas actitudes, la benevolencia que nace del cariño forjado en el seno de la familia y el respeto que me ha merecido por todo lo que de positivo tuvo al frente de la Comandancia General de la Marina. Con esta manera de verle y apreciarle, consecuente con él y con sus humanas condiciones, yo siempre lo defendí hasta lo indecible, pero ya hoy, Wolfgang, triste es decirlo me avergüenzo de haberlo hecho, porque para gran asombro mío, he tenido informaciones fidedignas e incontrovertibles de que él ha estado alentando la marcha de la conspiración contra los poderes públicos, incitando a la rebeldía contra mí y adoptado posiciones que desdicen y niegan toda la trayectoria antes mencionada como Jefe y como ciudadano. El se ha prestado al juego de los que incitan a la subversión del orden legal y legítimo y se ha dejado rodear de inescrupulosos seres que desean sacar partido de su retiro honorable, hasta el punto, que él por su propia voz, le ha dicho a oficiales en servicio activo y a otras personas "que lo botaron como a un Cabo"; paradójica posición, contradictoria de su gesto catalogado hasta el presente de ejemplo vivo para la Historia, al escribir esa hermosa página que es su solicitud de retiro y habiendo recibido, como lo verás en el folleto que te adjunto (lee detenidamente esa solicitud que es completamente contradictoria de lo que pregona actualmente) todos los honores que la Marina le dispensó, en presencia de las más altas autoridades nacionales, colocando sobre su pecho la más valiosa condecoración con la que la Patria distingue a quienes la han servido y con el homenaje de afecto y cariño de todos - y lo que es más comprometedor - ante la formación del Batallón de Cadetes de la Escuela

Naval de Venezuela, nuestra Alma Mater Naval.

Te ruego querido hermano, que medites estas mis letras y te pongas, con toda la fuerza de tu espíritu y de tu mente, en la penosa situación en que me encuentro ante la conducta de Carlos; por ella es mi sentimiento familiar y de compañerismo al afectado, porque como Comandante General de la Marina no tengo ningún temor, llegado el caso, de enfrentarme a la realidad como me lo demanda mi alta responsabilidad. Te pido entonces que veas todo lo que tú puedas hacer por esta situación en bien del nombre de los Larrazábal, de la jerarquía de Almirante y de la condición de hijo de una Nación y un Pueblo generoso que desprecia la traición y el engaño.
Te abraza afectuosamente
RICARDO SOSA RÍOS

Nunca recibí contestación a esta carta, tal vez por el estado anímico en que se encontraba o por cualquier otra causa, que solamente el propio Wolfgang puede decir.

SÍNTOMAS DE CONSPIRACIÓN

El Comando sigue su marcha normal. La administración de la Fuerza continúa desarrollando los planes propios para mantenerla en el mejor nivel operativo, procurándole además a todo el personal, civiles y militares, mejoras en sus servicios de salud, en la vivienda, y todos los aspectos que contribuyen para que el hombre pueda dedicarse por entero, con mística y eficiencia al engrandecimiento de la Institución a la cual pertenece.

La autonomía de las Fuerzas se afianza cada día mas como consagrada en el Decreto 288 y el Comandante General de la Marina es eso precisamente, el Comandante General de la Marina, no un simple secretario del Ministro de la Defensa. Además, el Comandante General de la Marina dispone de un órgano consultivo, dispuesto en la resolución del Ministerio de la Defensa N° 220 de fecha 16-12-59 que creó el Consejo Superior de la Marina. Es el máximo organismo consultivo de la Marina. Lo componen todos los almirantes cualquiera que sea su situación, pero como para la época en que fue dictada esa resolución, la Fuerza sólo tenía 4 almirantes en actividad y 2 en retiro, ella contenía el mandato de convocar también los oficiales que para la fecha estaban en los cargos que correspondían a la jerarquía de almirante pero que eran capitanes de navío.

Inmediatamente después del Porteñazo, me fui a Puerto Cabello para intentar entender los motivos de la lucha fraticida, sobre la cual nada puede ser construido. Al regresar, envío el radiograma N° 5237 a todas las unidades de la Armada, que vemos a continuación:

Para conocimiento de todos los oficiales, hoy a mi regreso de Puerto Cabello, después de haber palpado, vivido y sufrido la huella de la traición; conmovido por el dolor que desgarra a tanto hogar inocente y atormentado por la dantesca pesadilla de esta brutal insensatez, donde la torpeza ha mezclado a su antojo llanto y sangre, cobardía y heroísmo; invoco la fuerza de todos mis sentimientos de bondad y de honor para llevar hasta ustedes y sus familias mi irreductible decisión de no permitir, de la manera a que hubiere lugar, con los medios y recursos que fueren menester, que una tragedia como la que ahora nos enluta pueda repetirse. No sé qué palabras usar para significar ante vuestros espíritus la solemnidad de esta promesa y la violenta determinación de este propósito. Pero de una verdad habrán de tener ustedes siempre convicción. Yo, quien por naturaleza y por principio repudio la violencia como una profesión de fe, estoy resuelto a ejecutar cualquiera que fuere necesaria para evitar a mi Patria, a mis compañeros y a mi pueblo, las irreparables consecuencias de otra mayor. Asimismo y con la anuencia del señor Presidente de la República y el Señor Ministro de la Defensa, aseguro a ustedes que los daños materiales, que por cualquier circunstancia hubieren sido víctimas en conexión con estos desdichados sucesos, les serán reparados en su totalidad. Los profundos daños morales lo serán también por el esfuerzo y la voluntad de todos nosotros siguiendo el recto camino del deber y la lealtad. Ricardo Sosa Ríos. Contralmirante Comandante General de la Marina.

Se instala el Tribunal Militar en la Base Naval de Puerto Cabello. Los detenidos son traídos a bordo de un buque transporte desde el cuartel San Carlos. Son parte de los que son, pero no están todos los que son. Los síntomas de conspiración son cada día más sintomáticos, y es a la Marina a la que tratan de minarle sus bases. En la Cámara de Diputados, toma la palabra el diputado (?) y se oye la siguiente intervención: "¡al Almirante Carlos Larrazábal lo han botado como a un Cabo!" Además de estar tergiversando la verdad, lesiona la jerarquía de Cabo, que no por ser jerarquía de la marinería deja de ser digna y respetable.

La respuesta del Comando se limitó a enviarles a cada uno de los senadores y diputados el folleto que hice publicar con motivo del reemplazo del Almirante Carlos Larrazábal del Comando de la Marina. Veamos:

TRANSMISIÓN DE MANDO DE LA COMANDANCIA GENERAL DE LA MARINA
Día 1 Febrero 1962

Surge este folleto con la especial intención de subrayar un hecho transcendente, acaecido por primera vez en la historia de nuestra Marina de Guerra. La transmisión del Comando General con sujeción a todos los requerimientos legales, realizada como resultado de otro acontecimiento no menos importante para los archivos de pundonor que registra la Marina, como es una solicitud de retiro, iniciada, motu propio, por la más alta jerarquía de la Fuerza en pleno ejercicio de la Comandancia. Tanto lo uno como lo otro, simbolizan un elocuente síntoma de la saludable palpitación democrática que propulsa la vida del país, trasluciéndose de ello una verdad incontestable. No hay ámbito que escape el fruto de maravillosos ejemplos cuando en su concierto impera el ejercicio de las leyes. No sólo en cuanto a la realidad creadora de una acción concreta como el caso que nos ocupa, sino también en cuanto al fecundo ejemplo que ella proporciona para que conductas similares de hombres y de instituciones se multiplique en el futuro de la República.

Podemos decir que se ha consumado, con enaltecimiento de nobles inquietudes cívicas y dentro de los sobrios medios castrenses, un notable principio de derecho, con elocuente ejecutoria de una obligación moral, que honra con títulos de virtud y rango constitucional, a los individuos y a la institución.

Por asociación con frescos recuerdos históricos, saltan deseos de contrastar este hito marinero con el largo e intrincado curso del devenir naval en nuestra querida Patria. Pero, como del pasado ya dan gloriosa cuenta nuestros ilustres antecesores, es de lo más conveniente que nuestro deber esté más obligado con el presente y con el porvenir.

El acontecimiento que es motivo de este comentario y sus derivaciones inmediatas son los elementos de este boletín informativo, con el que se desea divulgar, habida cuenta de su intrínseco valor republicano, todas las circunstancias, de lucida exaltación patriótica que circundan el caso. Creemos que al dar conocimiento natural de todo lo que ha sucedido, estamos alentando el propósito de inaugurar con él una norma de conducta digna de este precedente. He aquí la información contenida en el folleto de la transmisión del Comando:

El acto se inició a las 09:30 con la formación de las tropas designadas, la llegada de las autoridades a las 09:50 y los honores, parte y permiso para comenzar el acto a las 10:00.

A seguir se dio lectura a la resolución por medio de la cual se confiere la condecoración Orden del Libertador en su Segunda Clase (Gran Oficial) al ciudadano Vicealmirante

Carlos Larrazábal Ugueto, Comandante General de la Marina. y el Presidente de la República, acompañado del Ministro de la Defensa, impusieron la condecoración.

A continuación se dio lectura a resolución N°023 de fecha 01 de febrero de 1962, donde se pasa a retiro el Vicealmirante Carlos Larrazábal Ugueto: Por disposición del ciudadano Presidente de la República y resolución de este Ministerio, de acuerdo con el Decreto N° 533 del 17 ENE 59 y los artículos 266 (propia solicitud) y 121 de la Ley Orgánica de las Fuerzas Armadas, se pasa a la situación de retiro al Vicealmirante Carlos Alberto Larrazábal Ugueto. Comuníquese y Publíquese. Por el Ejecutivo Nacional. Antonio Briceño Linares.

Posteriormente se leyeron los oficios cruzados entre el Vicealmirante Carlos Larrazábal Ugueto y el General de Brigada Ministro de la Defensa. Veamos primero el del Vicealmirante Larrazábal:

En la vida militar existen dos momentos de significación y emotividad que señalan el comienzo y el término de su ejercicio profesional al servicio de la Patria. Uno, cuando en la aurora de su carrera experimenta gran complacencia al ingresar a los cuadros del Ejército o la Armada, después de culminar estudios en los Institutos castrenses y recibir su primer despacho de oficial. Otro, cuando en el ocaso de su trayectoria militar pasa a la situación de retiro por imperativo de la ley, después de paladear la satisfacción del deber cumplido.

Yo he vivido con íntima y patriótica emoción uno de esos momentos, y dentro de poco, me corresponderá vivir el otro, cuando de conformidad con el Artículo 1° del Decreto N° 533 de la Junta de Gobierno, de fecha 17 de enero de 1959, sea pasado a la situación de retiro, por haber cumplido treinta años de servicios continuos como oficial de las Fuerzas Armadas Nacionales.

En el transcurso del tiempo corrido entre esos dos momentos, cursan treinta años de mi vida dedicados al servicio de las Fuerzas Armadas de la República, en los diferentes escalones jerárquicos de sus cuadros, como jefe o subalterno. En todo instante se animó mi devoción a la Patria, por ello mis servicios a la Institución Militar o mis actos en ejercicio del mando fueron realizados son suma franqueza y, si en alguna decisión fui injusto ante el interés individual o personal, fue porque siempre tuve como norte el interés colectivo, que es como decir el interés de Venezuela y de sus instituciones tutelares. Este mismo pensamiento guiará mi conducta cuando el ciudadano Presidente disponga, de acuerdo con la norma indicada, mi pase al retiro.

Hoy solicito al ciudadano Presidente de la República como Comandante en Jefe de las Fuerzas Armadas Nacionales y con la debida antelación a través de su órgano regular, mi pase a la situación de retiro, ya que el próximo 27 de enero cumplí treinta años como oficial. Hago esta solicitud por conceptuarla conveniente a la Fuerza, para dejar abierto el cauce de renovación que amerita nuestra institución, a fin de darle paso a otros oficiales para que asciendan sucesivamente y alcancen los respectivos escalones del mando.

Creo mi deber hacer de su conocimiento que, en mi situación de retiro mantendré mi inquebrantable decisión de permanecer a la orden de la República, de sus Instituciones y de sus leyes.

Veamos ahora la respuesta del Ministro de la Defensa:

Cumplo en acusarle recibo de su Oficio N° 17790 del 28 de noviembre próximo pasado, en el que solicita su pase a la situación de retiro porque ha cumplido 30 años de servicios. Oportunamente llevé su solicitud a conocimiento del señor Presidente, y habiéndola aprobado en atención al Decreto 533 de fecha 17 de enero de 1959, se espera, hacerla solo efectiva, al ocurrir el nombramiento de quien habrá de sucederle.

Como Ministro, Vicealmirante, me resulta ingrato tener que dar paso a su petición, por la notable falta que nos hará en el Alto Mando su experiencia y su criterio.

Como Oficial, en cambio, debo apreciar en todo su valor la lección trascendental que usted está dándonos, pues su gesto, considerado en el simple hecho de retirarse en el ejercicio del Comando Naval, así como los hermosos principios castrenses con los cuales lo razona, deberá quedar como un procedimiento operativo que regule la conducta de los profesionales de las armas, quienes debemos volcar nuestra la atención a la carrera de quienes nos siguen en la jerarquía con la normal aspiración de renovar los cuadros y alcanzar, por el mérito, las altas dignidades del escalafón.

Yo estoy seguro de su franqueza, de su desinterés personal y de la vehemente pasión con que ha defendido y defenderá las Instituciones tutelares de la República y porque sé de su sinceridad al hablar así, es por lo que no me cabe duda de que en la vida civil usted seguirá siendo para las Fuerzas Armadas un soldado de corazón, habida cuenta de que ellas son, por excelencia, protectoras de las otras Instituciones básicas de la Nación.

Quiero pedirle, Vicealmirante, en vista del carácter secreto que dio a su oficio, me permita hacerlo del conocimiento de las Fuerzas Armadas, pues tanto la iniciativa que usted ha tomado espontáneamente, como sus conceptos, están llamados a fortalecer la mística de la profesión militar. Dios y Federación. Antonio Briceño Linares. General de Brigada.

A continuación se continuó con el acto, dando lectura a la resolución de nombramiento del nuevo Comandante General de la Marina, arriando la insignia del Comandante saliente e izando la insignia del Comandante entrante.

Siguió la revista a la formación realizada por los comandantes saliente y entrante.

A seguir llegó el momento de las palabras del

Comandante General de la Marina saliente, quien así se expresó:

Al arriar mi gallardete de mando en el claro ambiente de la Escuela Naval de Venezuela, madre fecunda de la Marina Nacional, no solamente estoy entregando a la República y a mi sucesor la Comandancia General de la Marina, sino que en lo más íntimo, estoy en realidad, clausurando una actividad profesional, que durante treinta años, fue el motivo fundamental de mi existencia.

De aquí en adelante no tendré con la Fuerza a que he pertenecido más nexos que los del amor y los del recuerdo. El amor, nacido desde esta Escuela y el recuerdo, fortalecido por la amistad y el apoyo que me han brindado los hombres del mar. En esta Escuela Naval formé mi vocación y entre los marinos enrumbé mi vida, que ha sido un tiempo de comunión con las Fuerzas Navales en el servicio de la República.

Pero si la familia Naval merma hoy en un oficial activo fiel y devoto, la nación incorpora un ciudadano en plena posesión de sus deberes y derechos civiles, que se adentra en ellos con plenitud, ánimo resuelto y con firme esperanza en lo que el porvenir debe deparar a los venezolanos que sienten con orgullo, defienden con firmeza y respetan con sinceridad, el derecho que asiste a cada hombre y a cada pueblo a gozar de la libertad y de la democracia sin más restricciones que aquellas que impone el curso natural de la convivencia entre seres humanos civilizados.

Cuando se abandona como hago yo en este instante el servicio a la República en el ejercicio de las armas, y cuando en ese ambiente se ha servido exclusivamente a la patria con dignidad y con constancia, no se entra en la vida civil con los ojos vendados. Al contrario, la vida militar honestamente aprovechada hace comprender al oficial con suficiente claridad, por lo menos, un fundamental principio de relación. El militar sirve al pueblo y a la patria porque el militar es parte viva del pueblo. Es pueblo en función armada para defensa y apoyo de los derechos y de la libertad del pueblo en función de trabajo, de creación, de futuro de esperanza sin término y sin límites. Por tanto, ninguna circunstancia justifica que el militar use su fuerza, sus armas y su entrenamiento para torcer la voluntad del pueblo. Es solo el respeto por el pueblo mismo, donde tiene que basarse la conducta del militar verdaderamente institucionalista y respetuoso de la Constitución y de las leyes.

Este concepto, que tengo bien claro y bien definido, hace que experimente saludable satisfacción al entregar mi mando al Contralmirante Ricardo Sosa Ríos. Ricardo es el oficial activo más antiguo de las Fuerzas Navales y por su trayectoria militar y dotes personales, reconozco que su jefatura no permitirá que las Fuerzas Navales se aparten una línea de la tradición de honestidad, de firme democracia, de raigambre y aliento populares, que sean orgullo de todos los marinos venezolanos. Bien conoce la nación venezolana, a través de varias declaraciones públicas, cual es el aliento profesional y democrático que anima en Sosa Ríos. Considero, pues, que constituye un honor ser sucedido por un marino donde se reúnen el conocimiento profesional, el prestigio entre los compañeros y la visión clara de lo que representa, para el porvenir liberal de Venezuela, el compromiso ineludible que tiene la Marina para con el pueblo venezolano.

Debiera hacer en este instante un recuento informativo de mi labor como Comandante, pero me contento con hacer entrega de mi gestión militar a las autoridades pertinentes. Solo me resta declarar que si bien he dado esfuerzo y dedicación, todo ha sido escaso si se compara con lo que he recibido. Por eso, entre los nexos de amor y de recuerdo que me unen a las Fuerzas Navales nacerá mi vida civil y en ellas me sentiré siempre apoyado por el conjunto de mis compañeros a quienes quise dar y de quienes he recibido ejemplo de perdurable y firme conciencia venezolana.

Esto constituye todo mi tesoro. La Marina, desde el último grumete hasta el oficial más alto, me ha enseñado todo un bagaje de experiencias y me ha fortalecido en ejemplo, en conducción, en firmeza y en sacrificio. Por eso, aunque tuviera que perderme en la distancia más remota, jamás podré arriar el gallardete interior que señala mi vida y que es, precisamente el fundamento de toda mi esperanza. Ojala quiera el Señor conservarme el eslabón de la amistad de mis compañeros para asirme a su firme contextura si alguna vez desfallezco en mis propósitos de hombre civil.

Hombres del Mar. Con cuanta gratitud y con cuanto amor me separo de todos Uds. No he podido encontrar la palabra justa que sirva de testimonio a mi emoción, pero como vuestro Comandante por cuatro años consecutivos deseo dejarles un mensaje: Las Fuerzas Navales de Venezuela, en estrecho abrazo con las demás Fuerzas que integran el ejército de la nación, deben hacer de la defensa de la Patria el motivo esclarecido de su existencia, el asiento de la democracia y el resguardo de las instituciones nacionales. Yo envío un saludo a todos los soldados venezolanos porque tengo de ellos el más elevado concepto.

Bendita sea la hora en que me incorporé a los cuadros de la Armada. Bendito sea el momento en que me retiro sin que en mi alma anide el más leve rencor ni la más ligera amargura. Benditos sean los hombres de mar de Venezuela, porque ellos significan para mí el más preclaro y consecuente apoyo de la Nación, de la libertad y de las sagradas tradiciones del pueblo. Hombres del Mar: Firmes con la Patria.... Firmes con la vida.... Firmes con el pueblo, porque el pueblo es la vida de la Patria.

Luego la palabra pasó al Comandante de la Marina entrante, Contralmirante Ricardo Sosa Ríos quien así se expresó:

Hay fechas que tienen una significación honda y

transcendente en la vida de un hombre que ha consagrado la suma de sus esfuerzos y posibilidades al sereno cultivo de un ideal. Tal es el momento que hoy se expresa en este acto, que tiene para mí una noble y profunda significación. Por una parte el logro de humanas ambiciones y de propósitos que son el natural aliciente de toda existencia desvelada en la búsqueda de una honesta meta profesional. Por el otro, la satisfacción íntima de haber elegido, en medio del rumbo accidentado y a veces tormentoso de nuestra vida nacional, una conducta, un estilo y una norma de conciencia indeclinablemente rectas y profundamente sinceras.

Al recibir el cargo de Comandante General de la Marina, en presencia del Presidente Constitucional de la República y de una brillante representación de las autoridades nacionales y de mis compañeros de armas, no puedo menos que evocar, no sin nostalgia, otra fecha que en la efusión de los años juveniles, constituyó también una culminación y un comienzo. Fue un 30 de diciembre de 1929 cuando, al lado de mis compañeros de promoción abandonaba las aulas de la Escuela Naval. Séame permitido recordar aquí a mis compañeros de promoción. El Teniente de Fragata Antonio José Martínez, fallecido prematuramente; el Teniente de Navío Maximiliano García, en trágica hora desaparecido; El Teniente de Navío Rafael Celestino Rivas, en honesto retiro y el Alférez de Navío Gualberto Tellechea, retirado, que desde su lecho de enfermo se congratula viéndonos alcanzar el máximo anhelo de un oficial de Marina

Iba a iniciarse entonces, bajo el signo de mi vocación plenamente definida, el curso de una vida que se me presentaba cargada de promesas y esperanzas. Entonces albergaba muchas ilusiones, algunas de las cuales hubieron de disiparse después, al contacto con la realidad, aniquiladas por el a veces rudo, severo e imprevisible curso de los acontecimientos que nos sorprenden sin aviso y que reclaman, en momentos cruciales, buen acopio de voluntad y entereza. Pero puedo constatarlo aquí con íntimo regocijo, que de todo aquel caudal de anhelos e ideales que se forjaron en el espíritu juvenil, los más sólidos han permanecido hasta hoy indefectibles y se han materializado precisamente en los principios que inspiraron mi vida profesional consagrada al servicio de la patria, mi profundo respeto a las instituciones legítimas, mi sumisión inquebrantable al poder ejercido por mandato de la Constitución, que es la voluntad del pueblo. Y viene a ser hoy cuando tales principios, que han sido el eje de nuestro convulsionado devenir republicano, parecen al fin cristalizarse definitivamente, al mismo tiempo que la suma de mis aspiraciones se ve colmada al serme confiada la más alta y difícil tarea dentro de la institución donde ha transcurrido mi vida.

Tal vez el lenguaje del hombre no deba expresar en toda ocasión el pulso de sus sentimientos, ni revelar con desnudez la voz de la conciencia que nos dicta y reclama verdad. Decirla puede ser catalogada virtud o defecto, pero la sinceridad, que es signo que norma mi vida y demarca mi proceder no puede menoscabar la conducta de un hombre, ni mucho menos desviar su destino. Recuerdo en este instante a aquel licenciado Vidriera, producto genial de la imaginación cervantina, cuya alma transparente revelaba a los ojos de todos sus más íntimos secretos, y pienso que, odiado y perseguido por los hipócritas, Vidriera, el imprudente contumaz, era humanamente más noble y más recto que aquellos que solían disfrazar sus turbiedades tras la sonrisa y la palabra engañosa.

No seré yo el juez de mí conducta, sino que serán mis propios actos los que avalarán mi proceder en esta tarea honrosa y difícil que se me impone. Tal vez cometeré errores, pues ni la experiencia, ni los conocimientos, ni el buen propósito, logran erradicar esta debilidad del ser humano. Pero estoy seguro de que la lealtad y la honradez de todos los miembros de la Marina, sabrán prestarme todo su concurso para hacer positiva mi labor.

Quiero dirigirme con especial énfasis a los más jóvenes oficiales navales para que no olviden nunca transitar por el recto camino de la lealtad, del honor y de la honestidad. Recuerden siempre que su conducta sirve en todo momento como ejemplo a sus subordinados, por lo que debe de estar permanentemente alineada con los ideales de nuestro pueblo y dar seguridad moral a la Institución Armada que nos cobija. Que el afán y las inquietudes no los conduzcan a asumir actitudes deliberantes que quebranten los cimientos de la disciplina y la subordinación.

Para concluir debo expresar que mi labor al frente de la Comandancia General de la Marina se hará aún más difícil cuando debo sustituir en el cargo a un oficial de tan alta idoneidad como el Vicealmirante Carlos Larrazábal. Los resultados de su labor están allí, vigentes, a la espera de una voluntad que no les reste impulso ni altere su orientación. Me hago a mi mismo fiel promesa de seguir en el camino recto ya iniciado, porque solo así mi esfuerzo podrá conducir a la Marina Venezolana por un rumbo cierto de humana superación, indeclinable lealtad y constante progreso técnico.

A seguir vinieron las palabras del Ministro de la Defensa, General de Brigada Antonio Briceño Linares:

Acaso sea eso que ha dado en llamarse destino lo que esté honrando el curso de mi vida profesional, puesto que los momentos más emotivos y místicos los he pasado donde quiera que ha tenido su sede la Escuela Naval. Mi iniciación en las carreras de las armas, el juramento a la bandera, los primeros ensayos de instructor, la primera visita en mi carácter de Ministro para rendir tributo al "alma mater", y ahora, este acto docente y emocionante con el cual se está escribiendo un renglón de tradición de buena ley en las meritorias páginas de la Marina de Guerra.

La singular circunstancia de la entrega del mando que por propia iniciativa hace el Vicealmirante Carlos Larrazábal al llegar a los 30 años de servicio continuos, para dar cumplimiento a un precepto agregado en tiempos democráticos a la legislación castrense, es algo que por primera vez se registra en la historia de las Fuerzas Armadas.

Yo estoy seguro de que el Vicealmirante Larrazábal tiene ahora su espíritu magníficamente iluminado de la mística más pura, y todo su ser debe estar sacudido por la sublime sensación del deber cumplido. Por eso acá, frente al mar que es su elemento y su testigo, deja al sucesor su herencia de comando comprensivo y paternal, democrático y honesto, y una innegable autoridad moral que servirá de orientación a los actuales jefes navales y a las nuevas promociones de oficiales.

Dice el reglamento de la orden de "El Libertador" que ella "es el honor más preciado que la Patria acuerda a sus servidores distinguidos", y pareciera que la frase hubiera sido escrita para hacerle justicia a nuestro querido Vicealmirante.

Finalmente se realizó el desfile militar y se rindieron honores al Presidente de la República.

ACTO DE ENTREGA DEL COMANDO

Como vimos en los párrafos anteriores, el 1 de febrero se realizó la ceremonia de cambio del Comando General de la Marina. Sin embargo, el día anterior se había realizado el acto administrativo, cuyo documento presentamos a continuación:

El 31 de enero de 1962, a las 15:30 horas, en la sede del Comando General de la Marina el Ciudadano Vicealmirante Carlos Larrazábal Ugueto hace entrega formal del cargo de Comandante General de la Marina al Ciudadano Contralmirante Ricardo Sosa Ríos, en cumplimiento a lo dispuesto en la resolución del Ministerio de la Defensa N° 52 del 26 de enero de 1962, refrendada por el Presidente de la República. Están presentes en el acto el Contralmirante Daniel Gámez Calcaño, Jefe del Estado Mayor Naval; los Capitanes de Navío Armando Medina,

Manuel Ponte Rodríguez, José Constantino Seijas y Diego Mérida Celis, Jefes de la Primera, Segunda, Tercera y Cuarta Sección del Estado Mayor Naval respectivamente; los capitanes de Navío Tulio Pérez Rojas, Orlando Medina Sauce y Armando Pérez Leefmans, Directores de Personal, Material e Ingeniería Naval respectivamente; del Capitán de Corbeta Manuel Díaz Ugueto, encargado de la Jefatura del Servicio de Administración, del Capitán de Corbeta (A) Tito Monroy Pittaluga, Director del Servicio de Sanidad Naval, el Doctor Elías Osorio Belisario, Consultor Jurídico de la Comandancia General de la Marina y el Dr. Luis Gandica Mendoza, Jefe del Servicio de Justicia Naval.

El Vicealmirante Carlos Larrazábal Ugueto entrega en este mismo acto al Contralmirante Ricardo Sosa Ríos, un Memorándum detallado de los asuntos relacionados con el mando y la administración de la Fuerza, en el cual se refleja la doctrina impartida a sus unidades y dependencias y las actividades desarrolladas en el transcurso de su Comando.

En consecuencia, el Contralmirante Ricardo Sosa Ríos, recibe desde este momento el cargo de Comandante General de la Marina y por lo tanto se procederán a levantar las actas respectivas, de conformidad con las normas legales pertinentes. En constancia de lo cual firman la presente Acta.

Vicealmirante Carlos Larrazábal. Contralmirante Ricardo Sosa Ríos. Contralmirante Daniel Gámez Calcaño. Capitán de Navío Manuel Ponte Rodríguez. Capitán de Navío Armando Medina. Capitán de Navío José Constantino Seijas. Capitán de Navío Diego Mérida Celis. Capitán de Navío Tulio Pérez Rojas. Capitán de Navío Orlando Medina Sauce. Capitán de Navío Armando Pérez Leefmans. Capitán de Corbeta Manuel Díaz Ugueto. Capitán de Corbeta (A) Tito Monroy Pittaluga. Dr. Elías Osorio Belisario. Dr. Luis Gandica Mendoza.

Al asumir el Comando General, procedí a enviar una serie de telegramas al Ministerio de la Defensa, a las

Fuerzas hermanas y a todas las unidades de la Marina. Veamos a continuación las diversas comunicaciones. Telegrama enviado al Ministro de la Defensa por el nuevo Comandante General de la Marina:

Al asumir el Comando General, presento a usted mis respetos y le manifiesto el inquebrantable propósito de guiar todos mis actos con sana intención castrense de cooperación con las otras Fuerzas al servicio de la Patria y sus instituciones. D Y F. Ricardo Sosa Ríos.

Telegrama circular enviado a todos los Comandos, Unidades y Dependencias de la Marina:
Al asumir el Comando General de esta Fuerza hago categórico pronunciamiento que lo ejerceré con las plenas facultades que me confiere el decreto 288 del 21 de junio de 1958, ajustado firmemente a las disposiciones de la ley, sus reglamentos y la obligación que me impone la Constitución Nacional. Tarea ardua y difícil pero grata en cuanto brinda ocasión para ser justo, bueno y útil en la tarea que se me encomienda, de resolver problemas, enrumbar iniciativas, premiar virtudes y sancionar faltas. Y nada más y nada menos, eso es lo que me propongo hacer cuando cada caso así lo requiera. La constante superación de nuestra Marina es mi objetivo y así lo proclamo como una profesión de fe irreductible. El éxito de mi gestión no podrá ser sino de todos y para ello debo tener como columnas de apoyo a todos los comandos subordinados, de los que espero toda la cooperación, espíritu de trabajo y disciplina absoluta para alcanzar un triunfo común. Cuando haya de entregar este Comando mi mayor satisfacción será el que todo lo que hubiere hecho fuere de bien unánime sin reservas de ninguna índole, conservando para exclusiva satisfacción de mi nombre el saberme querido, estimado y respetado por todos. Semejante expresión es disposición de ideas y sentimientos que guardo para la abnegada y meritoria colaboración del personal civil, digna por muchos títulos de justo encomio y fuerte estímulo. Así tengo el deber y la necesidad espiritual de manifestarlo en grave y franca salutación para todos los jefes, oficiales, suboficiales,

clases, marineros e Infantes de marina.

Telegrama enviado al Comandante del Ejército, al Comandante de la Aviación y al Comandante de las Fuerzas Armadas de Cooperación:

Me es grato comunicarle que en ceremonia efectuada en la mañana de hoy en la Escuela Naval de Venezuela he asumido el Comando General de la Marina de conformidad con lo dispuesto en la Resolución N° 52 de fecha 26 Enero 62 del Despacho de la Defensa, y en reemplazo del Vicealmirante Carlos Larrazábal, quien ha pasado a la situación de retiro después de 30 años interrumpidos de honroso servicio en la filas de la Institución Armada, culminado así una carrera naval de recta e indeclinable trayectoria que lo honra y enaltece.

Al dirigirle esta participación deseo hacerle llegar la seguridad de mi más sincera y efectiva colaboración para desde el seno del Alto Mando o de la Junta Superior de las Fuerzas Armadas proporcionarle al Ciudadano Ministro de la Defensa la leal y efectiva contribución de las Fuerzas para el cumplimiento de su misión. Aprovecho esta oportunidad para enviar por su digno intermedio a los oficiales, suboficiales, Clases y Soldados a su mando, un cordial saludo y mis mejores deseos por la prosperidad y superación de la Fuerza que Ud. comanda. D y F Ricardo Sosa Ríos. Contralmirante. Comandante General de la Marina

Todo mi empeño, todas mis actitudes y todas las oportunidades eran usadas por mí para recalcar una y mil veces el respeto a la Constitución, a las leyes y al poder civil. Insistir y persistir que el voto era la única fuente de poder legítimo, que los militares que quisieren alcanzar la Presidencia de la República solicitaran su pase a retiro, que se organizaran políticamente y que se inscribieran en un partido político o que fundaran su propio partido y salieran a la palestra popular a conquistar los votos de los ciudadanos. Los presagios no eran muy halagadores. Al gobierno de Rómulo Betancourt y a su partido *lo mascaban pero no lo tragaban*

La historia militar no nos enseña como deben hacerse

las cosas; el hacer lo intuye el genio militar que es por eso grande. Pero nos señala sus errores, y eso sí nos enseña a no cometerlos de nuevo.

Sin haber comenzado el juicio militar, el Comando de la Marina solicita al Ministro de la Defensa que emita una resolución pasando a retiro, por falta grave al honor militar, a todos los oficiales y suboficiales que se desempeñaron como cabecillas al mando de las tropas en el alzamiento de Puerto Cabello y que se encuentran presos en la Base Naval. Todo de acuerdo con el Artículo 272 de la Ley Orgánica de las Fuerzas Armadas, que dice: "Como medida disciplinaria, el Presidente de la República impondrá el retiro a los oficiales por faltas muy graves que afecten directamente al honor militar o naval y al de ciudadano"; y el 627 in fine que dice: "A los suboficiales profesionales de carrera, en lo que respecta a la situación militar se les considera comprendidos dentro de lo que establece esta ley para oficiales en los Artículos 246 al 275, inclusive".

En ese momento el Ministro de la Defensa no toma la decisión. Sin embargo, cuando se instala el tribunal militar y comenzado el juicio, me llama el General Ramón Florencio Gómez para decirme que le lleve el proyecto de resolución para pasar al retiro los incursos en "El Porteñazo". Le informo al General Gómez que eso ahora no se puede hacer, ya que los Oficiales están *Subjudice* y hasta tanto no haya sentencia firme gozarán de todos sus fueros y preeminencias.

Después de la tempestad viene la calma con un receso natural. En la Marina han ocurrido dos insurgencias en menos de un mes, y ocurrido precisamente en la Fuerza que lideró el 23 de enero, empeñándose posteriormente con fruición en la restauración de la democracia.

El 24 de julio de ese mismo año me toca presidir, ya como Comandante General de la Marina, el acto central efectuado en la Escuela Naval de Venezuela. Dolorosamente tuve que referirme, en una parte de mi discurso de orden, a los alzamientos de Carúpano y Puerto Cabello:
La celebración de hoy nos encuentra este año

consagrados con profunda devoción y mayor ahínco, al cumplimiento de nuestras responsabilidades, unidos todos los jefes, oficiales, cadetes, suboficiales, clases, marineros e infantes de marina, por la común tarea y la unánime idea de que la institución está por encima de todo otro interés que no sea el del mantenimiento de la soberanía nacional y del orden legal que emana de la Constitución y las leyes de la República. Por sostener tan elevados principios, el luto y las profundas heridas materiales y espirituales que nos han conmovido últimamente, han significado dolor, tragedia, consternación y aflicción pero jamás nos han amilanado, porque nos asiste Dios Todopoderoso, acrecentando nuestra fe en los destinos de la Patria.

Que lo sepan y entiendan quienes todavía abrigan esperanzas de resquebrajar nuestra institución, dominar sobre el ánimo de nuestros hombres y desvirtuar la esencia de nuestros principios. La unión de los componentes de la Marina de Guerra Venezolana ha quedado fortalecida sobre las ruinas de la apostasía de que fuimos objeto, y esa unión no es meramente dialéctica ni aparente, ni es tan solo materia de este discurso. Es monolítica, objetiva y real, por otra parte, es muy difícil que quienes se fingieron defensores de la democracia y de la libertad para luego asaltarla impúdicamente tratando de desacatar el orden jurídico e incitando al desconocimiento de la voluntad popular, engañen a nuestros soldados. Que recapaciten bien los aventureros del golpe de estado, aquéllos que ayer condenaban la asonada y hoy la alientan o propician, los que de una u otra manera con sus palabras o con sus actos, están contribuyendo consciente o inconscientemente como caldo de cultivo para el germen infame de una violencia que en sus apetitos devorará también a sus gestadores.

Señores, sobre el polvo de los siglos transcurridos, sobre las ruinas de mansiones y castillos, sobre las calcinadas osamentas de las generaciones que nos han precedido, sobre los extensos campos de la Patria regados con sangre de nuestros libertadores, con el recuerdo permanente de los hombres que nos legaron una Patria libre, digna y soberana, fortalecidos con la fe en Dios Todopoderoso, con la firme convicción de estar al servicio de Venezuela y de su pueblo, transitando perennemente el camino del honor y del deber, en homenaje permanente de lealtad a la Constitución y leyes de la República, los hombres de la Marina con profunda profesión de fe democrática, tenemos empeñada nuestra palabra de honor al pueblo venezolano

La administración de la Fuerza marcha hacia la conquista de las metas propuestas: obtener la máxima eficiencia en las operaciones de la Escuadra y la Infantería de Marina. El equipo que me acompaña en esta ardua tarea me responde diariamente con toda eficiencia y lealtad; los oficiales no se ocupan de otra cosa que de trabajar.

LA "LOQUERA" DE VALENCIA

Dentro de los planes que tenía el Comando de la Marina, estaba el de la construcción de la Intendencia Naval, y para ello estaba prácticamente lista la compra de una parcela de alrededor de 2.000 metros cuadrados situada en Catia. Se comentaba que allí iba a ser construido un edificio de varios pisos para la fábrica de uniformes y depósitos para la Marina. De plano rechacé el proyecto porque tenía una visión de corto plazo. Lo que la Marina necesitaba era un centro logístico, que estuviera cercano a nuestra principal Base Naval en Puerto Cabello, y cerca de la zona que tuviera la mayor capacidad de producción de los insumos, equipos y materiales que la Marina necesita. Además, en la Base Naval se confrontaban problemas de corrosión y mantenimiento de los materiales, repuestos y equipos almacenados en los depósitos, por su cercanía al agresivo salitre del mar.

En uno de mis viajes a Puerto Cabello resolví que a mi regreso a Caracas, visitaría el Concejo Municipal de Valencia para entrevistarme con la persona encargada de la venta de los terrenos de la Zona Industrial en fase de desarrollo. Me acompañaba mi ayudante, el Capitán de Corbeta Manuel Díaz Ugueto. Llegamos al Concejo a las 10 de la mañana y me presentaron al señor Pérez Michelena, encargado de la venta. Me informó en detalle de todo el proyecto, tenían parcelas de diferentes tamaños, de 50.000 a 100.000 m^2. Quedaban pocas disponibles, y entre ellas, una de 50.000 metros frente a la Ford Motor Company. Era la zona indicada para el Centro Logístico ya que teníamos toda la información del servicio de meteorología de la Fuerza Aérea y las facilidades de comunicación que brindaría la futura autopista a Puerto Cabello. Las condiciones eran excelentes,

Allí mismo decidí la compra de la Parcela de 50.000 metros cuadrados al precio de Bs. 10,00 el metro. Contaba con cloacas, fuerza eléctrica, teléfonos, calles y aceras. Pérez Michelena me dijo que mandara la petición de compra al Concejo Municipal para efectuar los trámites legales, indicando la forma de pago. De inmediato le contesté: "Préstele una máquina a mi ayudante para hacer de una vez la petición". Las condiciones de pago serán el 50% en este ejercicio fiscal y el otro 50% en el siguiente. Bajo esas condiciones quedó finiquitado el negocio y un mes después la Marina era propietaria de la parcela. De inmediato la Dirección de Ingeniería comenzó a elaborar el proyecto del Centro Logístico de la Marina; se procedió a cercar la parcela con una cerca ciclón, construir la subestación eléctrica, perforar el pozo profundo para el servicio de agua, pues en esa zona no hay acueducto y cada empresa se suministra su agua. Las instalaciones proyectadas eran a base de galpones de costo económico donde se establecerían los depósitos de materiales y repuestos, intendencia naval con su fábrica de uniformes, el taller mecánico y garaje del Transporte Naval, el cuartel para la Policía Naval que se encargaría de la seguridad del Centro Logístico, el Servicio de Comunicaciones y el Comando del Centro. La Dirección de Ingeniería se avoca con toda prontitud al desarrollo del proyecto, y a construirlo al menor costo y con la mayor eficiencia.

En esos tiempos recibo la invitación del Ministerio de Fomento para visitar la Exposición Industrial que estaba instalada cerca del Velódromo Teo Capriles. Recorro toda la Exposición y le comento a mi ayudante: "Ya tenemos los galpones para el Centro Logístico. Dígale al Capitán Pérez Leefmans que se venga con el doctor Obadía a verificar si estos galpones convienen para los fines que tenemos propuestos para la construcción del Centro Logístico en Valencia". Efectivamente la opinión de ellos fue positiva. Sobre la marcha le envié una comunicación al Ministro de Fomento pidiéndole que tan pronto terminara la Exposición, la Marina deseaba entrar en conversaciones con ese Despacho para adquirir los galpones.

Eran 10.000 metros cuadrados de galpones desarmables y precisamente lo que la Marina necesitaba. Para esa época el Director de Administración del Ministerio era Rubén Nevado Vallenilla. Personalmente entré en contacto con él por instrucciones del Ministro de Fomento, se cumplieron todos los extremos legales y le fueron cedidos sin costo a la Marina los 10.000 metros cuadrados de galpón. Quiero hacer público mi agradecimiento para Rubén Nevado, venezolano a carta cabal, honesto funcionario público y amigo sincero.

Al tener los galpones, el proyecto se continuó en función a esas estructuras por lo que se procedió a la construcción de las bases para los galpones con recursos ordinarios de la Dirección de Ingeniería. De inmediato se solicitaron los recursos para proceder a desarmar y luego armar los galpones en Valencia y para la adquisición del equipamiento necesario para poner a funcionar el Centro Logístico para fines del año 1964.

No pude ver cristalizado el proyecto. Mi salida del Comando selló la muerte del proyecto. Allí está la parcela en Valencia donde dieciocho años después duermen el sueño del abandono todo lo hecho; la cerca, las bases para los galpones, la subestación eléctrica y el pozo profundo. Los galpones los desarmaron y parte de ellos fue llevada para Puerto Cabello. Allí los arrumaron para que recibieran el salitre y finalmente se perdieron. El resto tuvo mejor suerte ya que los mandaron para Carúpano donde fueron usados en el Centro de Alistamiento para conscriptos para la Infantería de Marina.

Para justificar la actitud que se tomó contra el Centro Logístico, algunos mediocres comenzaron a hacer algunos comentarios tales como "ese Centro era una loquera del Almirante Sosa Ríos". Al saberlo le escribí una carta al Ministro de la Defensa, General Ramón Florencio Gómez, donde le planteaba que si la decisión que tomé sobre la adquisición de la parcela en Valencia era una loquera, yo estaba dispuesto a rectificar el error; que el Ministerio me diera una opción de compra a treinta días para adquirirla por el mismo dinero que la Nación había invertido. Todavía estoy esperando la contestación y todavía estoy dispuesto a adquirirla para rectificar el error.

Pero sigue en pie la letra del tango... "el músculo duerme, la ambición descansa"...

ACUEDUCTO EN GRAN ROQUE

Para el año 1939 me encontraba de comandante del buque presidencial "El Leandro". Era la época de la segunda guerra mundial y la Marina se mantenía patrullando las costas, teniendo asignada mi unidad la región central; desde Los Testigos hasta Las Aves. Fondeaba frecuentemente en el Gran Roque para darle descanso a la tripulación y apoyo al personal de la Marina allí acantonado. El único contacto seguro con el exterior que tenía ese destacamento de la Marina al mando del Teniente de Artillería José Jordán, eran mis dos toques mensuales para llevarle provisiones y medicinas.

El problema mayor que confrontaban los habitantes de la isla era el agua dulce, por lo que en uno de los toques operacionales que les hicimos, le construimos un sistema de recolección de agua de lluvia, mediante la instalación de canales en los aleros del techo de zinc del rancho que le servía de cuartel, empleando los propios medios del buque y la ayuda del personal acantonado allí. Cuando llovía el agua se almacenaba en los pipotes que le suministramos y que teníamos en cantidad, ya que en esos envases recibía de la Shell el aceite usado en los motores propulsores. El destacamento tenía un enfermero que con las pocas medicinas que contaba y las que yo le daba, atendía la población de la isla hasta donde era posible. La llegada de "El Leandro" al Gran Roque era esperada y recibida con júbilo por la población de pescadores y sus familiares habitantes de esa isla. La isla también recibía atención esporádica del Ministerio de Relaciones Interiores, prestada por veleros guardacostas que el Ministerio de Hacienda utilizaba para perseguir el contrabando. Cuando se motorizaron los Guardacostas después de la muerte del General Gómez, el servicio era más frecuente.

Pasa el tiempo y Los Roques sigue clamando por un acueducto, lo esperaban como el Mesías. Finalmente cuando estoy al frente del Comando de la Escuadra resuelvo que Los Roques tendrá un acueducto, hecho con los propios medios de la Marina y así se hace. La Dirección de Ingeniería había traído de los Estados Unidos doce tanques de ciento cincuenta mil litros cada uno, eran tanques usados, que fueron adquiridos a un precio irrisorio, pero que estaban en perfectas condiciones, inclusive con una cobertura de asfalto exterior para protegerlos del salitre. Hablé con el Director de Ingeniería, para ese entonces el Capitán de Fragata Miguel Hernández Soucier. quien de inmediato procedió a elaborar el plan de operaciones, y en tiempo récord se hicieron las instalaciones.

Se llevaron a la isla dos tanques y las tuberías requeridas; se designó el personal de la Dirección de Ingeniería para dirigir los trabajos y con el auxilio de la tripulación de los buques transportes LSM, se hizo la instalación. En los sitios adecuados se colocaron las pilas para que la población llenara sus envases; una vez al día se abrían las válvulas. Esos 300.000 litros de agua que cada quince días le llevaban los transportes de la Marina para reabastecerlos eran preciosos. El Ministro del Interior (para ese entonces Carlos Andrés

151

Pérez), fue invitado por la Marina para que inaugurara la instalación y así se hizo. Fuimos acompañados por el Prefecto de La Guaira, que era "El Negro", como cariñosamente lo llamamos sus amigos, ese venezolano a carta cabal, leal y sincero que es Víctor Pérez Orta.

Así era la forma en que trabajaba la Marina para asistir dentro de sus posibilidades a los venezolanos que la requerían. Es lo que hoy llaman Acción Cívica.

Ya como Comandante General de la Marina establecí viajes periódicos del Transporte Presidencial Las Aves (T -12) al Gran Roque. Eran viajes de fin de semana en el cual iban médicos del servicio de Sanidad Naval acompañados con sus señoras. El buque amanecía el día sábado en la isla y los médicos hacían las consultas de pediatría y medicina general en el dispensario local que creo que todavía debe estar allí. Se vacunaba y se entregaban medicinas, pues los médicos llevaban de su consultorio particular todas las muestras, además de las que les proporcionaba el Servicio de Sanidad Naval. El Capitán de Navío Elpidio Serra era el motor entusiasta de esta acción humanitaria, muy propia de su manera de ser. Elpidio es el hombre - humanidad para servir a sus semejantes, vaya hasta él mi recuerdo permanente.

LA SEDE DEL COMANDO DE LA ESCUADRA

Después del 23 de enero en mi primer ejercicio como Comandante de la Escuadra, y como medida transitoria, se ocupó la casa presidencial de "La Guzmania", situada en el pueblo de Macuto en el litoral central, para utilizarla como sede del Comando de la Escuadra. Los buques operativos se mantenían surtos en La Guaira, donde disponían de los servicios de la Recuperadora Naval, que era un taller con capacidad para efectuar pequeñas reparaciones, y que administraba, como cosa propia, un italiano de nombre Adolfo Vanni. En esos días el Sr. Vanni alegó que tenía una participación accionaria en el taller y como esa situación no le convenía a la Marina, Vanni fue retirado.

Siendo "La Guzmania" la casa de playa del Presidente de la República, al asumir por segunda vez el Comando de la Escuadra, decido que es Puerto Cabello la sede lógica del Comando y doy todos los pasos necesarios para establecerlo allí. La Dirección de Ingeniería de la Comandancia de la Marina acondiciona el segundo piso de la sede del Comando de la Base Naval "Agustín Armario" de Puerto Cabello para las oficinas del Comando de la Escuadra. Naturalmente que esta mudanza trajo la resistencia de algunos oficiales, que tenían su vida hecha en Caracas; pero lo profesional, lo naval y lo lógico no puede contemplar comodidades, sino la conveniencia de la nación para que la Marina tenga sus buques de guerra y sus efectivos en el sitio donde deben estar.

Naturalmente que con esa mudanza también se tenía previsto la construcción de viviendas en guarnición, por lo que se tramitó con el Banco Obrero la adquisición de terrenos en la Urbanización Cumboto para la construcción de esas viviendas para los oficiales. También se obtuvo del Banco Obrero, una serie de casas en Morón para viviendas de Sargentos. Poco a poco los oficiales se fueron adaptando a la situación. Era cuestión de tiempo y atención de la Comandancia General para organizar la vida hogareña en Puerto Cabello de todos los miembros de la Marina que prestaban servicio en esa ciudad, y eliminar esa situación de oficiales y suboficiales viviendo en Caracas y trabajando en Puerto Cabello, además de todos los inconvenientes que trae la misma situación para todo el personal subalterno de marineros e infantes de marina.

Cuando se plantea el problema de los ascensos, los cuales ocasionaron mi salida del Comando de la Marina y que narraré más adelante, se me informa de los ofrecimientos que en su "campaña electoral" está haciendo el Almirante Juan Torrealba. Uno de ellos es que al ser designado Comandante General de la Marina, tiene dentro de sus planes el de mudar el Comando de la Escuadra para La Guaira. A Torrealba lo pusieron y después lo sacaron del Comando de la Marina y el Comando de la Escuadra sigue en Puerto Cabello. Y si hubiese que mudarlo para que Venezuela y su Marina de Guerra tengan su Base Naval principal en el sitio más apropiado, considerando las razones que la estrategia naval impone, ese lugar debería, a mi criterio, la extensa ensenada de Mochima (usada por los submarinos alemanes durante la segunda guerra mundial - dicen los pescadores - para guarecerse y descansar su tripulación). Tal vez son cosas de la imaginación de esos pescadores, pero los que conocemos esa ensenada sabemos que reúne todas las condiciones para la futura Base Naval principal para la flota venezolana.

REPORTAJE POR RADIO TROPICAL

A fines del año 62 el periodista Marconi Villamizar, mantenía un programa radial por la emisora Radio Tropical. Eran reportajes sobre diferentes tópicos, que se radiaban todos los domingos. Periodista sagaz y bien informado (hasta ciertos límites), Marconi elaboró un programa dirigido a analizar la situación de las Fuerzas Armadas. Vamos a reproducir un programa tal cual como salió al aire. Lo que dice el programa no es exactamente toda la verdad, pero indudablemente se aproxima a la realidad existente. Después que lo lean, inmediatamente entrarán a leer hechos narrados por mí que indudablemente tienen un gran parecido. Veamos el reportaje:

REPORTAJE

Una innovación en el periodismo radial venezolano que destaca cada semana los hechos más resaltantes que han ocurrido en Venezuela y una versión fiel y textual del modo de pensar y de sentir de las personalidades más relevantes en el quehacer venezolano "Reportaje" llega a usted todos los domingos por la frecuencia de Radio Tropical.

Cómo entendió el Presidente Betancourt a las

Fuerzas Armadas:

A sólo cuatro días de haber hecho entrega del poder al Presidente electo, el pueblo de Venezuela ha visto cumplirse el firme pronóstico del señor Betancourt: "No estaré en la primera magistratura de la Nación, ni un día menos ni un día más". Esto es cierto, pero ¿cómo logró el Presidente Betancourt capear los innumerables contratiempos que tuvo que encarar durante su Gobierno?

Durante cinco años los venezolanos vivieron momentos de conmoción nacional y hasta de incertidumbre durante los frecuentes alzamientos militares. Esto sin contar con decenas de intentos subversivos que no por menores tuvieron poca importancia y no sólo eso, Betancourt se enfrentó a consecutivas crisis en el orden militar, en el político y económico. El receso económico de los años 1960-1961 habría sido casi suficiente para derribar al Gobierno de otro Presidente.

Las guerrillas urbanas y rurales se constituyeron en constante causa de agitación y de inseguridad pública. El desempleo y la devaluación del Bolívar afectaron su régimen, pero Betancourt pudo al final salir airoso y continuar en el poder hasta entregarlo al sucesor legal, el Doctor Raúl Leoni.

Los capítulos desconocidos del Gobierno de Betancourt:

Existen capítulos del Gobierno de Betancourt que jamás han llegado al conocimiento de la opinión pública venezolana. Esos capítulos se relacionan con los alzamientos y los numerosos intentos subversivos de militares y civiles, y aunque Betancourt había perdido apoyo de algunos partidos como URD y de otras fuerzas políticas que lo respaldaron cuando la invasión del General Castro León por el Táchira, pudo sortear las difíciles situaciones.

El Presidente no debe tomar partido:
El mismo Presidente de Bolivia Dr. Víctor Paz Estensoro en la oportunidad de su visita a Venezuela el año pasado, se

interesó en preguntarle al gobernante venezolano cómo había hecho para conjurar las crisis militares, Betancourt respondió que como Presidente había adoptado un principio: No inmiscuirse directamente en las divergencias, que ellos mismos debían arreglar sus diferencias mientras el Presidente no tomaba partido por ningún bando en pugna.

¡Los oficiales se sorprenden! Pero el Presidente Betancourt le contó más al Presidente Paz Estensoro. Le dijo que con motivo del alzamiento en la Base Naval de Puerto Cabello, muchos oficiales se asombraron que el Presidente escogiera para comandar las tropas de choque que reconquistaron Puerto Cabello a un jefe militar que se sabía había estado conspirando contra su gobierno. Es cierto, Betancourt puso ese jefe militar al frente de las tropas leales que eventualmente habrían podido unirse a los insurgentes comandados por los capitanes Manuel Ponte Rodríguez, Pedro Medina Silva y Víctor Hugo Morales, pero a su lado le situó a otros que le eran completamente fieles al gobierno. Al jefe militar conspirador no le quedó otra alternativa que arremeter contra los alzados y dominarlos. Betancourt le decía a Paz Estensoro: Te das cuenta, los rebeldes consideraron que habían sido traicionados por aquel jefe militar, y al considerase perdidos se rindieron. ¿Y que hizo luego Betancourt con ese jefe? Como estaba seguro de que todas sus ínfulas conspirativas habían quedado cortadas de raíz y que en adelante habría de defender a este gobierno porque en ello llevaba su propia defensa, lo designó para comandar un regimiento que está muy cerca del Presidente.

El alzamiento de Carúpano:

El alzamiento de la guarnición de la Marina de Guerra en Carúpano había acontecido en 1961 y la situación se tornó más grave porque existía el peligro de que otras guarniciones se plegaran a los facciosos.

Betancourt dispuso que el batallón alzado bajo el mando del Capitán de Corbeta Molina Villegas, fuera

156

atacado por aire, mar y tierra. Por tierra comandaba las operaciones militares leales el Coronel Borges, Jefe de la Primera División de Infantería. En el instante más culminante el Presidente Betancourt habló por radio y televisión a todo el país y con dramática actitud declaró: Al condenar el golpe, acabo de recibir en estos momentos un telegrama del Coronel Borges, jefe de las fuerzas, que se disponen a atacar a los sediciosos que dice lo siguiente: Estamos con el Gobierno Constitucional de la República, como un solo hombre. El primer sorprendido por ese telegrama y el más perplejo fue el propio Coronel Borges, quien al preguntarle a su ayudante sobre quién había enviado tal telegrama, el ayudante dijo que "lo envié creyendo interpretar sus deseos". E! jefe no hizo ningún otro comentario, pero a poco los alzados de Carúpano se rendían a discreción.

Estas narraciones aclaran a la opinión pública venezolana algunos aspectos de la acción tomada por el Presidente Betancourt frente al complejo militar venezolano

El atentado de Los Próceres:

Durante su gobierno Betancourt tomó decisiones relámpago de gran temeridad. Una de ellas fue cuando el 24 de Junio de 1960 el automóvil en el cual viajaba fue volado por una poderosa bomba y él resultó con gravísimas lesiones. Sin embargo, así que pudo valerse un poco por sí mismo su primera reacción fue sorpresiva: "Llévenme inmediatamente al Palacio". Su orden no dejaba lugar a dudas. Era imperioso que Betancourt estuviese en el Palacio ya que en la calle se había corrido el comentario de su gravedad y en muchas guarniciones se especulaba sobre lo que se debía hacer. Horas después de estar instalado en la sede del poder nacional, se dirigía a los venezolanos cuando todavía estaba casi sordo por la explosión y apenas se podía mover. Su cara lucía quemada y sumamente inflamada, pero con todo allí estaba el Presidente en su puesto de combate.

Los distintos grupos castrenses:

Betancourt tuvo varios jefes militares y consecuentes colaboradores. Uno de ellos fue el Ministro de la Defensa General Antonio Briceño Linares. Cuando Betancourt fue electo Presidente de los venezolanos el 7 de Diciembre de 1958 muchos oficiales corrieron a sus comandos para recibir instrucciones sobre lo que se debía hacer. Los militares creían que Betancourt, un comunistoide, no podía gobernar a este país. Fue entonces cuando Briceño Linares voló a Maracay donde la situación se tornaba más alarmante.

Briceño reunió a toda la oficialidad de su arma, la aviación, y manifestó que estaba en completo acuerdo con la preocupación de los oficiales. El era el comandante General de la Aviación, para aquél entonces y gozaba de considerable simpatía entre la oficialidad. Por eso le oyeron y atendieron cuando les dijo: Lo más importante en este momento es conservar la unidad del arma. Debemos permanecer unidos para afrontar con toda nuestra fuerza cualquier eventualidad; yo seré el primero en estar con todos ustedes caso el señor Betancourt se manifiesta en contra de las Fuerzas Armadas. No nos corresponde obrar precipitadamente ni juzgar al Presidente electo antes que desarrolle su gobierno y nos convenzamos de sus intenciones. Lo que nos corresponde es estar alertas para actuar en el momento más propicio". Con estas palabras Briceño Linares disuadió a los oficiales más exaltados y se ganó aún más su aprecio. Lo que no sabía casi ninguno de esos oficiales es que el entonces Coronel Antonio Briceño Linares era uno de los amigos más relacionados de Betancourt.

Hacía mucho tiempo que Briceño estaba convencido que Betancourt jamás suplantaría al ejército por milicias armadas y que no solamente no era comunista sino uno de sus más combativos enemigos. Del otro lado, los oficiales no sabían que mientras Betancourt estaba exilado en Estados Unidos y Briceño Linares era Agregado de las Fuerzas Aéreas a la Embajada Venezolana en Washington, el militar enviaba frecuentes cartas amistosas al político y ambos habían compartido una amistad estrecha y muchas opiniones sobre la realidad y el futuro de Venezuela. Tampoco sabían que Briceño Linares se perfilaba como seguro Ministro de la Defensa y que cuando reunió a la oficialidad aquél 7 de diciembre, ya estaba obrando con clara conciencia política. Ya como Ministro, Briceño Linares tuvo que enfrentarse, junto con el Presidente Betancourt, a las fracciones de militares que tenían o manifestaban discrepancias con el régimen constitucional. Dentro de las Fuerzas Armadas como dentro de otras muchas Instituciones del país existían las siguientes corrientes y grupos.

El Grupo Trejo:

Dentro de las Fuerzas Armadas se podían contar cuando menos con cuatro grupos. Uno fue el que simpatizaba con el Coronel Hugo Trejo, que el 19 de Abril estuvo a punto de tomar el poder en Venezuela por desacuerdo con Wolfgang Larrazábal y con el Coronel J. L. Pérez Morales, para entonces Jefe del Estado Mayor.
Trejo desistió del uso de la fuerza, pero dentro de las Fuerzas Armadas quedó un grupo que siguió respaldándole y esperando su regreso de Costa Rica hacia donde fuera extrañado con el cargo de Embajador.

La Marina de Guerra:

Aparentemente la Marina de Guerra constituía la fuerza más unida e integral. Se sabe que la mayoría de la oficialidad de la Marina no simpatizaba con Briceño Linares, pero siempre había seguido la orientación del Comandante General, quien en cada ocasión, ya fuera con el Vicealmirante Carlos Larrazábal o con el Contralmirante Ricardo Sosa Ríos, había preconizado la unidad y no prestaba oídos a conspiradores ni civiles ni militares. No obstante esa unidad no resultó tan monolítica cuando acontecieron los levantamientos de marinos en Carúpano y Puerto Cabello. Pero los oficiales de la Marina de Guerra sabían que no debían dejarse absorber por grupos o tendencias extrañas a la propia Marina y de allí que prefirieron dirimir sus diferencias como en una gran familia.

El Grupo Briceño Linares:

El propio Briceño Linares tenía su grupo. Se cuenta que Briceño era celoso defensor de la independencia de acción de cada fuerza cuando ocupaba la Comandancia General de la Aviación, pero cuando asumió el Ministerio de la Defensa varió su actitud en el sentido de que el Despacho de la Defensa tuviera más directa ingerencia en las cuestiones operacionales y administrativas de las distintas fuerzas. Esta actitud le había granjeado a Briceño Linares ciertas reservas entre la oficialidad de las distintas ramas, por ello Briceño había propiciado rodearse de personal militar que le era más afín y le respaldara. Hace unos meses un oficial retirado de la aviación militar que sabía mucho de caballos andaba por cuarteles y guarniciones buscando contactos para un presunto alzamiento militar. Dando datos para el 5 y 6 se relacionaba con oficiales de diferentes fuerzas; al fin se encontró con un militar de alta graduación que le manifestó estar de acuerdo con su propósito de promover un cambio político en el país pero lo conminó ponerlo en relación directa con su jefe. "Mi jefe, dijo el Teniente de Aviación, es el General Briceño Linares", la cuestión llegó a oídos del Presidente Betancourt, y quienes se lo comunicaron creyeron que el Presidente procedería de inmediato a destituir y ordenar arresto para Briceño, pero Betancourt no hizo comentario y todo siguió igual.

La Guardia Nacional y la Marina:

Existía cierta corriente de entendimiento entre las Fuerzas Armadas de Cooperación y la Marina de Guerra y en ocasiones ambas Fuerzas se habían prestado mutua ayuda a nivel de los Comandantes Generales. Hace unos meses el Comandante de la Marina viajó a Estados Unidos y consiguió que la Marina Norteamericana le cediera sin costo unos 12 tanques de guerra. Cuando los tanques fueron desembarcados en Venezuela, hubo sobresalto en el Ministerio de la Defensa. ¿Con qué intenciones la Marina estaba fortaleciéndose? ¿Quién había autorizado a la Marina para armarse con tanques? Hubo una urgente comunicación del Ministro Briceño para el Contralmirante Sosa Ríos. La Marina debía entregar inmediatamente los tanques al ejército. Los tanques no fueron entregados. Sosa Ríos le dijo que la posición de esos tanques estaba considerada dentro del orden operacional de la Infantería de Marina, tal como lo estaba para la Marina de los Estados Unidos. Después la Marina consiguió con Estados Unidos un avión de guerra. Otro sobresalto. ¿Para qué quiere la Marina aviones? Todo un lío militar de competencias, pero ese avión y otro mas que vino permanecieron siempre operados por la Marina. La Guardia Nacional también ha tenido problemas similares con algunos aviones y otros equipos. En su oportunidad el Comandante de las Fuerzas Armadas de Cooperación prestó respaldo a la Marina. En el caso de los tanques y de los aviones, la Guardia Nacional espera que la Marina le transfiera algunas unidades para patrullajes de costas.

El último grupo:

El último grupo que hizo su aparición en las Fuerzas Armadas y que cuenta con el respaldo de oficiales de las cuatro fuerzas, fue el Grupo Moralista que encabeza el Jefe de la primera sección del Estado Mayor del Ejército, el Coronel Murillo Esperandío. La argumentación de los integrantes de ese grupo es que la Institución armada esta siendo dañada por las frecuentes irregularidades administrativas. Murillo Esperandío logró interesar a numerosos oficiales que participaban en reuniones trazando estrategias para erradicar de raíz esas prácticas corruptas. Se recordará que a mediados del año 1963 corrieron insistentes rumores de la inminencia de un golpe militar. La situación se tornaba extraña y grave debido a que la conspiración que se adelantaba se hacía a puertas abiertas. Es decir, los oficiales no se reunían subrepticiamente en un lugar secreto y en cambio lo hacían con un aire deportivo y hasta descarado. A determinada hora los oficiales salían de sus cuarteles o de sus comandos o del propio Ministerio de la Defensa y como explicación simplemente decían que iban para la reunión.
A esa reunión que en ocasiones logró concentrar a casi doscientos oficiales, también asistían los militares que

podían señalarse como ojos y oídos de Briceño Linares y de Betancourt. Así pues que tanto el Ministro como el Presidente estaban perfectamente enterados de cuanto se cocinaba en relación a las acusaciones por abuso de autoridad y por irregularidades administrativas. El asunto fue alcanzando contornos alarmantes. Altos jefes militares aparecían inculpados. El General Pedro José Quevedo recibió su parte cuando se le acusó de utilizar tractores, maquinarias y trabajadores del Instituto Nacional de Obras Sanitarias y del Instituto Agrario Nacional para labores en su finca en el interior del país. El mismo Briceño Linares aparecía señalado por haber avalado un pagaré por sesenta mil bolívares correspondiente a un préstamo hecho por el Instituto de Previsión Social de las Fuerzas Armadas (IPSFA) al Abogado Consultor Jurídico de la Fuerza Aérea durante el tiempo que Briceño fue Comandante de la Aviación. El préstamo nunca fue cancelado y además el IPSFA tiene expresa prohibición de dar préstamos a personal civil de las Fuerzas Armadas. Por otra parte, Briceño Linares se tomaba atribuciones que no le correspondían al avalar ese préstamo. Total, que hasta el mismo Ministro de la Defensa apareció acusado de irregularidades. La acusación fue considerada tan grave que un oficial conminó al Coronel Murillo Esperandio a que presentara pruebas, y que si no las tenía se abstuviera de hacer tales señalamientos. Murillo Esperandio dijo- "Cuando afirmo una cosa es porque puedo probarla", y seguidamente sacó y mostró a todos los oficiales presentes una copia fotostática del pagaré firmado por Briceño Linares. Y añadió: "Y tengo otras pruebas más". El hecho se hizo del conocimiento de centenares de oficiales.

La reacción no se hizo esperar, pero ni Briceño Linares ni Betancourt obraron con precipitación. Primero establecieron la magnitud del movimiento moralista. A tal efecto, como recordarán algunos, el propio Briceño Linares comenzó a efectuar sus propias reuniones. Una de las primeras fue con doscientos oficiales convocados expresamente en la Base Naval de Puerto Cabello. Briceño quiso viajar a la Base acompañado por el Contralmirante

Sosa Ríos, pero Sosa se le adelantó y preparó convenientemente el recibimiento para el Ministro Briceño Linares quien siguió la misma táctica que tuvo en 1958 con los oficiales de la aviación. Comenzó denunciando los rumores de un golpe. Dijo: "Se afirma que la Marina está conspirando, pero yo no lo creo". Y agregó: "Me han dicho que usted, Contralmirante Carbonell es uno de los jefes". El Comandante de la Escuadra no pestañeó y permaneció callado. Briceño siguió hablando dentro de un auditorio completamente silencioso y atento. Declaró que debía conservarse la unidad y que llegado el momento actuarían conjuntamente. Al final manifestó que estaba dispuesto a contestar las preguntas que se le quisieran hacer. Ninguno de los oficiales de la Marina abrió la boca, dejando muy pensativo al Ministro Briceño Linares durante su viaje de regreso a Caracas.

Mientras tanto, el Contralmirante Sosa Ríos hacía un viaje sorpresivo a Maracaibo en el flamante avión de guerra de la Marina. Cuando le llegó la noticia de que un avión de guerra de la Marina estaba en "Grano de Oro", el Gobernador del Zulia Luis Vera Gómez acudió al aeropuerto, pero ya la nave aérea había partido. Sosa Ríos había hablado muy brevemente con algunos oficiales de la Guarnición de Maracaibo.

En diversas oportunidades estos oficiales habían expresado que ellos tenían el compromiso de sostener a Betancourt, pero a nadie más. Sin embargo, así como Betancourt supo entender y manejar el complejo militar venezolano, no hay ninguna razón para que el Presidente Leoni no logre otro tanto. Las Fuerzas Armadas deben entender que nada se le va a quitar ni nadie las va a menoscabar durante el presente gobierno constitucional de cinco años que se inició recientemente.

Esta fue una versión de cómo entendió el Presidente Betancourt a las Fuerzas Armadas durante el período presidencial que acaba de concluir y que han escuchado ustedes a través de "REPORTAJE".

"Reportaje" era un programa que mantenía Radio Tropical, por decisión de ese gran radiodifusor que fue Antonio José Istúriz, el Catire Istúriz, siempre dispuesto para la defensa de la libre expresión del pensamiento. Recuerdo y respeto permanente para su memoria.

EL COMANDANTE "ADECO"

Un día en la tarde, después de las horas de oficina visita el Comando de la Marina el Teniente (R) José Luis Fernández. Está de oficial de guardia en el Comando el Teniente de Navío Andrés Brito Martínez.

Al día siguiente de esa visita, al llegar al Comando, el Capitán Pérez Leefmans, Director de Ingeniería, me está esperando. Vamos hacia mi despacho y en el camino me comenta: "Mi Almirante, tengo que hablarle de algo muy serio". Una vez en el despacho, Pérez Leefmans me dice: "Ayer en horas de la tarde el Teniente José Luis Fernández visitó la Comandancia; habló con el Teniente Brito y le manifestó que se estaba preparando un movimiento. Que había que apoyar al Ministro y que él contaba con la adhesión de la Fuerza Aérea, pues los que volaban los aviones eran sus compañeros de promoción. Brito le oyó y luego le respondió: `Y por qué el Ministro no habla con el Comandante de la Marina?' Fernández le argumentó: "Ese es adeco". Después de la reunión, el Teniente Brito buscó al Capitán de Fragata Luis Ortega Jugo y lo informó de lo acontecido; el Capitán Ortega Jugo me pasó la información y aquí estoy informándole a usted".

En ese momento me embargó un gran sentimiento de emoción, de esa emoción que se siente cuando se obtiene el fruto del ejercicio de un comando con hombres de lealtad a toda prueba, de lealtad en todos los escalones del mando. Brito y Ortega eran oficiales bajo el mando directo del Capitán Pérez Leefmans. La lealtad de Brito con Ortega al cual estaba subordinado y la lealtad de Ortega a Pérez Leefmans. Luego entramos a analizar la situación e se informó a los comandantes que deberían saberlo.

Semanas más tarde visitan a Pérez Leefmans en su casa para plantearle de nuevo la situación y lo invitan a una insurrección. De todos sus actos Pérez Leefmans tiene informado a su comando. Luego Pérez Leefmans es invitado a una reunión en el Círculo Militar, me lo comunica y le digo que vaya y oiga. Se sucede la reunión. Entre los asistentes estaba el Coronel Murillo Esperandío y otros oficiales. Informan a Pérez Leefmans que la situación en las Fuerzas Armadas es grave; que el Comandante del Ejército esta usando las gandolas y los tractores oficiales en su finca; se comenta de comisiones en la compra de botas para los soldados, de roscas de empresas para darles los contratos. Pérez Leefmans oye, y cuando le toca responder, me cuenta que les dijo: "Eso será un problema del Ejército pues nosotros no tenemos ninguno de esos problemas. En la Marina, cada Director maneja su presupuesto, licita, compra y rinde cuenta al Comandante General. Pueden contactar otros Comandos y Direcciones y verán que les dirán lo mismo. Alguien dijo: ¡Ah, entonces ustedes tienen al frente del Comando un as de oro!'. Así es le replica Pérez Leefmans, un as de oro!

Me cita el Ministro de la Defensa a su despacho y en conversación cordial me dice: "Ricardo, tienes que abrir los ojos, Pérez Leefmans está conspirando, asistió a una reunión en el Círculo". Lo oí y le contesté: "El que tiene que abrir los ojos eres tú". Le narré lo de la visita del Teniente José Luis Fernández al Comando y luego le dije: "El Capitán Pérez Leefmans fue a esa reunión con mi autorización y conozco los pormenores".

Meses más tarde me llama por teléfono el General Ramón Florencio Gómez, Director de Gabinete del Ministerio y me dice: "Ordena que el Capitán de Fragata Luis Ortega Jugo salga en el término de la distancia para Inglaterra, lo acusan de estar en funciones conspirativas". Le digo, "Ramón Florencio, dile al Ministro que me mande la orden por escrito, que me diga cuál va a ser el destino en Inglaterra y qué comisión va a cumplir, ya que sin esos requisitos, Ortega no sale del país. Los oficiales tienen un expediente de su vida militar y allí deben constar todos sus nombramientos". No me interesaban los antecedentes de Ortega, era un Oficial inquieto, preparado, era un profesional y por su comportamiento yo tenía la seguridad de que era leal a mi Comando.

Las características de esos actos de tipo conspirativo parecían más bien maniobras de tanteo que algunas autoridades usaban para medir el grado de lealtad de los oficiales. De todas maneras seguíamos alertas, pues de las conspiraciones de salón pasamos a los actos de terrorismo dirigido por fuerzas políticas matizadas de varios colores.

Desde que tengo uso de razón he sostenido y sostengo que el Ministro de la Defensa debe ser un civil o un oficial en situación de retiro, ya que al ser un militar activo genera algunos problemas que no son de poca monta. El primero ya lo mencionamos anteriormente, y es el problema legal de tener un militar activo inmiscuido en política. El segundo, es la tendencia de todos los Ministros militares en servicio activo, con poquísimas excepciones, de que cuando pasan de comandar su Fuerza a ocupar el cargo de Ministro de la Defensa, olvidan la autonomía que cuando eran Comandantes defendían a capa y espada. En el caso que el Ministro de la Defensa nunca haya sido Comandante de su Fuerza, la situación es peor. Quiere comandar las cuatro Fuerzas al mismo tiempo.

Ejercí mi Comando con toda la autoridad y autonomía que está consagrada en el Decreto 288 de la Junta de Gobierno, guardando para el Ministro de la Defensa todo el respeto y la subordinación por su alta jerarquía como ministro del gabinete y como el órgano regular entre el Comandante en Jefe de las Fuerzas Armadas y la Comandancia General de la Marina. Como es obvio que el órgano regular existe sólo de abajo hacia arriba, el Presidente de la República como Comandante en jefe de las Fuerzas Armadas, puede dirigirse directamente a cada uno de sus Comandos de Fuerza, sin tener al Ministro de la Defensa como intérprete.

El Presidente tenía muy claro ese concepto. Frecuentemente llamaba a sus Comandantes de Fuerza, les informaba de situaciones, pero siempre decía: "Vamos a esperar al Ministro para cruzar ideas", o bien "ya informé al Ministro al respecto, cualquier novedad me informan a mí directamente, pero también le participan al Ministro".

Mis relaciones con los Ministros de la Defensa con los cuales me relacioné mientras ocupé el cargo de Comandante General de la Marina, las mantuve en el plano eminentemente militar. Mis intervenciones en las reuniones del Alto Mando Militar, mis decisiones de tipo administrativo, las relaciones del Comando con autoridades no militares con rango de Ministro se tramitaban por intermedio del Ministro de la Defensa. Nunca invadí los terrenos del Ministerio, pero tampoco permití que se me invadieran los de la Comandancia de la Marina.

CARTA DESDE LA ISLA DEL BURRO

Con fecha 28 de febrero del año 1964, recibo en mi comando una correspondencia enviada desde el penal de Tacarigua por el Capitán de Corbeta Víctor Hugo Morales. Esa dependencia carcelaria estaba bajo el control del Ministerio de la Defensa y todo el personal militar que la custodiaba, aunque pertenecía a las distintas Fuerzas, dependía directamente del Ministerio de la Defensa. El Servicio de Justicia Militar también era una organización que dependía directamente del Ministerio de la Defensa, aunque los Comandantes de las Fuerzas estaban autorizados por la ley para abrir investigaciones sumariales. (Fue después del Decreto 288 que se crearon los tribunales militares bajo la jurisdicción de la Comandancia de la Marina, el primero se instaló en el litoral bajo la dirección de su primer juez, el doctor Sánchez Pulido, quien ejerció su mandato con total autonomía. Jamás visité el Tribunal, no quería dar la sensación que era una dependencia del Comando a la cual se le podían impartir órdenes). Como era al Ministerio de la Defensa que le incumbía todo lo relacionado con los procesados militares, el 4 de marzo remito la carta de Morales al Ministro de la Defensa anexa al Oficio N° 6031 de fecha 04 de abril de 1964, que dice así:

Me dirijo a usted en la oportunidad de remitirle en anexo, copia fotostática de la carta de fecha 28 de febrero último, que el ciudadano Capitán de Corbeta Víctor Hugo Morales M. dirigió a este Comando. Hago a usted la remisión mencionada para los efectos legales consiguientes, observándole que el nombrado oficial no se encuentra bajo jurisdicción naval ni establecimiento militar dependiente ni custodiado por esta Fuerza. D y F Ricardo Sosa Ríos. Contralmirante

A continuación veamos la carta del Capitán Morales:

Cárcel Nacional de Tacarigua, 28 de Febrero de 1964.

Ciudadano Contralmirante Comandante General de la Marina. Su Despacho

En vista de mi condición de oficial en servicio activo, acudo ante Ud. para hacer de su conocimiento y dejar constancia de una serie de flagrantes anomalías a que he venido siendo sometido en unión de los oficiales y suboficiales que estamos recluidos en la isla del Burro. Estas pueden sintetizarse así:

1. Aspectos jurídicos.

Fui sometido a un proceso de excepción cuya finalidad no fue la de hacer justicia, sino simplemente establecer un precedente de tipo político y retaliativo. En dicho proceso se nos negó el derecho a la defensa ya que, si bien pudimos nombrar abogados defensores, éstos no tuvieron oportunidad de defendernos de los cargos que se nos imputaron. Prueba fehaciente del carácter estrictamente político del proceso a que fuimos sometidos, es el hecho de que todavía hoy, a más de veinte meses de que fuéramos sentenciados en segunda Instancia, la Corte Suprema de Justicia no se ha pronunciado y, por tanto, permanezcamos sin sentencia firme. La historia jurídica contemporánea de los países civilizados no conoce casos en los cuales se haya procedido con tal ausencia de respeto hacia la administración de justicia. Esta no es una opinión parcializada, es el criterio sustentado por eminentes juristas que hemos consultado.

Hemos solicitado la reposición de la causa; sin embargo esto no se ha producido y la única razón de lo anterior corresponde a intereses políticos circunstanciales ya que, por respeto a los más elementales principios, es de justicia dicha reposición para que seamos procesados en juicio acorde con el derecho procedimental. Otra cosa sería atentar contra la propia filosofía del Derecho.

2. Aspectos Humanos y Morales.

Desde que fuimos hechos prisioneros, hemos venido siendo sometidos a constantes atropellos y vejámenes atentatorios contra la dignidad humana. Todo lo hemos soportado con estoicismo. Hemos sido irrespetados en nuestra condición de ciudadanos y militares. Las cadenas y las "esposas" han sido el procedimiento normal de asegurarnos cada vez que hemos sido trasladados de un sitio a otro. Somos continuamente sometidos a requisas infamantes. Por último se ha terminado por recluirnos en esta isla, establecimiento penitenciario creado por Juan Vicente Gómez y utilizado por regímenes anteriores para la reclusión de homosexuales, ladrones e inadaptados sociales de la peor especie. Esto sin considerar que las únicas "mejoras" efectuadas en este establecimiento son las alambradas de púas, las alarmas electrónicas y toda clase de elementos de seguridad, permaneciendo como fueron construidos, inhabitables, los galpones de reclusión.

No conformes con todo lo anterior, últimamente no les basta ya a las autoridades de este penal los atropellos de que somos víctimas y proceden contra nuestras esposas, madres, hijos y familiares en general, sometiéndolos a un trato inhumano e indecoroso. Deprimente ha sido constatar que los responsables de los vejámenes citados, en la mayoría de los casos son los "compañeros" de las Fuerzas Armadas a cuyo cargo está la custodia de este lugar de reclusión.

Por todo lo que he expuesto a Ud. es que solicito la intervención del Comando de la Fuerza. Le pedimos el nombramiento de una comisión de oficiales y abogados para que constaten e informen sobre los asuntos que denuncio. No se trata de pedir clemencia, sino la justicia a que, como ciudadanos y militares, somos acreedores en virtud de lo establecido en la Carta Fundamental de la República. Nada ha logrado socavar nuestra entereza y dignidad y estamos conscientes de que ningún procedimiento, por vejatorio e infamante que sea, logrará restarle a nuestra actitud el decoro de la cual siempre ha estado acompañada. Si hago de vuestro conocimiento tales hechos, es porque considero que hacia nosotros ha habido un abandono total por parte del Comando de la Fuerza a que pertenecemos y porque considero que esta situación no sólo nos afecta a los oficiales y suboficiales navales detenidos, sino al prestigio mismo de la Marina, ya que antes de que la justicia no diga su última palabra, somos integrantes activos de la institución y aún en el supuesto negado de que ésta llegara a sernos adversa, nuestros pensamientos siempre estarán al lado de la Fuerza a la cual dimos lo mejor de nuestra juventud. Su subalterno. Víctor Hugo Morales. Capitán de Corbeta.

EL SABLE Y LA CONSTITUCIÓN

La Dirección de Gabinete del Ministerio siempre tenía numerosas audiencias para los oficiales de todas las Fuerzas, lo mismo que la Secretaría de la Presidencia de la República.

Por resolución del Comando de la Marina, ningún oficial debe solicitar audiencias ni al Ministro, ni a la Presidencia de la República para tratar asuntos particulares sobre ayudas o problemas que tengan. Primero deben solicitar, por intermedio de la Ayudantía, una audiencia con el Comandante General. De acuerdo con la urgencia del caso, la audiencia le será concedida dentro de las 24 horas de solicitada. Si la solución del caso no está a nivel de la Fuerza, el Comandante General hará los trámites necesarios ante el

Ministerio o el Presidente de la República, para procurarle al solicitante una solución.

El día 24 de julio del año 1962 me correspondió por primera vez celebrar el día de la Marina como su Comandante. Ese día, en el acto central que contemplaba la graduación de los nuevos oficiales, se instituyó por primera vez en la historia de la Fuerza, una modificación consistente en que junto con el sable que se le entrega al Alférez de Navío, se le entrega también un ejemplar de la Constitución Nacional, empastado en cuero con su grado y nombre en letras doradas. El Ministro de la Defensa tomaba el sable, se lo pasaba al Presidente de la República para que lo entregara al oficial e inmediatamente después el Comandante de la Marina le entregaba el ejemplar de la Constitución diciéndole: "Ese sable que acaba de recibir de manos del Presidente de la República, será para la defensa de esta Constitución".

La modalidad impuesta por el Comando de la Marina fue recibida muy bien por unos y criticada por otros, en las Fuerzas Armadas y en el campo civil; pero a mí no me preocuparon en lo más mínimo las opiniones adversas. Yo estaba convencido que era un acto que enaltecía y honraba a la Fuerza como Institución ante la inmensa mayoría de los venezolanos. Al recibir una carta de un educador venezolano, el profesor Alberto Armitano, se reconfortó mi espíritu y se acrecentó mi decisión de seguir civilizando la Fuerza; ese camino nos haría más militares, más institucionales. La voz de Armitano transmitida en esa carta de fecha 24 de julio de 1962 era para mí el mensaje de esa mayoría de venezolanos que desean ver en sus Fuerzas Armadas ciudadanos armados para la defensa de la Patria y sus instituciones.

La carta del profesor dice:
Apreciado amigo Ricardo:

Hoy he estado oyendo los actos que se celebran con motivo del día de la Marina. La radio me trae el desarrollo de uno de ellos que se lleva a cabo en el recinto de la Escuela Naval. Los nuevos oficiales de Marina están recibiendo los símbolos que los invisten de conductores de las responsabilidades en nuestros barcos de guerra. Mas, un hecho muy singular me sacude mi espíritu de maestro de la República y me eleva mis sentimientos de ciudadano venezolano Este orgullo, muy virtuoso por cierto, me obliga escribirte estas líneas que desean sustraerse enteramente de los nexos de amistad. Es mi deseo expresar en las líneas siguientes la idea pura, separada de todo vínculo personal.

Las veces que he dictado clase en las aulas primarias he tratado de explicar a mis alumnos el valor y la importancia de cada hombre nacido y educado en nuestra patria. Desde mi cátedra en la Universidad Central, he procurado hacer comprender el papel que juega cada persona que desempeña una responsabilidad dentro de nuestra sociedad, sea cual fuere su posición. Pero la realidad siempre ha estado distante del ideal que llevamos y tratamos de alcanzar los docentes.

Fue vibrante para mí oír que los futuros oficiales de nuestra Marina de Guerra recibían su espada y una Constitución del País. La Marina de Guerra ha vuelto por sus pasos. Quiere guerreros y ciudadanos, o mejor dicho ciudadanos en función de guerreros. Quiere unir su pasado histórico con su presente. Quiere hacer sentir sus dotes de nobleza, de reflexión, de constructora de moral ciudadana. Así como pasó por encima del crimen y del asesinato durante la Batalla del lago de Maracaibo, cuando uno de los buques realistas aprovechó una desventaja en una de las unidades patriotas, para extender un documento de sana paz, noble, enaltecedora del ser humano y elevador del futuro ciudadano venezolano. Hoy, al poner en mano de cada oficial la Constitución, quiere dar el paso decisivo, y lo ha dado, para establecer los cimientos de una Venezuela distinta, progresista, republicana, respetuosa, equilibrada y realmente democrática. No quiere la espada jurando por una Constitución, sino una espada entrelazada con la Constitución, para formar espíritus rectores de una República sujeta a leyes, norma y principios que hagan felices a los miembros que la configuran.

Cuánto orgullo para un maestro, profesor o catedrático! Mañana cuando al abrir las clases pueda decir a mis alumnos, no tenemos guerreros ciegos ni fácilmente dirigibles por la intriga temporal interesada. Tenemos hombres de leyes que usan la espada para sostener los basamentos legales y que no aceptan ninguna modificación que no provenga de los organismos pertinentes.

Ricardo, como Comandante General de la Marina, con este hecho, simple, sin oropel, sin estridencia, se ha dado una fisonomía nueva que el país reclamaba desde los mismos instantes en que Bolívar dictó los últimos párrafos de su célebre proclama antes de morir. Pues la Marina no quiere hombres de uniformes y otros de civiles, aspira ciudadanos.

Como maestro y como profesor estoy obligado a escribirte estas líneas que manifiestan mis más sinceros sentimientos de docente y de ciudadano venezolano en reconocimiento de la lección dada por tu organización que persigue el altísimo objeto de zanjar y de borrar toda línea divisoria entre los venezolanos. En la cúspide de tu carrera profesional has colocado una bandera hermosa.
Saludos.

Alberto Armitano

UNA PIEDRA EN EL ZAPATO

La plena vigencia del Decreto 288 es *la piedrita en el zapato* que hace que el Ministro de la Defensa y aquellos oficiales que añoran el llamado Estado Mayor General se sientan incómodos. Esto resulta en incidentes desagradables por situaciones creadas entre el Comando y el Ministerio, que si bien no revestían gravedad, manifestaban la incomodidad del Ministro. Mi amistad personal con los dos Ministros con los cuales me correspondió actuar como Comandante de la Marina era cordial y sincera, pero no podía subordinar mi autoridad de Comandante a la amistad personal. Para los dos guardo siempre los mejores recuerdos que sellan la amistad de muchos años, pero la historia tiene que ser narrada tal y como fue.

El día 4 de agosto de 1963 se celebraba el aniversario de la Guardia Nacional, que por ser un acto militar, debe observar estrictamente el protocolo militar. En la primera fila, y de acuerdo con ese protocolo, el orden de precedencia era así: El Presidente de la República como Comandante en Jefe de las Fuerzas Armadas; a su derecha el Comandante de la Fuerza Anfitrión; a la izquierda del Presidente el Ministro de la Defensa; a la derecha del anfitrión, que en esta ocasión era el General Carlos Luis Araque, se situaba el Comandante de la Marina; a la izquierda del Ministro de la Defensa, el Comandante del Ejército, el General Pedro José Quevedo y a la derecha del Comandante de la Marina el General Miliani, Comandante General de la Aviación. El doctor Juan Pablo Pérez Alfonzo, Ministro de Minas e Hidrocarburos para esa época, se encontraba presente en la primera fila, a dos o tres puestos a la derecha del Comandante de la Aviación. En eso pasó por enfrente de la tribuna el Capitán de Navío Carlos Arturo Porras Rodrigo y al verlo el Presidente interrogó al doctor Pérez Alfonzo y le dijo: "Juan Pablo, qué ha pasado con el nombramiento del Capitán Porras para Canalizaciones?" Al oír el diálogo entre el Presidente y Pérez Alfonzo, el Ministro de la Defensa, en forma airada se dirige a mí y me dice en clara e inteligible voz: "Almirante, por qué el Presidente está informado de ese nombramiento de la Marina?". A lo cual le respondí: "Ministro, pregúnteselo al Presidente, yo no soy informador, yo soy el Comandante General de la Marina". Luego vendrían los reclamos del Ministro. Recordémoslos.

Al día siguiente en la Secretaría del Ministro se elabora un memorándum para dirigirlo al Comandante de la Marina. Cuando el consultor jurídico del ministerio sale del despacho del Ministro, le comenta al Capitán Gaudi Jiménez, quien se desempeñaba como su ayudante: "usted vio el memo que le pasaron al Comandante General de la Marina?". "No", le dice el Capitán, "lo que quiero ver es el que va a contestar el

Comandante de la Marina"

En forma respetuosa, pero enérgica, le contesté al Ministro su memorándum del 6 de agosto, mediante el cual se había zumbado por un voladero. Me incrimina que debo someterme al órgano regular. Cita que estoy en contradicción con la ley orgánica de las FAN y por último me dice que interpreto incorrectamente el Decreto 288. Leamos:

Con bastante extrañeza me impuse que el ciudadano Presidente de la República estuviese informado, con prescindencia del órgano regular, del proyecto de nombramiento del Capitán de Navío Carlos A. Porras Rodrigo para la Presidencia del Instituto Nacional de Canalizaciones.

Como quiera que tal anormalidad está en contradicción con lo estatuido en los Artículos 55, 57 y 58 de la Ley Orgánica de las Fuerzas Armadas Nacionales vigente, el Despacho a mi cargo confía en que, cualquiera sea el origen de que el ciudadano Presidente de la República estuviese previamente informado del referido propósito, usted tomará desde ya las providencias necesarias para garantizar en todo momento el respeto y la eficacia del órgano regular, y de consiguiente evitará en lo sucesivo la ocurrencia de hechos semejantes al anotado, pues de lo contrario se vería en la obligación de sancionar a los responsables de tales anomalías, conforme a las previsiones de los reglamentos respectivos.

Como seguramente no escapará a su elevado criterio, hechos e incidentes de esta naturaleza son los que han dado margen a actitudes e interpretaciones incorrectas (especialmente en el seno de las Fuerzas Navales) sobre el alcance del Decreto N° 288, con las consecuencias negativas que tanto usted como el suscrito hemos podido apreciar últimamente. Antonio Briceño Linares.

Veamos mi respuesta en el memorándum N° 14156 del 09 de agosto de 1962:

Cumplo con avisar recibo de su memorándum sin número, de fecha 6 de los corrientes, mediante el cual manifiesta su extrañeza "de que el ciudadano Presidente de la República estuviese informado, con prescindencia del órgano regular, del proyecto de nombramiento del Capitán de Navío Carlos A. Porras Rodrigo para la Presidencia del Instituto Nacional de Canalizaciones", y además, indicando que tome "las providencias necesarias para garantizar en todo momento el respeto y la eficacia del órgano regular"...

Como de la lectura de su Memorándum se infiere que este Comando tiene alguna responsabilidad en el asunto en cuestión, cumplo con el deber de informarle que ignoro los canales por los cuales le llegó al ciudadano Presidente de la República la información que motivó su citado Memorándum, porque no escapará a su criterio que los órganos de información de que puede disponer y servirse el Comandante en Jefe de las Fuerzas Armadas Nacionales no se hallan bajo mi responsabilidad ni se encuentran a mí atribuidos.

Asimismo le manifiesto que el suscrito se enteró del asunto de que trata su comunicación, solo cuando el propio Presidente de la República le expresó su decisión de nombrar un Oficial de Marina para presidir un Instituto Autónomo no adscrito al Ministerio de la Defensa. Ante este hecho y siendo asunto de la competencia del Jefe del Estado y de su Gabinete Ejecutivo, presumí como lógica consecuencia, que nuestro Ministro de la Defensa estaba en conocimiento de la decisión adoptada por el ciudadano Presidente de la República. Ignoro las causas por las cuales usted no estaba al tanto de dicha decisión.

En relación a esto y en conocimiento de la decisión presidencial, este Comando haciendo uso del órgano regular que la Ley Orgánica de las Fuerzas Armadas Nacionales estatuye, hizo lo que le correspondía, o sea, remitir a ese Ministerio con la debida antelación el Memorándum N° 13.507 de fecha 31 de Julio del corriente año, donde se envía el proyecto de resolución mediante la cual el Capitán de Navío Carlos A. Porras Rodrigo se pone a la orden del Ministerio de Minas e Hidrocarburos, siempre que mereciera su aprobación.

Aunque el suscrito no comprende con claridad el sentido de las expresiones contenidas en el último párrafo de su Memorándum, atinentes a las "interpretaciones incorrectas sobre el alcance del Decreto N° 288", puedo aseverarle con el mayor sentimiento de lealtad y respeto que el Comando a mi cargo, además de conocer con nitidez los alcances del mencionado instrumento legal, lo interpreta correcta y adecuadamente; y en este aspecto se ha consagrado a adoctrinar a sus subalternos a fin de que sus normas no sean desvirtuadas y para que en su aplicación no se quebranten los principios jurídicos de la legislación castrense que nos rige. Dios y Federación. Ricardo Sosa Ríos. Contralmirante

AYUDANTES Y SEGUROS

Normalmente el Ministro de la Defensa tiene cuatro ayudantes, uno por Fuerza, que se rotan en guardias diarias. Por ejemplo, el Capitán Gaudi Jiménez era el ayudante del Ministro por la Guardia Nacional. Una de las fuentes de información que disponía sobre el Ministerio y las otras tres Fuerzas venía de los ayudantes. Cuando el Ministro y los comandantes de las cuatro Fuerzas se encontraban en reuniones del alto mando militar o en recepciones oficiales, era común ver a todos los ayudantes en pequeñas reuniones donde se comunicaban impresiones, se intercambiaban comentarios y se colaban las críticas sobre los asuntos de su Fuerza. Era natural en oficiales jóvenes que con mística y lealtad ejercían su cargo.

Para la selección de mis ayudantes establecí un procedimiento en el cual yo no tenía participación alguna. Era el Director de Personal quien seleccionaba al ayudante tomando en cuenta sus condiciones personales y profesionales. Aunque ser ayudante es un honor, el oficial nombrado no debería permanecer más de un año en el cargo ya que retenerlo por más tiempo le podría perjudicar la carrera. Nunca mencioné al Director de Personal nombre alguno para que se me designara como ayudante. La Dirección de Personal los escogía y yo los aceptaba o los objetaba. Jamás objeté ninguno.

Para todos los que fueron mis ayudantes, un profundo agradecimiento por su lealtad y eficiencia en sus funciones. Ellos son los mejores testigos de mis actuaciones tanto en mi vida hogareña como en la profesional.

Otro incidente con el Ministro de la Defensa fue el caso de la contratación del seguro colectivo del personal de la Marina. Cuando recibí el Comando, la Fuerza ya había firmado un contrato colectivo con la "C. A. La Seguridad", el cual estaba legalmente en vigencia. Esa empresa se lo había ganado en licitación que hizo la Marina, a la cual concurrieron otras, y entre ellas estaba la compañía de seguros "Horizonte", de la cual son accionistas el Instituto de Previsión Social de las Fuerzas Armadas y un gran número de oficiales y suboficiales, entre los cuales me encuentro yo mismo.
El contrato del seguro se desarrollaba normalmente, y "La Seguridad" cumplía lo pautado, realizando los ajustes y mejoras de las cláusulas que normalmente surgen durante la ejecución de esos contratos y que beneficiaban a la Marina.

Un día me llama por teléfono el General Ramón Florencio Gómez y me dice: "Almirante, por orden del Ministro que le pase el contrato del seguro colectivo que tiene la Marina con la "C. A. La Seguridad" a la compañía "Horizonte"; usted recibirá luego el radiograma. Ud. sabe que esa compañía es de los oficiales y hay que preferirla.", a lo que le contesté: "Mira Ramón Florencio, dile al Ministro que no me mande ese radiograma, pues no voy a cumplir esa orden y que mi respuesta lleva toda la lealtad a su alta jerarquía, pues si lo recibo se lo voy a contestar con un "tunes" (un "tunes" es un telegrama circular del cual tienen conocimiento todas las unidades de la Marina)". Ese mismo día en la tarde, mi ayudante me informa: "Almirante, el Mayor Berrío Brito, quiere hablar con usted".(Para esa época Berrío Brito era edecán del Presidente Betancourt). Me saluda, me da las novedades de la Casa Militar y me comunica que el Presidente quiere hablar conmigo y que mañana cuando vaya para mi Comando que pase por Los Núñez donde me estará esperando. Le contesté que a las ocho de la mañana estaría allí, y así fue.

A las ocho en punto estaba en Los Núñez, residencia del Presidente. Al entrar me recibió Berrío Brito quien me dio las novedades. En ese momento venía el Presidente hacia nosotros. Lo saludé militarmente, le dije: "Presidente, no hay novedad en la Marina". Me tomó del brazo y me dijo: "¿Qué es lo que le pasa a usted con el Ministro?". Sorprendido le respondí: "A mí nada, Presidente". "Es con respecto a que usted se niega a cumplir una orden, es un asunto de un seguro". "Ah, Presidente", le contesté: "le agradezco que me haya llamado, el que oye una sola campana oye un solo son, le repito, que le agradezco me haya llamado". Me invitó a un café, nos sentamos y el Presidente me dice: "Bueno, ¿cuál es la situación?". Le informé lo de la llamada telefónica del Director de Gabinete y de mi terminante contestación. Le expliqué al Presidente sobre cómo el Comandante anterior había procesado ese seguro; que su contratación era la culminación de un proceso de licitación hecho con toda pulcritud; que la "C. A. La Seguridad" se lo había ganado en buena lid y que el contrato se había firmado en el Comando en una ceremonia oficial. Le dije al Presidente: "Si estamos viviendo en un estado de derecho y existe un compromiso contractual, éste no puede ser anulado por una orden militar. Si se implantasen esos procedimientos, mañana me puede llamar también el Ministro y decirme que como los escrutinios del último proceso electoral no están muy claros, que hay problemas en muchas mesas, vamos a pasarle el gobierno a las Fuerzas Armadas". El silencio del Presidente fue más elocuente que la palabra; me despidió cordialmente. El Presidente conocía mi manera de proceder, siempre tuvo el más profundo respeto por mis actuaciones, como más adelante veremos en pequeñas y grandes circunstancias.

LOS APOSTADEROS NAVALES

Para el 23 de enero de 1958, la Marina sólo contaba con la Base Naval de Puerto Cabello (BNAR) como única infraestructura capaz de suministrar apoyo logístico y mantenimiento a las unidades flotantes. Tiempo después adquirimos unos patrulleros, cuyo empleo requería de un óptimo despliegue a lo largo de nuestras costas para mejorar nuestra presencia naval. Para lograr este objetivo, era indispensable que el tiempo de tránsito de estas unidades patrulleras entre su puerto base y el área de operaciones, fuese el menor posible para maximizar su tiempo en estación. Por otro lado, en las reuniones de planificación que se realizaban, surgía como un requerimiento la posibilidad de desconcentrar las unidades flotantes en caso de necesidad. Por estas y otras muchas razones, se decide desarrollar dos apostaderos navales, uno en oriente y otro en occidente. En esos momentos no se pensó en bases navales ya que nuestras disponibilidades no lo permitían, y así, esos dos modestos pero eficientes apostaderos llenarían las necesidades de una flota como la nuestra. Designarlos como bases navales no era lógico ni profesionalmente serio. Se comenzó la construcción del Apostadero Naval Juan Crisóstomo Falcón en la península de Paraguaná, desarrollando un proyecto hecho por la Dirección de Ingeniería, en unos terrenos donados por el Banco Obrero, quien los había recibido de la Mene Grande Oil Company cuando entregaron al Estado sus instalaciones en la Península de Paraguaná. El Banco Obrero nos donó alrededor de 60 hectáreas donde se encontraban un muelle, una planta eléctrica y varias casas de madera en buenas condiciones de habitabilidad. Además, nos reservamos uno de los inmensos tanques que usaban para depósito de combustible para emplearlo como reserva de agua. Se empezó el desarrollo del proyecto con una administración por parte de la Dirección de Ingeniería defendiendo hasta el último céntimo, con una economía y pulcritud como se hacían todas las cosas de la Marina. Como veremos, también el Instituto Nacional de Obras Sanitarias (INOS) prestó su colaboración en la construcción del apostadero.

En una reunión oficial en la embajada de Italia, me encuentro con el doctor Julio Urbina, Presidente del INOS para la fecha y le pregunto sobre las actividades de ese Instituto. El me comenta: "Tengo un problema muy serio, el mes que viene empiezan a llegar a la isla de Margarita los tubos para el acueducto submarino. Según el contrato firmado, los buques que los transportan tienen contemplado cada uno solamente quince (15) días para la descarga. Pasados esos quince días tendremos que pagar mil dólares diarios por día y por barco; los precios que me cobran por esa descarga es descomunal y en los puertos de la isla no hay muelles adecuados, solo uno pequeño que no permite atracar barcos de ese calado. Tengo un problema grave encima, estoy pensando en su solución". Cuando Julio terminó de hablar le dije: "Vamos a hacer un negocio nacional. Si tú me construyes el acueducto para el Apostadero Naval "Juan Crisóstomo Falcón" en occidente, la Marina te desembarca todos los tubos". Julio se sorprendió, puso una cara de júbilo y de duda y me contestó: "Hacemos el trato". Finalmente le dije: "Mañana nombra un coordinador por parte del INOS y yo le ordenaré al Director de Ingeniería, Capitán Pérez Leefmans, y al Comandante de la Escuadra, Contralmirante Carbonell Izquierdo para que preparen la "Operación Tubos".

Así se hizo, llamé al Almirante Carbonell y al Capitán Pérez Leefmans a mi despacho, les expliqué de qué se trataba y les ordené la planificación y ejecución de la Operación Tubos. En tiempo récord la Escuadra desembarcó toda la tubería importada para el acueducto de la Isla de Margarita, y el INOS construyó el acueducto del Apostadero.

Otro caso similar ocurrió cuando me desempeñaba como Comandante de la Escuadra. Un día voy a Miraflores y me encuentro con el amigo Antonio Reina Antoni, Gobernador del Estado Nueva Esparta, nos saludamos y entramos en animada conversación. Le pregunto: "¿qué lo trae por aquí Gobernador?". Y me contesta: "Un problema de plata. Tengo todo el material de cemento, cabillas, vigas y madera para la construcción del puente sobre La Restinga almacenado en el puerto de Guanta, y la empresa Terminales Maracaibo me esta cobrando un dineral para transportarlo hacia Margarita". "No te preocupes", le dije, "la Escuadra está haciendo maniobras en esa área, dime el nombre de la persona en Guanta encargada de ese material, que le voy a ordenar al Comandante del Grupo de Tarea que destaque una división de Transportes a Guanta para que te haga ese flete". Una semana después se comenzaba la construcción del puente. En el caso de la tubería y en el del material para el puente, era la Marina, el INOS y la Gobernación de Nueva Esparta trabajando en bien del pueblo venezolano.

El plan de apostaderos navales está en marcha. Se continúa la construcción del apostadero naval de occidente gracias al oportuno aporte del Banco Obrero. Su Director, Mario Mauriello fue factor importante en ese desarrollo, con esa capacidad de decisión que lo caracteriza para trabajar en bien de Venezuela.

Se continúa el estudio para el apostadero naval de Oriente con la intención de construirlo con las disponibilidades de la Marina. Sin embargo se nos presenta una oportunidad que no podemos dejar pasar. La compañía "Iron Mines", iba a entregar a la Nación venezolana su embarcadero de material de hierro en la península de Paria, llamado "Puerto de Hierro". Envío inmediatamente un buque a la zona y se le ordena que visite "Puerto de Hierro", que se entreviste con el encargado y conozca la zona. El informe no puede ser más favorable. Allí estaba construido todo un pueblo con casas, calles, acueducto, comisariato, hospital completo para 20 camas, farmacia, oficinas de administración, planta eléctrica, etc. Nombro una comisión presidida por el Capitán de Navío Alfredo García Landaeta para que haga el plan de operaciones para ocupar "Puerto de Hierro", de modo que cuando llegue la ocasión en que la Nación deba recibirlo, la Marina asuma su custodia. Y así se hace, se tiene listo para ejecutar el plan de manera que el mismo día en que las autoridades de la Iron Mines abandonen el embarcadero, ese mismo día entrará la Marina.

Un día me convocan a Miraflores para hablar de ese asunto. Está la Marina representada por mí y por el Capitán de

Navío García Landaeta que me acompaña. Están presentes los representantes del Ministerio del Trabajo, del Ministerio de Sanidad y de otros organismos interesados en recibir Puerto de Hierro. Comenzó la reunión y todos hablaron exponiendo los problemas que había que enfrentar. Que si el problema del personal que despedía la Iron Mines, que si el problema de la asistencia médica que esa empresa daba a los caseríos de la zona, etc. Cuando todos terminaron de hablar el Presidente dijo: "Que hable la Marina". Pedí permiso al Presidente y le dije: "El Capitán García Landaeta hará la exposición de la Marina".

El Capitán García presentó el Plan de Ocupación de Puerto Hierro con un estudio detallado de todas las acciones a tomar. Teníamos seleccionado el personal de la Iron Mines que se quedaría trabajando para la Marina; también se presentó el estudio de cómo la Marina absorbería la asistencia médico-social de los caseríos. El Plan de Ocupación contemplaba el más mínimo detalle. Al terminar la exposición el Presidente Betancourt dijo: "La única que tiene un plan concreto con soluciones concretas es la Marina, que se le asigne a la Marina". El día "D" y la hora "H" previstas en el Plan de Ocupación se cumplieron con precisión matemática, se recibió todo previo inventario y no se perdió absolutamente nada. En el Comisariato había un inventario que sobrepasaba los 200.000 bolívares. La transferencia de Puerto de Hierro a la Nación se efectuó sin solución de continuidad.

Después que la Marina recibió Puerto de Hierro para transformarlo en el apostadero naval de Oriente "Francisco Javier Gutiérrez", me llama el Presidente Betancourt y me dice que tiene deseos de visitarlo. Se alista el Transporte T-12 que era el Buque Presidencial y se prepara para el viaje. Llegamos a Puerto de Hierro donde se hicieron las visitas de rigor, en cada caso con los honores al señor Presidente. Entre los acompañantes que recuerdo estaban los doctores Luis A. Pietri, Wenceslao Mantilla y Luis José Arreaza. Cuando veníamos de regreso, el comandante del buque me da la novedad sobre el tiempo y me dice: "El barómetro está bajando, el tiempo está feo, estamos a 3 horas del Puerto de Cristóbal Colón". Veo que el firmamento presagia mal tiempo; esos malos tiempos que ponen las Bocas de Dragos y de Serpientes con mar 8 y vientos huracanados. Le informo al Presidente y le recomiendo fondear en Cristóbal Colón hasta el amanecer. La prudencia marinera lo aconsejaba. El Presidente Betancourt me contesta: "No, *vamos a echarle bolas*". Y lo hicimos, corrimos un tiempo que no olvidaron nunca los pasajeros del T-12; cada vez que los veo me lo recuerdan.

Cuando veníamos de regreso después de pasar el temporal, el radiotelegrafista del buque me informa: "Mi Comandante, le informa el Comandante de la Escuadra que en El Encanto un tren fue asaltado y que hay Guardias Nacionales muertos y heridos". En ese momento que recibo la noticia están presentes Luis José Arreaza y Wenceslao Mantilla, que me dicen asombrados: "Anda e informa al Presidente". Les respondí: "No es necesario", cuando el Presidente se embarca en un buque de la Marina, se iza al tope del palo mayor esa bandera que ustedes ven allí que es la insignia presidencial. Eso significa que este buque es el Palacio de Miraflores, por lo que aquí todo depende del Presidente, y principalmente el control de las comunicaciones, las cuales son manejadas por el equipo de comunicaciones de la Casa Militar. Yo recibo esto como una información que me viene por el canal que emplea el Comando de la Escuadra para ordenar las misiones y controlar las operaciones de sus unidades mientras se encuentren en la mar. Como el Comandante de la Escuadra sabe dónde yo estoy siempre, me da esa información por ese canal". Dicho y hecho comprobado.

Al rato se presenta el Presidente al puente de mando y me enseña el radiograma que le ha enviado al Ministro del Interior. En él se daban las órdenes para que se tomaran todas las medidas policiales contra los autores del hecho y para que se solicitara a los organismos correspondientes los trámites legales para suspender la inmunidad de los parlamentarios que estuviesen involucrados en esa acción. Como puede constatarse, en esa ocasión el único Comandante de Fuerza que estaba con el Presidente era yo. Más tarde quisieron regar la especie que el Alto Mando Militar había presionado al Presidente Betancourt para que tomase esa decisión. Nada más falso. El Presidente Betancourt, además de ejercer la

Presidencia de la República también ejerció *con todos los hierros* su alta investidura de Comandante en Jefe de las Fuerzas Armadas.

CAMBIOS EN LOS ALTOS MANDOS

Tres meses antes de las elecciones que llevaron a la Presidencia al doctor Raúl Leoni, me llama el General Ramón Florencio Gómez y me dice que el Ministro me espera para una entrevista urgente. Al llegar a su despacho, sin ningún preámbulo me dice: "Por orden del Presidente hay que efectuar cambios en los altos mandos de la Marina, Carbonell reemplazará a Gámez en el Estado Mayor y Gámez irá a la Escuadra; López Conde tiene que irse a Washington de Agregado Naval, si no quiere ir que renuncie"; le interrumpí y le dije: "Con permiso Ministro, ese es un lenguaje que usted no le puede hablar a un Almirante, además le digo que yo no estoy de acuerdo con esos cambios y le pido formalmente me tramite una audiencia con el Presidente". "Está bien, pero eso es una decisión tomada. Del Ministerio fui al Comando de la Marina, dejé mis instrucciones y luego me fui a mi casa. Ese mismo día estaba convocado para asistir al acto que sería transmitido por radio y televisión donde el Presidente anunciaría a la nación la suspensión de la inmunidad parlamentaria de los representantes del partido comunista en el Congreso Nacional, por las acciones terroristas al tren de El Encanto, donde perdieron la vida miembros de la Guardia Nacional.

Al llegar a mi casa me informa mi esposa que el Almirante Gámez me ha llamado con urgencia. Le respondo la llamada y me informa: "Mi Almirante, me llamó el General Ramón Florencio Gómez y me dijo que fuera haciendo las resoluciones de los nombramientos". El Almirante Gámez sabía que desde el Ministerio de la Defensa nadie podía ordenar que se hiciera cambio alguno, pues era solo el Comandante General de la Marina quien podía hacerlo.

Además, la Dirección de Personal tenía que cumplir órdenes estrictas para la elaboración de resoluciones de cambios y nombramientos en la Marina. Sin un memorándum emanado de la secretaría del Comando General y firmado por el propio Comandante, no se podían efectuar ni cambios ni nombramientos en la Marina. Además, en estos casos yo no había autorizado delegación de firma. El Almirante Gámez cumplió con su deber, la lealtad en su ejecutoria demostraba la fuerza monolítica que nos daba el Decreto 288 al concederle a las Fuerzas su autonomía.

A las 6 de la tarde me fui al acto en el palacio de Miraflores; llegué temprano para hablar con el Ministro. Lo encontré hablando con otros ministros y con el General Pedro José Quevedo. Lo saludé militarmente. Nos separamos del grupo y le dije: "Ministro, ¿habló con el Presidente?" Me respondió: "Sí, no hay nada qué hacer, se harán los cambios". Le dije "Está bien, pero antes de hacer esos cambios tendrán que cambiarme a mí del Comando General de la Marina". El Ministro me dijo que él estaba cansado y se lamentó de los problemas. Le contesté que yo respetaba su situación y que le pedía que se respetara la mía. Le solicité permiso y me retiré.

Terminado el acto, esperé que el Presidente saliera de su despacho; eran aproximadamente las 10:30 de la noche. Al salir lo saludé y le dije: "Presidente, quisiera hablar con usted". Me contestó: "Estoy muy cansado, hablaremos mañana". Le dije, "Presidente, es con relación a los cambios en la Marina". Me contestó: "Almirante, la gente no se puede mineralizar en los cargos". A lo cual le respondí: "Presidente, no se trata de química, se trata de los cambios en los altos mandos de la Marina. Usted es el Presidente de la República y Comandante en Jefe de las Fuerzas Armadas y tiene la autoridad para tomar las decisiones que juzgue más convenientes, pero le pido que antes de efectuar los cambios, me releve del Comando General de la Marina. El Presidente me despidió con una palmada en el hombro y me dijo: "Mañana hablaremos"

No hablamos, no se efectuaron los cambios y ese alto mando de la Marina, con el que inicié mis actividades como

Comandante General desde el 2 de febrero de 1962 hasta el 2 de junio de 1964, fue el mismo: Gámez en el Estado Mayor Naval, Carbonell en la Escuadra, López Conde en la Infantería de Marina, Lares en la Base Naval de Puerto Cabello, Ginnari inicialmente en el Centro de Adiestramiento Naval y luego en la Base Naval de Puerto Cabello cuando el Almirante Lares es designado para el IPSFA, Domínguez en la Administración. En las divisiones de destructores estaban Seijas, Benatuil y Moreno

Así llegamos al proceso electoral donde es elegido el doctor Raúl Leoni como Presidente de la República. La Marina dio su aporte junto con las Fuerzas hermanas para el mantenimiento del orden y desarrollo del proceso. Posesionado el doctor Leoni y después de la ceremonia en el Congreso Nacional, nos invita a su casa a un brindis; la casa está llena de amigos y compañeros de partido, era un entrar y salir de gente. Lo saludo y me dice: "Ricardo, tú seguirás al frente del Comando de la Marina". Le contesté, "Presidente, estaré donde usted, como Comandante en Jefe de las Fuerzas Armadas me mande, y además soy su amigo personal". En esa época la residencia del doctor Leoni estaba a sólo cuatro cuadras de la mía. Me despedí y a la salida saludé a su esposa Menca, la cual tuvo con mi esposa Esther y conmigo, una atención y un cariño muy especial. Doña Menca era toda una señora, toda una dama, una venezolana integral, una mujer fuera de serie.

DOCUMENTO POLÍTICO

En el mes de abril del año 1964 soy convocado para una reunión del Alto Mando Militar. Al llegar a La Planicie, sede del Ministerio de la Defensa, me encuentro que el Ministro esta recibiendo en su despacho a los comandantes de las otras Fuerzas por separado. Cuando sale el Comandante del Ejército, el General Pedro José Quevedo, el ayudante del Ministro me dice: "El Ministro que pase".

Me recibe en forma cordial, nos saludamos y entra en

materia: "Los he convocado para una reunión del Alto Mando, pero primero quiero tratarles por separado el asunto que voy a presentar cuando estemos todos reunidos. Se trata de un memorándum que me han preparado mis asesores, entre los cuales está el Coronel Rafael Alfonso Ravard". Leyó los diferentes puntos del pliego, los cuales contenían materias de índole estrictamente política, por ejemplo, uno donde se le pedía al Presidente Electo la participación de los militares en el gobierno civil. Cuando el Ministro terminó de leerme el memorándum le dije: "Esos son planteamientos eminentemente políticos, usted como Ministro puede firmar ese documento y llevarlo al Presidente Electo o al Gabinete que él designe cuando tome posesión; usted es el representante político de las Fuerzas Armadas en el Gabinete. Los Comandantes de Fuerza no podemos emitir opinión política ni mucho menos firmar un documento que la contenga". El Ministro no me contestó.

Terminaron las entrevistas y se procedió a la reunión del Alto Mando. Estaban presentes. el Ministro de la Defensa General Antonio Briceño Linares, el Jefe del Estado Mayor Conjunto Contralmirante Luis Croce Orozco, el Comandante del Ejercito General Pedro José Quevedo, el Comandante de la Marina el Comandante de la Aviación General Francisco Miliani Aranguren, y el Comandante de la Guardia Nacional General Carlos Luis Araque. También estaba presente el Secretario doctor Germán Balda Cantisani. Después de instalada la reunión, el Ministro toma la palabra y lee el documento, presentándolo a consideración del Alto Mando y pregunta: "¿Qué opina el Ejército?". Su Comandante responde: "El Ejército aprueba el memorándum". El Ministro se voltea hacia mí y me interroga: "¿qué opina la Marina?". Le contesto: "La Marina no opina, pide que ese memorándum le sea consignado por escrito al Comando para emitir su opinión por escrito". Se suspendió la reunión, no supe la suerte del pliego en cuestión.

DEL EJERCICIO DE MI COMANDO

Para informar fielmente a los lectores cómo ejercí mi Comando, tengo que transcribir algunos documentos que se produjeron durante mi estadía en la Comandancia. Sin embargo, como es natural, no transcribiré ningún documento donde se involucren planes y/o conceptos que sólo deban ser del conocimiento de las Fuerzas Armadas. Solo veremos los oficios, memorandos y radiogramas que no tengan importancia militar.

A continuación voy a transcribir el Decreto 288 de la Junta de Gobierno ya que lo considero un instrumento legal de suma importancia para el desarrollo de las FAN y su transformación en una Institución que elimine la concentración de poder en la cúpula militar y modere la herencia caudillesca antirepublicana que tanto mal le ha hecho a Venezuela.

DECRETO NÚMERO 288 - 27 DE JUNIO DE 1958
LA JUNTA DE GOBIERNO DE LA REPUBLICA DE
VENEZUELA,

En uso de las facultades que le confiere su Acta Constitutiva y en Consejo de Ministros,

CONSIDERANDO:

Que como consecuencia de las experiencias obtenidas durante los últimos diez años en el gobierno, mando y organización de las Fuerzas Armadas, ha quedado demostrado que el otorgamiento de extensivos poderes a un único organismo supremo para la administración y el empleo conjunto de las mismas, ha conducido a la Institución Armada a depender de la voluntad impuesta por un también único criterio que, anulando la capacidad de los Comandos de Fuerzas, llega a desvirtuar el sentido institucional y técnico de los organismos militares de la Nación;

CONSIDERANDO:

Que es imprescindible crear un equilibrio estructural entre las Fuerzas Armadas que permita establecer organismos de planeamiento conjunto que representen en igualdad de condiciones a las fuerzas de tierra, mar y aire;

CONSIDERANDO:

Que de acuerdo con los preceptos de la guerra moderna las Fuerzas Armadas requieren una completa comunidad de principios y procedimientos, basada en una unidad de doctrina elaborada y periódicamente revisada por los organismos especializados de tierra, mar y aire y de común acuerdo, pero con completa autonomía para resolver los problemas particulares de cada uno de ellos según sus doctrinas individuales y en función de los medios de operación, condiciones de vida, necesidades logísticas y demás factores no comunes a los demás;

CONSIDERANDO:

Que el actual Estado Mayor General de las Fuerzas Armadas no reúne, por su organización, las condiciones y características necesarias para cumplir eficientemente con la misión que corresponde a un organismo superior para el planeamiento conjunto de la defensa y la seguridad militar del país, ya que dicho Estado Mayor General no integra una representación de elevada jerarquía de cada una de las Fuerzas;

CONSIDERANDO:

Que el actual concepto de partidas presupuestarias globales para las Fuerzas Armadas no se ajusta a la realidad administrativa de cada una de ellas,

DECRETA:

Artículo 1°: Se elimina el Estado Mayor General de

las Fuerzas Armadas.

Artículo 2°: Se crea el Estado Mayor Conjunto de las Fuerzas Armadas, con la organización, composición y atribuciones que serán determinadas por reglamentación especial aparte.

Artículo 3°: Las actuales Comandancias de Fuerzas se denominarán, en lo sucesivo, Comandancia General del Ejército, Comandancia General de la Marina, Comandancia General de la Aviación y Comandancia General de las Fuerzas Armadas de Cooperación.

Artículo 4°: Los Comandantes Generales del Ejército, la Marina, la Aviación y las Fuerzas Armadas de Cooperación ejercerán el mando, organización, administración e instrucción de sus respectivas Fuerzas y darán cuenta al Ministro de la Defensa.

Artículo 5°: Dispóngase lo conducente para que en el Presupuesto del Ministerio de la Defensa estipulado en la Ley de Presupuesto General de Ingresos y Gastos Públicos de la Nación figuren, en capítulos separados, los presupuestos de cada uno de los Comandos Generales de Fuerzas.

Artículo 6°: Se derogan todas las disposiciones contrarias a las del presente Decreto.

Artículo 7°: Los Ministros de Hacienda y de la Defensa quedan encargados de la ejecución del presente Decreto.

Palacio de Miraflores, en Caracas, a veintisiete de junio de mil novecientos cincuenta y ocho. Año 149° de la Independencia y 100° de la Federación.

La Junta de Gobierno, (L.S.) Contralmirante WOLFGANG LARRAZÁBAL, Presidente; EDGAR SANABRIA; CARLOS LUIS ARAQUE, Coronel; PEDRO

JOSE QUEVEDO, Coronel; ARTURO SOSA, hijo. El Ministro de Relaciones Interiores, NUMA QUEVEDO; Ministro de Relaciones Exteriores, RENE DE SOLA; El Ministro de Hacienda, JOSE ANTONIO MAYOBRE; El Ministro de la Defensa, JESUS MARIA CASTRO LEON, Coronel; El Ministro de Fomento, JUAN ERNESTO BRANGER.

EL DECRETO 288

Como verán los lectores a lo largo de mi exposición, la Marina se ajustó estrictamente al contenido de esa ley de la República. Por un lado el Decreto fue para mi un faro guía que iluminó hacia arriba y me permitió luchar y en muchos casos iluminar las pequeñeces humanas que habitaban en el Ministerio de la Defensa; y por el otro lado, fue una bandera que sirvió de ejemplo para que en la cadena de comando, cada cual asumiera los deberes y responsabilidades de su cargo a plenitud. En los anexos está reproducida la historia menuda de la concepción de ese decreto, publicada en la Revista Bohemia el día 19 de junio del año 1978 N° 795.

Como comenté anteriormente, el Decreto 288 que consagraba la autonomía de las cuatro Fuerzas, entre ellas la Marina, no era del agrado ni del Ministro de la Defensa, ni de muchos oficiales del ejército que añoraban lo que uno mismo de ellos calificaba de dictadura del Ejército sobre las otras Fuerzas. Esta situación iba en perjuicio del propio Ejército ya que antes de la promulgación del 288, los Comandantes de la Marina, de la Aviación y de la Guardia Nacional tenían más autonomía que el propio Comandante del Ejército. Al Ejército lo comandaba, hasta el más mínimo detalle, el Jefe del Estado Mayor General, quien era un oficial del Ejército. Esto era a tal punto, que el envío de los uniformes a los soldados de una escuadra del Ejército acantonada en algún lugar del Estado Apure, era función de la Cuarta Sección del Estado Mayor General.

Las interferencias del Ministro en los asuntos

administrativos de las Fuerzas era una constante y se manifestaba de diversas maneras. Una de ellas, por ejemplo, fue una decisión del Director de Administración del Ministerio de la Defensa, quien naturalmente por orden del Ministro y sin consultar a la Marina, dispuso arbitrariamente de algunos recursos económicos incluidos en el presupuesto de la Marina, los cuales estaban ya comprometidos en gastos secretos de esta Fuerza. La reacción de mi Comando fue enviar al Contralor General de la República, la comunicación N° 940 del 15 de enero de 1964. Léanla:

Tengo el agrado de dirigirme a usted para formularle los siguientes planteamientos:

En días pasados, la Dirección de Administración de esta Comandancia General, recibió una notificación telefónica, en donde nos informan que por insuficiencia de fondos, están retenidos en su Despacho 10 proyectos de compra, los cuales fueron cursados ante esa Contraloría con carácter secreto por un monto de Bs. 938.421,94. El motivo de dicha retención obedece a que de acuerdo con los datos de la I Sección, las disponibilidades de la Marina por la Partida 50 solamente alcanzan a Bs. 559.900,19.

Al efectuar una revisión, se ha encontrado que la disponibilidad de esta Comandancia General por tal concepto es de Bs. 1.059.900,19, y al llevarse a cabo la conciliación de la cuenta respectiva se ha encontrado que la diferencia consiste en la Orden Especial de Pago N° 6686 que el Ministerio de la Defensa emitió contra los fondos de la Marina, Capítulo II, Partida 50 por Bs. 500.000,00.

Al mismo tiempo, al practicarse la revisión de la Partida N° 20 se encontró con que dicho Ministerio también emitió la Orden Especial de Pago N° 6683 por Bs. 515.400,00, contra las disponibilidades presupuestarias de la Marina.

Ambas erogaciones fueron efectuadas por el Ministerio de la Defensa contrariando el contenido del Decreto N° 288 de la Junta de Gobierno de fecha 27 de Junio 58, por cuanto no existe ni autorización, ni conocimiento en tal sentido por parte de esta Comandancia General.

En virtud de lo expuesto, esta Comandancia General no

considera procedente que la emisión de las citadas Ordenes Especiales de Pago Nos. 6686 y 6683 impidan el curso normal de los proyectos de compra y compromisos tramitados por la Marina, haciendo uso de las disponibilidades de su presupuesto ordinario.

Dios y Federación. Ricardo Sosa Ríos. Contralmirante

Tan pronto el Contralor recibió mi comunicación, me llamó por teléfono. Mi planteamiento debidamente razonado creaba un conflicto entre la Contraloría y el Ministerio de la Defensa. Yo no estaba interesado en saber cómo la Contraloría lo abordaría. Mi posición era una sola: a la Marina había que restituirle el dinero de la partida, *que ilegalmente* había sido dispuesto por la administración del Ministerio de la Defensa. Eran disponibilidades de la Dirección de Ingeniería y el Capitán Pérez Leefmans me había hecho una exposición sobre los inconvenientes que eso causaría. La Marina tenía ese dinero comprometido y no había otra solución. Me llamó el Ministro de Hacienda, le informé lo que pasaba.

El Decreto 288 es terminante al definir el presupuesto de las Fuerzas por "Capítulos separados aparte". Para modificarlo sólo se puede hacer con la autorización del Congreso Nacional; y en el caso de tratarse de la modificación de una Partida, tendrá que tener la autorización del Gabinete Ejecutivo. El Ministro de la Defensa no puede pasar por encima de una ley de la República como lo es la Ley de Presupuesto de Rentas y Gastos Públicos. Mi posición era irreductible; o le restituían el dinero a la Marina o planteaba el caso al Congreso Nacional. El dinero fue restituido. El Ministro de Hacienda estaba de acuerdo en mis planteamientos. El Comandante en Jefe de las Fuerzas Armadas también. Mi reconocimiento al Dr. José Antonio Mayobre, venezolano de una sola pieza, baluarte firme de la democracia venezolana.

La injerencia del Ministerio de la Defensa en los asuntos de la Marina era frecuente, es la eterna historia, los Ministros de la Defensa quieren también ser los Comandantes de cada una de las Fuerzas. En vez de dedicarse a resolver los grandes problemas políticos que han existido desde siempre en las

Fuerzas Armadas, los Ministros se entrometen en el día a día de las Fuerzas en un intento de micro gerenciar los asuntos que realmente no le competen. No se dan cuenta que mientras más alta está la autoridad de cada uno los comandantes de Fuerza, más alta está la autoridad del Ministro de la Defensa.

El Ministro de la Defensa toma medidas que no sólo lesionan la autoridad del comandante, sino que violan la ley, pues el Decreto N° 288 es ley de la República. Pero también lesiona la majestad del mando con atropellos a los oficiales. El memorándum de protesta que envié al Ministro en el caso del Teniente de Navío Jesús Taborda Romero se explica por sí solo. Leamos el Memorándum:

Tengo a honra dirigirme a usted, en la oportunidad de informarle que el día 15 de los corrientes, alrededor de las 20:30 horas, se presentó en la sede de este Comando el ciudadano Valentín Rodriguez, Oficial Clase "A" del Servicio de Información de las Fuerzas Armadas (SIFA), conduciendo en calidad de detenido al Teniente de Navío Jesús Taborda Romero.

El procedimiento adoptado por el SIFA para trasladar al citado Oficial quebranta arraigados principios consagrados en la institución militar y enerva las normas consuetudinarias que siempre se han mantenido en el seno de nuestras Fuerzas Armadas, pues, no escapará a su criterio, que los detenidos militares deben ser conducidos por personal militar de mayor jerarquía. Esto ha sido rigurosamente observado por el Comando y en cada ocasión en que se ha tenido que enviar a un Oficial al SIFA u otro lugar con el carácter de detenido, se ha dispuesto, en acatamiento a los principios y prácticas aludidas, que sea acompañado por otro oficial de mayor graduación o antigüedad. También cumplo con el deber de comunicarle que el prenombrado oficial fue enviado a esta Comandancia sin comunicación alguna.

Como lo informado constituye una anomalía que vulnera la moral e integridad del personal militar dentro de la

Institución, ruégole impartir instrucciones para que el hecho sea investigado, pidiéndole además, muy respetuosamente, dicte las providencias que juzgue necesarias para evitar que en lo sucesivo el SIFA o cualquier otro órgano del Despacho incurra en tales actos, que como usted comprenderá, podrían afectar las bases disciplinarias y fundamentos éticos de los Comandos y en general de nuestras Fuerzas Armadas. Dios y Federación. Ricardo Sosa Ríos. Contralmirante

CASOS Y COSAS

Primer caso: El día 10 de octubre del año 1962, recibo la orden del Ministro de la Defensa para que el Contralmirante Daniel Gámez Calcaño, Jefe del Estado Mayor Naval, "se fuera para abajo", al Comando de la Infantería de Marina. Nuevamente tengo que fijar mi posición como Comandante de la Marina en resguardo de la moral de mis subalternos y le envié al Ministro la comunicación N° 18441 del 10 de octubre de 1962. Leamos:

Con el propósito de que pueda colaborar en la solución de los problemas atinentes a la Marina, me dirijo a usted en su carácter de Ministro de la Defensa, ya que creo que es mí deber informarle que en el desempeño de las delicadas funciones que le están atribuidas, la orden por usted impartida, en relación al caso en cuestión, está creando circunstancias inconvenientes para la administración de la Fuerza que comando.

En cumplimiento de la orden impartida por usted, di instrucciones al Contralmirante Daniel Gámez Calcaño, Jefe del Estado Mayor Naval, para que "se fuera para abajo" al Comando de la Infantería de Marina en Catia La Mar, donde permanece en acatamiento a la orden recibida. Esto, por los informes llegados a mí, ha creado en el seno de la Infantería de Marina, desasosiego, duda e inquietud, porque los oficiales conocedores de la organización y de su comando, se preguntan por qué si estando el Contralmirante Armando López Conde como comandante titular de la Infantería de Marina, es enviado al litoral el nombrado Jefe del Estado Mayor Naval. Además de ello y en torno a esto, los oficiales se hacen reflexiones que podrían afectar la confianza y tranquilidad que se aspira mantener en las Fuerzas Navales. Le repito, señor Ministro que la "ida para abajo" al Comando de la Infantería de Marina del Contralmirante Gámez Calcaño ha motivado desasosiego duda e inquietud.

No escapará a su alto criterio que el Contralmirante Armando López Conde, fue recientemente reincorporado como titular del Comando de la Infantería de Marina, por considerarse que estaba en plenas condiciones físicas y profesionales para desempeñar el cargo; y que por esta certeza el propio Contralmirante López Conde me ha manifestado su desagrado y desconcierto por la medida adoptada de enviar a la sede de su Comando, otro oficial almirante de su misma promoción y antigüedad.

Señor Ministro, la información que aquí le suministro, en mi condición de Comandante General de la Marina, obedece al deseo que tengo de hacerle llegar a usted, un reflejo fiel de los resultados y consecuencias positivas o negativas, que se deriven de las órdenes dictadas o de cualquier acto del servicio que en función de mando se produzcan en el ámbito de la Institución. Ricardo Sosa Ríos. Contralmirante

Segundo caso: El 28 de marzo de 1960 el Instituto de Previsión Social de las Fuerzas Armadas (IPSFA) le concede un préstamo por CUARENTA MIL BOLÍVARES al doctor Raymundo París del Gallego, Consultor Jurídico de la Fuerza Aérea, con la fianza del General Antonio Briceño Linares, quien se constituyó en fiador solidario y principal pagador del mencionado compromiso. El doctor París del Gallego fue un excelente profesional al servicio de la Fuerza Aérea, buen amigo de las Fuerzas Armadas en general y para la Marina siempre tuvo especial deferencia.

El Consejo Directivo del IPSFA esta conformado por el Ministro de la Defensa, que lo preside, los cuatro comandantes de Fuerza y el Presidente del Instituto. Al estar yo al frente del Comando General de la Marina, asisto a una reunión del Consejo donde la contraloría interna del Instituto presenta el problema del vencimiento del préstamo concedido al Dr. París. En ese momento manifesté la ilegalidad del préstamo mediante un razonamiento simple. El doctor Raymundo París del Gallego no era arte ni parte de las Fuerzas Armadas; no cotizaba al Instituto por no estar afiliado y por lo tanto no podía gozar de sus beneficios.

En esa misma reunión se trata la adquisición de un computador para modernizar la contabilidad del IPSFA. El Presidente del Instituto expone sus razones y después de largas discusiones se aprueba que cada Fuerza traiga, para la próxima reunión, sus puntos de vista debidamente razonados. Y así se hizo. Me asesoré con personal calificado en esa materia, consulté diversas fuentes y se elaboró un informe técnico donde la opinión de la Marina era adversa a la compra de ese equipo, el cual tenía un valor sustancial de siete cifras. La Marina opinó que en vista que cada una de las cuatro Fuerzas estaban en proceso de mecanización de su respectiva administración, se debería nombrar una comisión para que estudiara la conveniencia de llevar el proceso de las cuatro Fuerzas en forma coordinada hasta el Instituto de Previsión de las Fuerzas Armadas, de manera tal, que no se cuadruplicara la contabilidad en el Instituto. El proceso se manejaría de tal forma que cada Fuerza supliría, para control del Instituto, toda la información requerida para mecanizar su contabilidad.

No supe más de la suerte que corrió la adquisición de tal computador. Los empleados del Departamento de Contabilidad del IPSFA sí la saben. A pesar de la opinión negativa de los comandantes de Fuerza, manifestada por la necesidad de compatibilizar la información entre las Fuerzas y el IPSFA, como acordado en una anterior reunión, el computador fue adquirido. ¡Cosas del Ministro!

Tercer Caso: El trabajo tesonero de hormiguita que

se hace en el Ministerio de la Defensa para acabar con la autonomía de las Fuerzas sigue su camino, la meta es concentrar de nuevo en La Planicie todo el poder militar, no solo en las únicas manos del Ministro, sino en un grupo. Por eso se revive y aumenta la burocracia militar al activarse el cargo de Inspector General de las FAN

Por acuerdo de los Comandantes de Fuerza, habíamos convenido en dejar vacante el cargo de Inspector General de las Fuerzas Armadas y que cada Fuerza designara su Inspector. Es más lógico, más realista, más funcional ya que un Inspector debe conocer todo lo relacionado con la Fuerza que va a inspeccionar, conocer sus planes y tener contacto profesional con las unidades. Por otro lado, realizar inspecciones a una Fuerza por un Inspector que no sea un profesional de ella, sólo se circunscribe a recibimientos ostentosos, declaraciones de prensa y cócteles para agasajarlo. Fue por eso que acordamos que la presencia permanente de un Inspector en cada Fuerza rendiría mejor beneficio profesional al Comandante de cada una de las Fuerzas y le permitiría estar informado al día del desarrollo de los planes en ejecución por los Comandos subordinados.

La creación de altos cargos a nivel del Ministerio de la Defensa sin una justificación organizacional, tiene como objetivo el abrir una plaza que permita sacar a un oficial antiguo de su Fuerza para dejar paso a otro menos antiguo. Esos altos cargos en el Ministerio de la Defensa son como una guarimba para oficiales antiguos que han sido preteridos en los cargos de su Fuerza y no se pueden subordinar a uno menos antiguo. La política del Ministerio de la Defensa juega a su capricho con la antigüedad de los Oficiales de las Fuerzas Armadas; ejemplos de esta situación hay muchos.

Cuarto caso: La intromisión del Ministro es persistente, y no pierde oportunidad para imponer su pretendida situación de mando en la Marina. Tal el caso de la convocatoria para que yo asistiera a una reunión con los miembros de la Comisión Permanente de Finanzas de la Cámara de Diputados, solicitada en oficio N° 314 del 27 de junio de 1963, es otro ejemplo de la constante intromisión del Ministro de la Defensa. Yo siempre me he preguntado de donde sacaba tiempo el Ministro para ocuparse de los deberes de los demás. La respuesta debería ser que no se ocupaba de los realmente suyos. Veamos la comunicación N°12342 del 01 de julio de 1963 que le envié al Ministro y su respuesta posterior:

Con fecha 27 de Junio último, recibí el Oficio N° 314, procedente de la Presidencia de la Cámara de Diputados, mediante el cual se me invita a concurrir a una reunión el próximo Martes 2 de Julio con los miembros de la Comisión Permanente de Finanzas de dicha Cámara, a objeto de tratar lo referente a la solicitud del crédito adicional, formulada por el Ejecutivo Nacional, destinado al Capítulo II Comandancia General de la Marina, del Ministerio de la Defensa, según tenor de la comunicación mencionada, cuya copia fotostática remito anexo para los fines que crea conveniente.

En acatamiento al mandato estatuido en el Artículo 160 de la Constitución de la República, compareceré en mi carácter de Comandante General de la Marina a la citación formulada por el Presidente de la prenombrada Cámara.

El Artículo invocado en la parte pertinente establece que "Todos los funcionarios de la administración pública y de los institutos autónomos están obligados, bajo las sanciones que establezcan las leyes, a comparecer ante ellos y a suministrarles las informaciones y documentos que requieran para el cumplimiento de sus funciones".

Además de lo expresado, he considerado que, siendo funcionario de la administración militar, que es parte de la Administración Pública, conforme a lo preceptuado en el Artículo 395 de la Ley Orgánica de las Fuerzas Armadas Nacionales, estoy obligado a atender el requerimiento que se me ha hecho en la correspondiente reseña. Dios y Federación. Ricardo Sosa Ríos. Contralmirante.

La respuesta del Ministro no se hace esperar y me arriba el 2 de julio con el Oficio N° 2008. Leámoslo:
Tengo el agrado de avisarle recibo de su atenta

comunicación N° 12342 de fecha primero del presente mes donde me participa que ha sido invitado a concurrir a una reunión con los miembros de la Comisión Permanente de Finanzas de la Cámara de Diputados para tratar lo referente a la solicitud de Crédito Adicional, formulada por el Ejecutivo Nacional, destinado al Capítulo II Comandancia General de la Marina del Ministerio de la Defensa.

Como contestación, me permito manifestarle que lo autorizo a comparecer ante dicha Comisión debiendo su intervención atenerse exclusivamente, al contenido de la exposición de motivos que sobre la materia presentó este Ministerio ante el de Hacienda, la cual le remito en copia anexa.

Cualquier otra información que le sea requerida por los miembros de dicha Comisión sólo puede ser suministrada por mí en mi condición de más alta autoridad que me otorga el Art. 55 de la Ley Orgánica de las Fuerzas Armadas Nacionales en concordancia con el Artículo 396 Ejusdem que me atribuye la acción directa, fiscalizadora y ejecutiva de la administración militar y naval. Dios y Federación. Antonio Briceño Linares

La contestación del Ministro no puede ser más incongruente, y su contenido refleja claramente que la posición del Ministro de la Defensa en relación al decreto 288 es que *lo masca pero no lo traga*. El Ministro cita los Artículos 55 y 396 de la Ley Orgánica de las Fuerzas Armadas Nacionales, pero no quiere reconocer que existe una Ley de la República, el Decreto 288, que concede la autonomía a las Fuerzas. Tampoco quiere reconocer la autoridad del Presidente de la Cámara de Diputados. El oficio de la Comandancia de la Marina es muy claro, yo no le estoy pidiendo permiso para algo que es mi obligación constitucional. Desde la majestad y alta jerarquía de un Ministro, no se puede manejar las suposiciones que expresa en su último párrafo.

Quinto caso: El Diario "La Esfera" del día viernes 14 de Febrero del año 1963, página 5, publica un editorial que hace que el señor Ministro de la Defensa envíe una carta a ese diario que en uno de sus párrafos dice: `Existen deudas ocasionadas por sobregiro correspondiente a la Comandancia General de la

Marina en las cuales se incurrió por errónea interpretación del mencionado Decreto N° 288 a raíz de su promulgación el 27 de Junio de 1958, pero ese anómalo proceder se viene corrigiendo a partir del primer semestre de 1962, cuando se comenzaron a evidenciar procedimientos incorrectos".

¿Acaso los procedimientos incorrectos fueron culpa del Decreto 288? Si los procedimientos incorrectos que se han sucedido en el Ministerio de la Defensa se le achacaran a la Ley Orgánica de las Fuerzas Armadas Nacionales, ¿qué habría que hacer?

LA REPARACIÓN DEL DESTRUCTOR "ARAGUA"

Durante mi ejercicio del Comando me tocó realizar el proyecto para la reparación al destructor "Aragua". La Dirección de Ingeniería se encargó de hacer todo el planeamiento técnico y la Consultoría Jurídica trabajó en la elaboración del contrato con la empresa Vickers Armstrong. El Estado Mayor Conjunto (EMC), que es el órgano asesor del Ministro de la Defensa, está informado de todo lo que la Marina planeaba. El 2 de marzo de 1964, el Capitán de Navío José Vicente Azopardo, jefe de la División de Logística del E.M.C, le rinde el informe N° J-117 al Jefe del Estado Mayor Conjunto que a la letra dice:

Tengo el honor de dirigirme a usted, a fin de rendirle el siguiente Informe en relación a la reparación del Destructor "Aragua" en Inglaterra.
La reparación del Destructor "Aragua" en Inglaterra, se refiere a un reacondicionamiento estructural que no puede hacerse en los Estados Unidos de América. La Marina ha solicitado cotización a los astilleros americanos, pero éstos no han podido suministrarlo ya que han tenido dificultad en lograr, de los astilleros ingleses, los planos y diseños necesarios para dicho trabajo.

En el convenio crediticio 1962-63, la Marina contempló la suma de $USA 700.000,00 para la modernización de algunos equipos electrónicos del destructor "Aragua". Esto consiste en el cambio de radares e instalación de un sonar panorámico. Estos trabajos si se van a efectuar en los Estados Unidos tan pronto el buque sea modificado estructuralmente en Inglaterra.

Los motivos que han impulsado a la Marina a sugerir que los trabajos estructurales sean efectuados por la VICKERS ARMSTRONG, se debe a que dicha firma fue la que construyó este buque y por consiguiente, posee todas las instalaciones, planos, diseños y operarios calificados en este tipo de unidad. Por otra parte, hace dos años, la VICKERS ARMSTRONG hizo la modificación de los destructores "Nueva Esparta" y "Zulia" y hasta el momento han dado buenos resultados.
Firmado José Vicente Azopardo. Capitán de Navío.

El Ministro quiere seguir intentando comandar la Marina y hace caso omiso a la recomendación del Estado Mayor Conjunto, su órgano asesor. Así, me envía, siete días después de recibir la recomendación del Estado Mayor Conjunto, el Oficio N° 545 de fecha 9 de Marzo de 1964, que para un lector avezado tiene que generar suspicacias. El oficio dice:
Tengo el agrado de dirigirme a usted en relación con la tramitación que se realiza para efectuar la reparación del destructor "Aragua" y a los fines pertinentes le informo lo siguiente:
Por órgano de la Agregaduría Naval en Inglaterra se ha verificado que además de la Compañía Vickers, los siguientes astilleros:

1. RYE ARC LTD.
2. YARROW CO. LTD.
3. SWAN HUNTER
4. CAMMEL LAIRD
5. SAMUEL WHITE
6. TORNICROFT

Están capacitados física y técnicamente para efectuar la reparación del destructor "Aragua" conforme a las especificaciones de trabajo elaboradas por el Departamento de Ingeniería de esa Comandancia, poseyendo además muy buena reputación comercial y también el respaldo del Almirantazgo Británico.

Por consiguiente, sería conveniente y recomendable, en resguardo de los intereses de la Marina, solicitarles cotización para los trabajos, y establecerles que la inspección del buque será en puertos venezolanos a expensas de la Compañía, o darles la alternativa de efectuar sus cálculos en base a planos y suministrarles los mismos si así lo prefieren.

Este procedimiento se ajusta mejor a las normas y requisitos de la Contraloría General de la República, que el adoptado actualmente por esa Comandancia.

Dios y Federación. Antonio Briceño Linares

Tengo forzosamente que hacer un comentario al segundo párrafo de ese oficio donde dice: "por órgano de la Agregaduría Naval en Inglaterra se ha verificado que además de la compañía Vickers, los siguientes astilleros...." No por simple coincidencia allí figura un nombre, el N° 4, Cammel Laird, al cual, después que yo salí de la Marina, le fue concedido un contrato para la reparación del destructor "Zulia" y de 2 destructores Clase Clemente. La prensa se hizo eco de ese contrato, firmado con una empresa que no tenía residencia en Venezuela. No necesito comentar más nada, los oficiales verdaderamente profesionales de la Marina lo saben todo.

En el último párrafo del oficio en cuestión, el Ministro emite opiniones y consejos técnicos que dan la impresión que el Comando General de la Marina está desempeñado por un zapatero y califica su opinión como la mejor, en resguardo de los intereses de la Marina. ¿Acaso no sabía el Ministro que en la Dirección de Ingeniería de la Marina estaba un oficial brillante, el Capitán Pérez Leefmans, calificado profesional y moralmente para el cargo? ¿Acaso ignoraba el Ministro que el Capitán de Navío José Vicente Azopardo, jefe de la División de Logística del Estado Mayor Conjunto, precisamente su órgano asesor, también era un oficial altamente calificado al igual que Pérez Leefmans? ¿Qué es lo que había en el fondo de todo esto? No creo que fuese nada oficial. El oficio N° 545 del

Ministro parecía escrito por alguien que conocía bien de los asuntos navales y que tenía intereses particulares en el proyecto de reparación del destructor Aragua. Lo que me sorprende es la desfachatez del Ministro que no tiene remilgos para tomar posiciones sospechosas de su rectitud. Se cree un jefe por encima del bien y del mal.

Los hechos demuestran que en el Ministerio de la Defensa existía una resistencia activa y subterránea para torpedear el Decreto 288, y de paso para también satisfacer intereses personales de carácter crematístico.

Pero este caso tuvo otro piquete que pretendía que la reparación del "Aragua" siguiera dando vueltas en el mismo sitio sin concretarse, a la espera, tal vez de mi salida de la Comandancia. Para ello llega una orden verbal del Ministerio objetando la póliza de seguro incluida en el contrato de reparación y modificación del destructor "Aragua". A este punto yo no podía pensar otra cosa diferente a que el Ministro estaba torpedeando un contrato de la Marina para satisfacer algunos intereses personales que iban en contra de la Institución. La orden verbal se la contesto en Oficio N° 10874 de fecha 14 de mayo de 1964 que a la letra dice:

Tengo a honra dirigirme a usted, con ocasión de manifestarle, que en cumplimiento a las instrucciones verbales que recibí con respecto al Contrato a celebrarse entre el Ejecutivo Nacional y la Vickers Armstrong (Shipbuilders) Venezolana, S. A., sobre los trabajos de reparación del Destructor A.R.V. "ARAGUA", este Comando realizó las gestiones correspondientes para que el seguro a que se refiere la Cláusula Décima Octava se negociara con Horizonte Compañía Anónima de Seguros.

Al respecto, le informo que solicitada la cotización respectiva a la nombrada Compañía Horizonte, se observa que el valor de la prima global alcanza a la cantidad de Bs. 138.915,00 como se evidencia en la comunicación emanada de la citada empresa, que en copia fotostática le acompaño. Esto significa que de formalizar la negociación con Horizonte

Compañía Anónima de Seguros, la Nación Venezolana por órgano del Ministerio de la Defensa, pagaría un sobreprecio de Bs. 75.915,00, porque el monto previsto en la Cláusula Décima Octava del Contrato es por la cantidad de Bs. 63.000,00, lo cual a mi juicio traduce una evidente economía para el Estado.

Le adjunto copia fotostática de la comunicación que el representante de la Vickers-Armstrong dirigió a este Comando, en relación con este asunto. En ella se aprecia la diferencia anotada.

En el párrafo sexto de la citada correspondencia, se manifiesta que en el caso de que se anule la Cláusula Décima Octava, la Vickers Armstrong propone que se anule también la Cláusula Décima Séptima, referida a la guardia y custodia del destructor por parte de la Compañía mencionada, desde la fecha en que éste le sea entregado por "EL MINISTERIO" en los astilleros Palmers Hebburn Works, hasta su entrega

Creo ciudadano Ministro, que no obstante el deseo de usted, compartido por mí, en el sentido de que dicho Seguro se le otorgara a Horizonte C. A., es conveniente a los intereses de la Nación y por ende al Despacho a su digno cargo, que se mantenga la vigencia de la Cláusula Décima Octava que prevé la cobertura requerida, por cuanto es notorio que representa mayor economía al Fisco Nacional.

Por otra parte me permito manifestarle que la cantidad de Bs. 63.000,00 que se pagaría conforme a la Cláusula Décima Octava, se halla prevista en el presupuesto correspondiente a los trabajos que se le efectuaran al destructor, aprobado ya por la Contraloría General de la República.

Por lo antes expuesto, le sugiero firmar el Contrato en la forma propuesta, por convenirle más a la Nación.

Siguiendo sus instrucciones, en la Cláusula Octava se sustituyó la expresión "Comando General de la Marina". Dios y Federación. Ricardo Sosa Ríos. Contralmirante

También ante esa orden verbal, el Comando de la Marina se dirigió a los representantes de la Vickers Armstrong, los Servicios Circa, C. A., compañía legalmente establecida en Venezuela, para que informara más detalladamente sobre el seguro contemplado en el contrato de reparación y modificación del Aragua. La contestación de la compañía Servicios Circa, de fecha 12 de mayo de 1965 dice:

Tenemos el honor de dirigirnos a esa Comandancia, en relación con sus instrucciones de investigar el asunto del seguro del destructor A.R.V. "Aragua" con la C. A. de Seguros Horizonte, durante su estadía en los astilleros Palmers Hebburn Works sobre el río Tyne en Newcastle, Inglaterra

Adjunto tenemos el placer de entregar a esa Comandancia el original de la cotización de fecha 12 de Mayo de 1964, recibida hoy de dicha compañía de seguros.
De la cotización podrá esa Comandancia apreciar que la rata cotizada es de 0.735%, o sea la suma de L. 11.025,00 sobre el valor total a ser cubierto de L. 1.500.000,00

La cotización sometida ante esa Comandancia según carta de nuestros representados Vickers-Armstrong (Shipbuilders) Ltd., de fecha 3 de Enero de 1964, es de L. 5.000,00 por el valor asegurado de L. 1.500.000,00, que cubre todo riesgo hasta donde sea legalmente posible asegurarlo, por la duración de los trabajos, de acuerdo con la Cláusula Décima Séptima y Décima Octava del Contrato, o sea el 0,33333%.

Por consiguiente la cotización de nuestros representados es más económica hasta por la cantidad de L. 6.025,00

En caso de que esa Comandancia decida que el seguro en cuestión sea arreglado con la C. A. de Seguros

Horizonte, les rogamos que dicho seguro sea negociado directamente por el Ministerio de la Defensa, y que la Cláusula Décima Séptima del Contrato sea modificada y la Cláusula Décima Octava anulada. Las instrucciones a este efecto pueden ser dadas a nosotros por oficio del Ministerio de la Defensa, y el valor cotizado, o sean L. 5.000.00 por el seguro en cuestión, será abonado al Ministerio de la Defensa.

A la espera de sus instrucciones al respecto, nos suscribimos muy atentamente
B. C. Blechingberg. Servicios Circa C.A.

La solicitud de cotización a Seguros Horizonte se realizó solo para complacer el empeño del Ministro en que fuera a esa Compañía que se le diera el seguro. Pero la causa de la oposición no era esa. El interés real del Ministro era el de retardar la firma del contrato para satisfacer otros intereses. La estrategia era la de generar objeciones, una tras otra. Leamos la contestación de Seguros Horizonte de fecha 12 de mayo de 1964:

Muy señores y amigos nuestros:
Por medio de la presente confirmamos a ustedes que podemos emitir una póliza de seguro cubriendo todos los riesgos (inclusive huelga, motín, conmoción civil y daños malintencionados) al destructor A.R.V. "Aragua" mientras se encuentre en los Astilleros Palmers Hebburn Works de la Vickers Armstrong (Shipbuilders) Ltd. de Londres, situado sobre el Río Tyne en Gran Bretaña, en proceso de reparación y modificaciones.

Por el referido seguro que se establecería por todo el período de estancia de la mencionada nave en los Astilleros descritos, les cobraríamos una prima global única de: Bs. 138.915,00 (Ciento treinta y ocho mil novecientos quince bolívares) o sea una rata global de 0,735% aplicable sobre los Bs. 18.900.000,00 (Libras Esterlinas 1.500.000,00 a 12,60) valor estimado del buque.

En espera de sus gratas noticias e instrucciones

correspondientes para la emisión de la póliza quedamos de Uds. atentos seguros servidores y amigos.

Dr. Luis Hernández Alarcón. Gerente General. Horizonte Compañía Anónima Seguros.

Para poner fin al proceso de tan discutido contrato por parte del Ministerio de la Defensa y decirle *al pan pan y al vino vino,* envié al Ministerio de la Defensa el Oficio N° 11712 de fecha 25 de Mayo. El ministro Briceño ya había entregado cargo. Veamos:

Tengo a honra dirigirme a usted, en la oportunidad de referirme al oficio indicado en la referencia, firmado por el General de Brigada Antonio Briceño Linares a escasos tres días antes de haber hecho entrega del Despacho, con respecto a los trabajos de reparación del destructor "Aragua" por la Compañía Vickers-Armstrong (Shipbuilders) Venezolana, S. A. En el mencionado oficio recomienda, luego de hacer inapropiadas observaciones, adoptar un procedimiento que se "ajuste mejor" a las "normas y requisitos de la Contraloría General de la República", porque presumía que el seguido por la Comandancia General de la Marina no era el adecuado.

Concluido el trámite de la celebración del Contrato con su firma, después que usted, ciudadano Ministro y sus órganos técnicos lo analizaron, quiero ratificar que una de las causas determinantes para que se seleccionara a la Vickers-Armstrong para efectuar los trabajos de reparación, fue que esa empresa construyó la citada Unidad, poseyendo como es lógico inferir, los diseños, planos y los técnicos especializados en las características de este tipo de buque. Además de ello, los resultados de los trabajos efectuados en sus astilleros a los destructores "Nueva Esparta" y "Zulia", en el curso de los dos años precedentes, fueron satisfactorios.

Una demostración de que lo manifestado por el General Briceño no se compadecía con la realidad, es la aprobación otorgada por la Contraloría General de la República, órgano del Estado que precisamente cita para fundamentar su inapropiada observación, con la cual hacía posponer indefinidamente su firma, con evidente perjuicio para nuestra Marina. Afortunadamente usted al encargarse del Despacho conoció el expediente y fue receptivo a las justas inquietudes de la Fuerza, derivadas del problema planteado.

En todos los asuntos que le corresponde intervenir a este Comando, priva como norma invariable coadyuvar a que se resuelvan en la mejor forma a los intereses de la Nación; es por ello que antes de elevar a su consideración los diversos casos que deba solucionar en su carácter de Ministro de la Defensa, son debida y exhaustivamente estudiados por los organismos respectivos, en sus aspectos técnicos, legales y morales.
Dios y Federación. Ricardo Sosa Ríos. Contralmirante

Luego se aprobaría el contrato según comunicación del Director de Administración N° 5481 del 18 de mayo de 1964 que dice:

Cumpliendo instrucciones del ciudadano General de Brigada Ministro de la Defensa, tengo el honor de dirigirme a usted en la oportunidad de avisar recibo de su oficio arriba mencionado y en relación a sus particulares me permito remitirle anexos a la presente el original y una copia del contrato con la firma Vickers-Armstrong (Shipbuilders) Venezolana, S. A., para los trabajos de reparación y modificación del destructor A.R.V. "Aragua", por un monto de 351.422,00 libras esterlinas, debidamente firmados por el titular del Despacho

De acuerdo a lo establecido en la cláusula Décima Octava del nombrado contrato, estimo remitir a esta Dirección la póliza de seguro correspondiente, para su posterior envío a la Contraloría General de la República. Dios y Federación. Francisco Rosales Rodríguez Coronel. Director General de Administración del Ministerio de la Defensa

Después del impasse del Seguro, en reunión cordial con el nuevo Ministro General Ramón Florencio Gómez, me dice: "Ricardo, ¿por qué esa diferencia en el valor del seguro entre Horizonte y la Vickers"? Entonces le dije: "Oiga Ministro, es por ahí que hemos debido empezar. No es solo que el Despacho investigue el seguro del buque mientras dure la reparación en los astilleros, sino los procedimientos seguidos para reparar el buque especificados en el contrato. El seguro de la Vickers tiene un precio más bajo que el de Horizonte porque ellos mantienen una póliza flotante que cubre automáticamente todo buque que entre a reparación en sus instalaciones. Para lograr esos bajos precios, la Vickers tiene un sistema de seguridad que cubre los muelles e instalaciones donde atracan los buques que están bajo contrato de reparación. Es todo un sistema contra incendios con alarmas térmicas a base de luces y sirenas. Al atracar el buque, sube un personal calificado y le instala un sistema de alarmas en todos los compartimientos interiores, se le desembarca toda la munición y el combustible y se le hace la desgasificación a todos los tanques. Además, la empresa mantiene un servicio de vigilancia las 24 horas del día durante los 365 días del año en toda el área de sus astilleros. En el último párrafo de la comunicación que nos envió el representante de la empresa se indica que si no tomamos el seguro flotante, se dejarían sin efecto precisamente las medidas de seguridad a tomar dentro del buque".

Por último, rendidos ante la evidencia, se autoriza el viaje del destructor "Aragua" a Inglaterra el 24 de Abril del año 1964

Voy a hacer un comentario a la parte técnica del contrato. Ese no fue un contrato llave en mano, la supervisión de los trabajos estaba a cargo de la tripulación del buque, cada uno en su respectivo Departamento. Una parte del costo era desarmar los equipos para determinar cuales era los trabajos que había que hacerles. La otra parte del costo consistía en el ajuste del precio para efectuar el trabajo. Se solicitó a la Contraloría General de la República que designara un ingeniero para que con carácter permanente supervigilara la ejecución del contrato. El Contralor me dijo que la Contraloría no tenía especialistas en la materia, a lo que yo le contesté: "no importa, designe un ingeniero que él aprenderá". Designaron al ingeniero mecánico Isaac Kisser.

En la Consultoría Jurídica de la Comandancia General de la Marina están todos los pormenores legales de cómo se llegó a elaborar ese contrato. El Consultor jurídico, doctor Elías Osorio Belisario, honesto a carta cabal, fue el artífice de ese contrato. Allí se llenaron todos los extremos legales y técnicos en beneficio de la Nación venezolana. Sería interesante que se hiciera un estudio comparativo entre el contrato para la reparación del destructor Aragua celebrado con el astillero Vickers durante mi actuación al frente de la Comandancia, con el contrato celebrado con el astillero Cammel Laird para la reparación del destructor Zulia y los 2 destructores Clase Clemente, celebrado posteriormente a mi salida del Comando

EL SEGUNDO SOL

El hecho más trascendental de mi vida naval acontece cuando el Ministerio de la Defensa pretende imponer una lista de ascensos de oficiales, lesionando en primer término la autoridad del Consejo Superior de la Marina y luego la del Comandante General de la Marina, que a su vez es el Presidente del Consejo.

El proceso de esa situación está plasmado en el documento en el cual es el mismo Ministerio de la Defensa que denuncia y señala a dos oficiales de la Marina. Veamos el Oficio N° 4637 de fecha 13 de Diciembre de 1962 que dice a la letra:
Funcionarios de la Contraloría de las Fuerzas Armadas establecieron en mayo del presente año un déficit de Bs. 48.117,03 en la administración del destructor "Zulia", el cual se originó en los años de 1958 a 1960, fecha en que actuaba como administrador de dicha unidad el Capitán de Corbeta Francisco González Hergueta, siendo Comandantes

de la misma, en tales años, el Capitán de Navío Pablo E. Cohen Guerrero y el Capitán de Fragata Héctor Abdelnour Mussa.

Se tiene entendido que esa Comandancia ha ordenado una investigación sobre el caso, pero hasta la fecha el Despacho a mi cargo no ha sido informado sobre el resultado de tal investigación. En consecuencia, sírvase dictar sus órdenes a fin de que se abrevien las gestiones que se realizan sobre el particular, pues interesa que la mencionada suma sea recuperada, o de lo contrario que se pase el asunto a los tribunales militares a los fines de ley.

Igualmente hago de su conocimiento que aún cuando se obtenga el reintegro de la suma en cuestión, el responsable o responsables de la irregularidad a que se hace referencia deben ser debidamente sentenciados.

Dios y Federación. Antonio Briceño Linares. General de Brigada. Ministro de la Defensa

Para considerar los ascensos al grado de contralmirante a ser efectivos en julio de 1963 se estudiaron todos los expedientes de los oficiales que tenían la antigüedad requerida. Consideradas las hojas de servicio de todos esos oficiales, se dio aprobación a aquellos que llenaban los requisitos y se elaboró una lista que luego fue enviada al Congreso. En aquella oportunidad los objetados por el Consejo Superior fueron dos oficiales. Posteriormente el Ministro de la Defensa me da instrucciones verbales para que considere de nuevo los dos ascensos objetados. Cumpliendo esas órdenes verbales, el Consejo se reunió una vez más para reconsiderar el caso y luego le envió al Ministro de la Defensa la contestación a su orden verbal en Oficio N° 10.330 de fecha 3 de junio de 1963. Leámoslo:

En cumplimiento a las instrucciones verbales que de usted recibí por vía telefónica en el curso de la mañana de hoy, procedí de inmediato a convocar al Consejo Superior de la Marina, el cual, constituido en Junta Calificadora, había considerado los casos de los Capitanes de Navío que podrían ser propuestos para el ascenso al grado de Contralmirante, conforme se lo comuniqué en Oficio N° 6391 de fecha 21 de mayo pasado. Reunido dicho Consejo en la tarde de hoy en acatamiento a las órdenes impartidas por usted en su carácter de Ministro de la Defensa y luego de informarle a los Oficiales Almirantes que lo integran que el objeto de la sesión era el de reconsiderar los casos de los Capitanes de Navío Pablo Cohen Guerrero y Armando Medina, se procedió a estudiar una vez más el caso de dichos oficiales. La reconsideración final de Consejo ratificó en todas sus partes los puntos contenidos en el acta de fecha 17 de mayo del corriente año, que contiene una reseña de las deliberaciones y calificaciones que en esa oportunidad emitió, ya que consideró que no existían nuevos elementos de juicio que hagan valedera una rectificación de lo resuelto en la citada oportunidad. A pesar del deseo de encontrar una fórmula adecuada y justa para rectificar lo acordado, el Consejo Superior de la Marina se encontró impedido moral y legalmente para hacerlo, por cuanto en el caso del Capitán de Navío Pablo Cohen Guerrero está en vigor lo dispuesto por ese Superior Despacho en el Oficio N° 4637 de fecha 13 de diciembre de 1962, dirigido a este Comando y que textualmente dice:

"N° 4637- 13 Dic. 1962- Del General de Brigada Ministro de la Defensa - Al Ciudadano Contralmirante Comandante General de la Marina   Ciudad - Asunto: Déficit de Bs. 48.117,03 en la administración del Destructor "Zulia" - Funcionarios de la Contraloría General de las Fuerzas Armadas establecieron en mayo del presente año un déficit de Bs. 48.117,03 en la administración del Destructor "Zulia", el cual se originó en los años 1958 a 1960, fecha en que actuaba como administrador de dicha Unidad el Capitán de Corbeta Francisco González Hergueta, siendo Comandante de la misma en tales años, el Capitán de Navío Pablo E. Cohen Guerrero y el Capitán de Fragata Héctor Abdelnour Mussa".

Se tiene entendido que esa Comandancia ha ordenado una investigación sobre el caso, pero hasta la fecha el Despacho a mi cargo no ha sido informado sobre el resultado de tal investigación. En consecuencia, sírvase dictar sus órdenes a fin de que se abrevien las gestiones que se realizan sobre el particular, pues interesa que la mencionada suma sea recuperada, o de lo contrario que se pase el asunto a los Tribunales Militares a los fines de Ley. Igualmente hago de su conocimiento que aun cuando se obtenga el reintegro de la suma en cuestión, el responsable o responsables de la irregularidad a que se hace referencia deben ser debidamente sancionados, Dios y Federación, Antonio Briceño Linares. General de Brigada. Ministro de la Defensa.

Con respecto al Capitán de Navío Armando Medina, el Consejo Superior de la Marina consideró que el referido oficial no obtuvo la calificación mínima aprobatoria en la oportunidad en que fue calificado. Por lo tanto se confirmó lo resuelto en la reunión celebrada el día 17 de mayo pasado, en el sentido de no proponer a este oficial para ser ascendido al grado inmediato superior, como se evidencia en el acta asentada en el Libro de Actas correspondiente.

Por lo antes expuesto y en vista de lo acordado por el Consejo Superior de la Marina, constituido -como se anotó- en Junta Calificadora, este Comando, a pesar del propósito que lo animó para solucionar el problema que se le planteó, ratifica el tenor del Oficio N° 6391 de fecha 21 May. 63, por contener éste el criterio unánime de los miembros del Consejo Superior de la Marina.
Dios y Federación. Ricardo Sosa Ríos. Contralmirante

Otra interferencia del Ministerio de la Defensa en los asuntos administrativos de la Marina fue en ocasión de la solicitud que le hice en julio del año 1963 para la asimilación del personal civil que presta servicios en la Marina. En esa ocasión, el Ministerio desestima las proposiciones hechas por mi Comando bajo el argumento que no se está dando estricto cumplimiento a la Resolución N° 56 del mes de enero del año 1963.

Ante el rechazo del Ministro, mi respuesta fue que en todo momento la posición de la Marina está ajustada a la mencionada Resolución N° 56. Veamos mi respuesta contenida en el oficio N° 13665 del 5 de agosto de 1963:

Tengo a honra dirigirme a usted en la oportunidad de hacerle, con el mejor merecimiento y en vías de información, algunas consideraciones en torno a los profesionales que se encuentran al servicio de la Marina de Guerra y que fueron propuestos a usted, para su asimilación y reconocimiento de antigüedad. La solicitud del Comando a mi cargo fue desestimada porque se consideró que no se ajustaba a las normas legales correspondientes.

En mérito a la verdad señor Ministro, le comunico que los proyectos de resoluciones para asimilar y reconocer antigüedad a varios profesionales que trabajan en la Marina, presentados a consideración del Despacho, se redactaron después de haber acatado rigurosamente el tenor de la Resolución N° 56 de fecha 30 de Enero de 1963, emanada del Ministerio de la Defensa, suscrita por usted y enviada a la Comandancia General de la Marina anexa a su Memorándum N° 458 del 4 de febrero del corriente año, firmado por el General de Brigada Director de Gabinete, con la indicación de que se le diera estricto cumplimiento.

Por esta razón, y dándole estricto cumplimiento a lo dispuesto en dicha resolución, y particularmente a lo ordenado en su párrafo tercero del numeral 8° del título "Para Oficiales", fue que este Comando formuló la proposición antes referida, atinente a la asimilación y reconocimiento de antigüedad de los profesionales que prestan servicios en nuestra Marina. Hasta el presente señor Ministro no he recibido ninguna comunicación de ese Despacho mediante la cual se me informe que la citada resolución ha sido derogada. Por ello, es lógico deducir que los mencionados proyectos de resoluciones propuestos al Despacho se hallan ceñidos a las pautas que usted impartió en la Resolución N° 56.

Es motivo de honda preocupación para este Comando que al ser asimilados, a los profesionales que ya trabajan en la Marina no se les reconozca la antigüedad a que son merecedores por cuanto sería desconocerles méritos y tiempo de servicios prestados, a diferencia de otros que recién ingresan a la Fuerza y van a ser asimilados en la misma oportunidad. De no resolverse favorablemente este asunto, ello podría traer cierta desmoralización en el seno

216

de ese personal, por lo que le reitero, señor Ministro, la preocupación existente en la Marina.

Por lo antes expuesto, ruégole a usted considerar nuevamente el caso de los profesionales que van a ser asimilados, en base a las normas y directivas contenidas en la resolución precitada.

Dios y Federación. Ricardo Sosa Ríos. Contralmirante

Volviendo a los ascensos, la sorpresa mayúscula la recibe el Comando General de la Marina cuando a través del Diario "La Esfera" del día 18 de Marzo de 1964, se entera de la decisión tomada por el Ministerio de la Defensa en relación a los ascensos. Aquí está la información y mi contestación en el oficio de fecha 18 de marzo de 1964:

El Comando General de la Marina se ha enterado por una información publicada en el diario "La Esfera" de esta ciudad, correspondiente al día de hoy, 18 de los corrientes, que el Ministerio de la Defensa solicitó mediante Oficio N° 515 ante la Cámara del Senado, la autorización correspondiente para ascender al grado de Contralmirante a los Capitanes de Navío Armando Medina, Antonio Ramón Eljuri y Pablo Enrique Cohen Guerrero.

Cierta o no la información periodística mencionada, cumplo con informarle que ella ha causado profunda extrañeza y desconcierto en el ámbito de la Marina, porque es conocido que dos de los oficiales navales nombrados en el referido oficio no obtuvieron la calificación mínima necesaria para ser propuestos a fin de obtener el ascenso al grado inmediato superior; y el tercero, el Capitán de Navío Pablo Enrique Cohen Guerrero es sujeto de una averiguación sumarial con vista a que la Contraloría General de las Fuerzas Armadas precisó irregularidades de carácter administrativo en el destructor "Zulia" en la época en que era comandante de la unidad el prenombrado Capitán de Navío. Como Ud. recordará, ese caso motivó que el Ministro de la Defensa, General de Brigada Antonio Briceño Linares, ordenara una investigación, sin que hasta el presente haya habido pronunciamiento definitivo de los órganos competentes, que lo libere de la responsabilidad que le atribuye nuestra legislación militar, ni el finiquito de la Contraloría mencionada.

De ser valedera la información publicada en el diario señalado, es mi deber, por imperativo legal y moral, evidenciar ante usted que el procedimiento empleado por el Despacho al solicitar la autorización para efectuar los citados ascensos a que he hecho referencia, además de irregular ha sido considerado como irreflexivo y contrario a las normas y prácticas castrenses que han venido observándose y rigen esta materia. Tal decisión desconoce la opinión emitida por la Junta Superior de la Marina, constituida en Junta Calificadora, como consta del Acta N° 11 de fecha 17 de Marzo de 1963 y de la N° 12 de fecha 3 de Junio del mismo año. Recuérdese que la citada Junta fue creada por Resolución de ese Despacho y desde su creación ha venido actuando de esa forma, como se evidencia en los casos que en años anteriores conoció y que en virtud de sus resoluciones, el Despacho de la Defensa solicitaba los ascensos de los oficiales navales que proponía la Junta Superior de la Marina, la cual además del suscrito, la integran el Jefe del Estado Mayor Conjunto, el Jefe del Estado Mayor Naval, el Comandante de la Escuadra, el Comandante de la Infantería de Marina, el Director de la Escuela de Guerra Naval, el director de la Escuela Naval, el Director de Personal de la Comandancia General de la Marina, y, el Contralmirante Francisco Lares, en su carácter de Oficial Almirante.

Lo aquí expresado obedece al deber que me incumbe de informar a usted sobre las justificadas preocupaciones e inquietudes originadas en la Fuerza, ante la información a que me he referido, ya que el procedimiento referido lesiona los órganos del Comando, que son órganos del Despacho a su digno cargo, y además, los principios morales de la Institución Armada.

Dios y Federación. Ricardo Sosa Ríos. Contralmirante

El Ministro aduce que cumple órdenes del Presidente de la República y que la decisión sobre los ascensos es facultad del Ministerio y en última instancia del Presidente de la República. Se crea un impase entre el Comando General de la Marina, el Ministerio de la Defensa y el Presidente de la República, que algunos órganos interesados en el asunto le atribuyen al carácter personal del Comandante de la Marina. Se dice que es el Almirante Sosa Ríos quien se opone a los ascensos. Nada más falso, el que no ha aprobado esos ascensos es el Consejo Superior de la Marina, creado por resolución del Ministerio de la Defensa y constituido en junta calificadora para ascensos. El Comandante de la Marina solo lo preside y tiene un voto. Allí está el Acta aprobada en la sesión que se hizo por todos los presentes. Más tarde el Almirante Juan Torrealba Morales se negó a firmarla. Cuando el Capitán de Navío Alfredo García Landaeta, Director de Personal de la Marina le presentó la argumentación del caso al General Ramón Florencio Gómez, para ese momento Ministro de la Defensa, señalándole la opinión del Consejo Superior de la Marina, creado por Resolución del propio Ministerio, el Ministro le contestó: "esa resolución la firmó Josué estando rascado". (Se refería a un Ministro de la Defensa anterior, el General Josué López Henríquez)

La situación en la Marina se pone tensa. En el ambiente naval se siente el desagrado a todos los niveles y se tejen muchos comentarios inconvenientes. El gobierno tenía decidido efectuar los ascensos a como diera lugar. Envía emisarios a conferenciar conmigo y recibo una invitación a almorzar del doctor Jesús Ángel Paz Galárraga, quien aún no había brincado la talanquera política y todavía militaba en el partido de gobierno, nos reunimos en la Casa de Italia en San Bernardino y trató de convencerme para que me transara pero le argumenté mi posición. Le dije que la interferencia política en los ascensos lesionaría la moral de la Marina, la majestad del Comando y echaría por el suelo la autoridad del Consejo Superior de la Marina como máximo rector de los asuntos concernientes a la Fuerza. Le indiqué que la gran mayoría de los oficiales estaban pendientes de ese caso y esperaban una solución que respetara la decisión de la Marina. Me contestó entonces: "También hay un grupo grande que los acepta". Le retruqué: "Si vamos a hablar de grupos yo no sigo hablando; la Marina es una sola, yo no comando grupos". Terminamos el almuerzo. Luego viene la cita que me hace el Ministro a su Despacho quien también trata de convencerme.

Ramón Florencio y yo fuimos grandes amigos en circunstancias muy difíciles. Le sigo teniendo el aprecio que merece su memoria, pero no podía subordinar mi autoridad de Comandante y la moral de la Marina a mi relación personal. El quería que me transara y empleó el siguiente argumento diciéndome: "Ricardo, tú estás poniendo en juego tu ascenso a Vicealmirante". Le contesté: "Ramón Florencio, este solo Sol de Contralmirante me alumbra, el otro de Vicealmirante, aceptado en estas circunstancias me quemaría. Acuérdate de la Biblia: No cambio mi derecho de progenitura por un plato de lentejas".

Hago todas las gestiones ante el poder civil, culminando en una solicitud de audiencia al que para ese entonces era el Presidente de la Cámara del Senado, el doctor Luis Beltrán Prieto Figueroa. Me recibe en su casa un día a las 8 de la mañana, le llevo todo el expediente del caso. Le explico con detalles el problema, luego me dice: "Déjemelo aquí para estudiarlo". A los tres días regreso a la casa del doctor Prieto a buscar su opinión y la copia del expediente que le dejé. Me recibió muy amablemente y me entregó la copia. Todavía estoy esperando su opinión. No quiero juzgar la actitud del Maestro Prieto ni los compromisos políticos que matizaban sus posiciones en ese momento. La justificación de su actitud sólo la podría explicar el propio Maestro Prieto. De lo que si no tengo la menor duda es que el ingrediente político partidista comenzó, a partir de ese momento, a jugar un papel determinante en los ascensos militares y en las designaciones de cargos para el Alto Mando Militar. La gestión política se convirtió en moneda de uso corriente usada por los oficiales para escalar posiciones en la estructura militar. Hoy se ha perdido hasta la vergüenza personal y esas gestiones están acompañadas de ágapes y cócteles que dan los oficiales en sus casas en épocas de ascenso y de designación del Alto Mando, con asistencia de los miembros de la Comisión de Defensa, tanto de Diputados como del Senado. Nuestro país requiere de una institución militar verdaderamente apolítica, y por encima de todo profesional, y para ello, esa modalidad de ascensos manejados en los cenáculos partidistas debe ser eliminada para el bien no sólo de la institución castrense, sino del mismo poder civil.

Mi decisión está tomada. Me voy del Comando. Al día siguiente me llama de Miraflores el doctor Manuel Mantilla y me dice: "Ricardo, el Presidente Leoni quiere que vengas a almorzar con él hoy". A las 12 del día me presento al palacio, paso a la cámara del Presidente quien me recibe con la misma cordialidad y cariño que siempre tuvo conmigo. Guardo para el Presidente Leoni el mejor de mis recuerdos y estoy seguro que si fuese por el cariño personal que me tenía y la amistad que me profesaba, el asunto hubiera tenido otro camino. El ingrediente político partidista fue determinante. Sentados a la mesa estábamos presentes: El Dr. Manuel Mantilla, el General Ramón Florencio Gómez, el Presidente y yo. Mi puesto en la mesa era en frente del Presidente, Manuel Mantilla a mi derecha y Ramón Florencio a mi izquierda. El Presidente me reiteró su amistad personal y me pidió que aceptara los ascensos. Lo oí con todo respeto, con el respeto que me merecía su alta investidura. Cuándo terminó yo le dije: "Presidente, en nombre de esa gran amistad que nos une yo le voy a proponer lo siguiente: La proposición de ascensos está todavía en la Comisión de Defensa de la Cámara del Senado pero en vista de la situación creada, usted como Comandante en jefe de las Fuerzas Armadas y Presidente de la República puede solicitar que le sea devuelto el expediente para su estudio y análisis. Así no se efectúan los ascensos en julio. Al usted tomar esa decisión yo le entrego al Ministro de la Defensa mi solicitud de pase a retiro con fecha 1° de Diciembre. Usted hace la ceremonia de mi retiro como Contralmirante con todos los honores (sin ascenso) y luego usted manda de nuevo al Senado la proposición de esos ascensos y los efectúa el 14 de Enero". El Presidente me contestó: No, tienen que hacerse en julio". Entonces yo le dije: "Bueno Presidente, yo me voy del Comando y esperaré mi sucesor".

La crisis se incrementa. Se hacen muchos comentarios en el Comando de la Marina y en la Infantería de Marina. Ya se sabe quien va a reemplazarme. Será el mismo Almirante que se negó a firmar el Acta del Consejo Superior de la Marina después que se había aprobado verbalmente por unanimidad durante la reunión. Se corre la especie que me voy a rebelar a la decisión del Presidente. Se me calumnia. Se me intercepta el teléfono. El mismo día que el Ministerio me anuncia que debo entregar el Comando se me presenta el Almirante López Conde, Comandante de la Infantería de Marina, y me dice: "Mi Comandante, usted no puede ser reemplazado así sin los honores que están pautados en el ceremonial naval. Váyase para la Base Naval en Puerto Cabello, que el Ministro y el designado no le arrebaten el Comando, haga una demostración de fuerza en beneficio de la majestad del Comando". Calmé los ánimos, le dije: "Yo jamás puedo hacer nada que pueda ser tomado como ambición personal".

La situación era tensa y a mi oficina acudían algunos jefes navales. Me hablaron de poner preso al Ministro y hacernos fuertes en Puerto Cabello. Les hice una larga exposición de mi trayectoria militar, de mi conducta ciudadana, de lo que siempre había predicado, y ordené a los oficiales presentes que se retiraran a sus Comandos. Al día siguiente me visitó en el Comando el Almirante Carbonell, Comandante de la Escuadra, y me dijo: "Mi Almirante, la obediencia en la Marina no será igual a la que le profesamos a usted". Le di un abrazo y le contesté: "Chino, (apodo que le tenían sus compañeros en la Escuela Naval), mi reemplazo tendrá el mando, pero jamás ejercerá la autoridad, será la pala del timón, jamás será el timonel". Al día siguiente en el diario El Nacional el doctor Ramón J. Velázquez publica una mancheta que dice "EL UNICO RIO QUE NO SE DESBORDA ES SOSA".

Firmé el acta de entrega del Comando General de la Marina en una ceremonia realizada en mi oficina, que sólo duró 20 minutos, en presencia del Ministro de la Defensa y de todos los comandantes que me acompañaron en el desempeño de mi gestión como Comandante General. Me despedí de todos allí mismo y me fui a la oficina del Consultor Jurídico. Desde allí llamé a mi ayudante para luego salir hacia el portalón en compañía del Dr. Osorio y del Dr. Perdomo. Les di un abrazo y me vine a mi casa usando el carro que tenía asignado como

Comandante. Al llegar a mi hogar saludé a la guardia que estaba de custodia y le dije a mi chofer Gumersindo: "Entregue el carro en el Transporte Naval". Pocos días después se me participa por telegrama que me será retirada la vigilancia por "necesidades del servicio".

Los ascensos están todavía en la Comisión de Defensa de la Cámara del Senado. No se ha cumplido el requisito de convocar al Comandante General para oírlo. Convocar a mi reemplazo sería exponerlo a ratificar su complicidad en la maniobra político partidista que se ejecutó para los ascensos. El clamor de algunas opiniones por la prensa hace que se insista en el requisito. No les queda más remedio que aún estando fuera del ejercicio del Comando se me convoque para oírme en la Comisión de Defensa. Los miembros de la Comisión de Defensa eran: Luis Augusto Dubuc, Angel Borregales, Edecio La Riva Araujo, Eduardo Ortega, J. M. Domínguez Chacín, Jesús A. Paz Galarraga, René Esteves y Juan Mogna.

Algunos representantes de los partidos políticos en el seno de la Comisión de Defensa de la Cámara del Senado están a la expectativa. Esperan que se cumpla la norma que estipula la comparecencia del Comandante de la Marina para oír su exposición ante la Comisión de Defensa. Me visitan en mi casa algunos delegados de los partidos. Recibo al Senador Eduardo Ortega, miembro de la Comisión de Defensa, viene en nombre del doctor Uslar a informarse de mi posición, a conocer la realidad. Le explico claramente mi punto de vista, le muestro documentos; es la oportunidad de comprobar verdaderamente la división de poderes y la autoridad del poder civil.

La comisión de Defensa no había recibido todos los documentos que debía recibir. Claro, no los podía recibir debido a que el Ministerio de la Defensa no le enviaba los que ellos deberían ver. Sin embargo, mi enérgica posición ante la violación de mi autoridad como Comandante por parte del Ministerio de la Defensa y mi renuncia al Comando General de la Marina, todo ello respaldado por el Decreto N° 288 que es ley de la República, puso definitivamente en conocimiento de los responsables en el Congreso de las irregularidades cometidas en el proceso de ascensos de la Marina. ¿Si el Congreso y su Comisión de Defensa, debidamente informados de todos los hechos aprueban los ascensos, la fe en esa institución que es el Congreso de la República se viene a menos? Y eso pasó. El Congreso Nacional actuó como un apéndice del Ejecutivo.

Asistí a la convocación de la Comisión de Defensa y allí estaban presentes todos los congresantes miembros de la Comisión. Estuve en el uso de la palabra durante una hora y media, sólo interrumpida por algunas solicitudes de aclaratoria de algún Senador. Mis respuestas fueron siempre apoyadas por la lectura de los documentos de la investigación administrativa ordenada por el propio Ministro de la Defensa y por las actas del Consejo Superior de la Marina. Terminada mi intervención toma la palabra el Presidente de la Comisión, el Senador Luis Augusto Dubuc y me dice: "Almirante, puede que Ud. tenga razón en todo lo que argumenta, pero esos ascensos se harán porque es una orden militar del Presidente de la República como Comandante en jefe de las Fuerzas Armadas y hay que cumplirla". Con todo el respeto que me merece la Comisión de Defensa solicité permiso para contestarle al doctor Luis Augusto Dubuc. En primer término dije: "No sabía que el Senado recibía órdenes militares y con la venia de ustedes voy a leerles el Artículo 469 de la Constitución Nacional que a la letra dice: 'todo acto del poder público que viole o menoscabe los derechos garantizados por esta Constitución es nulo y los funcionarios y empleados públicos que lo ordenen o ejecuten incurren en responsabilidad penal, civil y administrativa, según los casos, sin que le sirvan de excusa órdenes superiores manifiestamente contrarias a la Constitución y a las Leyes, ¿acaso no se están violando leyes administrativas?. Ironías del destino. Ese artículo fue introducido en la Constitución por el propio partido del doctor Dubuc para evitar golpes militares por órdenes superiores. Pero así también deberían servir para evitar los golpes a la administración pública. *Cosas veredes Sancho que harán falar lar piedras.* Regresé a mi casa convencido que a partir de ese momento la política partidista se había instalado en la realización de los ascensos militares.

El día primero de julio de 1964, día de mi cumpleaños, vienen a mi casa los oficiales del Alto Mando de la Marina:

Carbonell, Pérez Leefmans, Ginnari, López Conde, Seijas, García, Lares, y Benatuil. Todavía la Cámara del Senado no se ha pronunciado y todos estamos a la expectativa de la sesión donde se considerarán los ascensos de la Marina. Cuando estamos más animados llega a mi casa el Almirante Wolfgang Larrazábal. Nos cruzamos los saludos de rigor y como el Almirante es Senador de la República lo interrogan para que diga algo de esa situación que tendrá que confrontar la Cámara. El Almirante les dice: "Se oirá en la Cámara del Senado lo que jamás se ha oído". Se efectuó la sesión, todavía no se ha oído la palabra del Almirante. Los partidos que formaron el Gobierno de "amplia base" tenían condicionado su ingreso a la aprobación de los ascensos.

La única voz que se oyó objetando los ascensos, aunque opacada por la mayoría, fue la del Senador Edecio La Riva Araujo. Cuando más tarde en reunión con sus copartidarios le preguntaron a Edecio: ¿cómo estuvo el Almirante Sosa Ríos en la exposición ante la Comisión de Defensa?". Edecio les contestó: "En la Comisión oímos al Senador Ricardo Sosa Ríos y al General Luis Augusto Dubuc".

(Años más tarde sería el mismo Edecio quien me contó la anécdota. Le tengo un gran aprecio y respeto por su condición de hombre franco y sincero; es sin duda un gran venezolano).

Ya en mi casa, a los pocos días de mi salida del Comando, viene Ramón Ortega Pérez a traerme todos los documentos producidos en su gestión como Secretario. Además, él tenía a su cargo las relaciones públicas con los organismos del Estado en el campo civil. Uno de los muchos casos manejados por esa Secretaría fueron las gestiones, transformadas en realidad, que se hicieron para que el Banco Obrero dotara de viviendas a los Sargentos de la Marina. Esa era la jerarquía de la Marina que estaba en el limbo; no tenían prestaciones sociales, ni préstamo para vivienda ni asistencia médica para la esposa e hijos. Durante mi gestión se dio inicio a la solución de sus problemas, al menos en lo referente a la vivienda y a la salud. Esto se logró con la cooperación de los médicos que a un bajísimo costo, casi irrisorio, se obtuvo de clínicas particulares a razón de Bs. 600 el parto. El doctor Elpidio Serra, entonces jefe del Servicio de Sanidad Naval dio todo su aporte desinteresado para lograrlo.

Con ese detallismo propio que lo caracteriza, Ortega administró mi asignación para gastos de representación. Eran dos mil bolívares mensuales que eran depositados mensualmente en una cuenta corriente particular a nombre de Ricardo Sosa Ríos, pero manejada por Ortega. La mayor parte de mis gastos de representación consistía en ramos de flores y regalos de matrimonio. Recuerdo que en una ocasión recibí la invitación al matrimonio de un Sargento de la Marina que yo no conocía personalmente y como de costumbre, Ortega le mandó su regalito. Pero lo que mas impresionó al Sargento, fue que me presenté a su matrimonio para felicitarlo personalmente. Aún guardo en mi archivo toda la relación de gastos especificando hasta el detalle, qué floristería, qué persona recibía el regalo y el número del cheque y además todos los talonarios terminados.
Tal vez sería un poco exagerada esa minuciosidad que tenía Ortega para el manejo de la Secretaría, pero mejor es pecar por exceso y no por defecto.

En mi archivo guardo un montón de papeles que para algunos tal vez pueden representar un estorbo. Para mí representan las horas que marca un reloj que va en continuo atraso, horas de honestidad que recuerdan cómo deben hacerse las cosas para poder estar en paz permanente con la conciencia.

DECLARACIÓNES DE BIENES

Cuando recibí el Comando General de la Marina en el año 1962, y luego cuando lo entregué en 1964, hice en ambos casos lo que el artículo 4 de la Ley contra el Enriquecimiento Ilícito de Funcionarios y Empleados Públicos contempla para todos aquellos que tienen responsabilidad en el manejo de fondos públicos. Mi primera declaración fue realizada el 1 de marzo de 1962 y presentada al Notario Público Cuarto de la Notaría Pública de Caracas para su debida autenticación. Veamos:

Yo, Contralmirante Ricardo Sosa Ríos, militar en servicio activo ejerciendo el cargo de Comandante General de la Marina con el carácter de encargado, casado, titular de la cédula de identidad No. 25278, hábil por derecho, en cumplimiento a lo dispuesto en el Título Segundo de la Ley contra el Enriquecimiento Ilícito de Funcionarios y Empleados públicos, ante usted ocurro dentro de la oportunidad legal, para formular, como en efecto formulo bajo juramento, la declaración de bienes de mi patrimonio, en los términos siguientes:

A C T I V O

1	Saldo en cuenta corriente en el Banco Caracas	Bs. 35.312,96
2	Saldo en cuenta corriente en el Banco República	Bs.1.000,85
3	Setenta (70) acciones de la compañía anónima Radio Barinas, con valor nominal de Bs. 1.000,00 c/u, valoradas en Bs. 2.000,00 c/u	Bs.140.000,00
4	Cincuenta acciones de la compañía anónima Seguros Horizonte, con valor nominal de Bs. 100,00 c/u. pagadas en 20%	Bs.1.000,00
5	Ocho (8) acciones del Banco de Venezuela (4 tipo "A" y 4 tipo "B"), con valor nominal de Bs. 1.000,00 c/u, cotizadas en la Bolsa de Valores Caracas el 7-3-62 a Bs. 1.500,00 c/u.	Bs.12.000,00
	Ocho (8) acciones del Banco	Bs.384,00

6	Central de Venezuela con valor nominal de Bs. 100,00 c/u, pagadas en 50% y cotizadas en la Bolsa de Caracas el 7-3-62 a Bs. 48,00 c/u.	
7	Cincuenta por ciento (50%) de los derechos de propiedad sobre un inmueble situado en la esquina de San Fernando N° 127, Parroquia La Pastora, Departamento Libertador, Distrito Federal, cuyos derechos los hube según legado que consta en el Testamento otorgado por mi tía, señora CRISTINA SOSA BASALO, el cual está Registrado en la Oficina Subalterna del Segundo Circuito del Departamento Libertador del Distrito Federal el 25 de julio de 1957, bajo el N° 3, Folio 7, Protocolo 4°, Tomo 2° valorado en	Bs.40.000,00
8	Una parcela de terreno ubicada en el área urbana de la ciudad de Barinas, en Jurisdicción del Distrito Barinas, Estado Barinas, con una superficie de cuatrocientos cincuenta metros cuadrados (450 m^2), según consta de documento protocolizado en la Oficina Subalterna de Registro Público del Distrito Barinas, Estado Barinas, el 1° de septiembre de 1959, bajo el N° 182, Folio 75 vto. al 77 Protocolo primero, Tomo 2°, Adicional, Tercer Trimestre, valorada en	Bs.4.500,00
9	Una parcela de terreno ubicada en la Urbanización "La Marina", en	Bs.12.000,00

jurisdicción de la Parroquia Maiquetía, Departamento Vargas, Distrito Federal, distinguida con el N° 8, con una superficie de trescientos ochenta y tres metros con veinticinco centímetros cuadrados (383,25 m^2), según consta de documento protocolizado en la Oficina Subalterna de Registro del Departamento Vargas, Distrito Federal, el 7 de febrero de 1952, bajo el N° 80, Folio 144, Protocolo 1°, Tomo 2°, valorada en

10 Una parcela de terreno y la casaquinta de dos plantas en ella construida, ubicada en la urbanización Los Palos Grandes, en jurisdicción del Municipio Chacao, Distrito Sucre del Estado Miranda, en la Calle 10, distinguida con el N° 5, identificada con el nombre de "KYK", con una superficie de mil ciento catorce metros con cincuenta centímetros cuadrados (1.114,50 m^2), según consta de documentos protocolizados en la Oficina Subalterna de Registro del Distrito Sucre del Estado Miranda, Petare, el 11 de julio de 1950, bajo el N° 1, Folio 1, Protocolo 1°, Tomo 7°; y el 26 de marzo de 1953, bajo el N° 53, Folio 147 vto., Protocolo 1°, Tomo 1°, primer trimestre. Dicho bien inmueble por haber sido objeto de modificaciones, como se evidencia en la nota asentada al final de esta declaración, tiene un valor actual de   Bs.385.000,00

Valor de un automóvil marca "Buick", sedán modelo 1961,

11	compacto, Serial Motor N° 11-1-1524464, Serial Carrocería 11-1-1524464, Placas HS-8743, registrado por ante el Ministerio de Comunicaciones, Dirección de Tránsito Terrestre, Inspectoría local de Puerto Cabello, Estado Carabobo, adquirido por la suma de Bs. 13.600,00 y valorado con una depreciación del 10% sobre su precio original	Bs.12.420,00
	TOTAL	Bs. 643.617,81

PASIVO

1	Saldo deudor al Instituto de Previsión Social de las Fuerzas Armadas Nacionales de un crédito hipotecario constituido a favor del nombrado Instituto sobre el inmueble descrito en el Activo, según consta de documento protocolizado en la Oficina Subalterna de Registro del Distrito Sucre del Estado Miranda, Chacao, el 2 de mayo de 1960, bajo el N° 15, Tomo 4, Adicional, Protocolo 1°, Folio 41 vto., segundo trimestre	Bs.84.619,18
2	Saldo deudor a favor del Instituto de Previsión Social de las Fuerzas Armadas Nacionales de un préstamo personal que me fuera concedido el 31 de enero de 1962	Bs.21.302,00
	TOTAL	Bs. 105.921,18

Mi cónyuge, señora Esther Larrazábal de Sosa, no tiene bienes ni créditos a su favor o en contra, exceptuando algunas joyas y objetos de valor estimados en	Bs. 15.000,00

Hasta la fecha de tomar posesión del cargo que actualmente ejerzo, he habitado en la casa-quinta antes identificada desde el año 1950.

Para la fecha de esta declaración, poseo un Patrimonio de QUINIENTOS TREINTA Y SIETE MIL SEISCIENTOS NOVENTA Y SEIS BOLÍVARES CON SESENTA Y TRES CÉNTIMOS (Bs. 537.696,63).

NOTA: La parcela de terreno y la casa-quinta mencionada en el punto 10 de esta declaración, cuyo valor actual se estima en Bs. 385.000,00, la adquirí a crédito del Banco Obrero el año 1950. Medía 427 m^2, y por su parte Este colindaba con otra parcela de terreno de 687,50 m^2 que terminaba en una quebrada. El año 1953 adquirí esa otra parcela de terreno del mismo Banco Obrero, que fue posteriormente rellenada y anexada a la parcela donde se levanta la casa original. Esto originó una parcela que tiene hoy una superficie de 1.114,50 m^2. Posteriormente se efectuaron las modificaciones, ampliaciones, adiciones, refacciones y mejoras especificadas en el punto del Pasivo de esta declaración, con créditos otorgados para tal fin por el Instituto de Previsión Social de las Fuerzas Armadas Nacionales,

Notaría Pública de Caracas: Caracas catorce de marzo de mil novecientos sesenta y dos: 152° y 104: El anterior documento redactado por el abogado Dr. Elías Osorio Belisario, fue presentado para su autenticación y devolución. Acordado de conformidad y presente su otorgante dijo llamarse: RICARDO SOSA RÍOS, con cédula N° 25278. Leído el documento expuso: " Su contenido es

cierto y mía la firma que lo autoriza". En tal virtud, el Notario lo declara autenticado en presencia de los testigos: Georgina Sánchez y de Poggi, mayores de edad, dejándolo anotado bajo el N° 19 del libro de autenticaciones llevados en esta notaría.
Firmado Dr. Noel Miranda.

En acatamiento al Título Segundo la antes citada Ley contra el Enriquecimiento Ilícito, esta Declaración Jurada de Patrimonio fue posteriormente enviada al Contralor de la República.

Mi segunda declaración fue realizada el 3 de julio de 1964 y presentada al Notario Público Cuarto de la Notaría Pública de Caracas para su debida autenticación. Veamos:
Yo, Contralmirante RICARDO SOSA RÍOS, militar en servicio activo, casado, titular de la cédula de identidad N° 25278, hábil por derecho y habiendo cesado en el ejercicio del cargo de Comandante General de la Marina, en cumplimiento a lo dispuesto en el Título Segundo de la Ley Contra el Enriquecimiento Ilícito de Funcionarios o Empleados Públicos, ocurro ante usted dentro de la oportunidad legal, para formular, como en efecto formulo bajo juramento, la declaración de bienes de mi patrimonio, en los términos siguientes:

A C T I V O

1	Saldo Cuenta Corriente N° 5198-8 en el Banco Caracas	Bs. 29.144,74
2	Saldo en Cuenta Corriente N° ˙MA 25278 en el Banco Unión	Bs.2.736,18
3	Saldo en Cuenta Corriente en el Bank Of América de San Diego, California U.S.A por $ US 875,79	Bs. 3.941,05
4	Setenta (70) Acciones de la Compañía Anónima "Radio Barinas", a Bs. 1.000,00 c/u. valor nominal,	Bs.140.000,00

valoradas en Bs. 2.000,00 c/u.

5	Cincuenta Acciones de la Compañía Anónima de Seguros "Horizontes", a Bs. 100,00 c/u. valor nominal, pagadas en 20%	Bs.1.000,00
6	Ocho (8) Acciones del Banco de Venezuela (4 Tipo "A"; 4 Tipo "B", pagadas a Bs. 11.000,00 c/u. valor nominal, cotizadas en la Bolsa de Caracas a Bs. 1.500.00 c/u.	Bs.12.000,00
7	Ocho (8) Acciones del Banco Central de Venezuela, a Bs. 100,00 c/u. valor nominal, pagadas en 50%, cotizadas en la Bolsa de Caracas a Bs.48,00,0o c/u.	Bs.384,00
8	Cincuenta por ciento (50%) de los derechos de propiedad sobre un inmueble situado en la Esquina de San Fernando N° 127, Parroquia La Pastora. Departamento Libertador, Distrito Federal, cuyos derechos los hube según legado que consta de Testamento otorgado por mi tía la señora Rosa Cristina Sosa Basalo, el cual está Registrado en la Oficina Subalterna del Segundo Circuito del Departamento Libertador del Distrito Federal, el 25 de julio de 1957, bajo el N° 3, Folio 7, Protocolo 4°, Tomo 2°, valorado en	Bs.40.000,00
9	Una parcela de terreno ubicada en el área urbana de la ciudad de Barinas, en jurisdicción del Distrito Barinas, Estado Barinas, con una superficie de 450,00 m^2, según consta de	Bs.4.500,00

documento protocolizado en la Oficina Subalterna de Registro Público del Distrito Barinas, Estado Barinas, el 1° de setiembre de 1959, bajo el N° 182, Folio 75 vto.: al 77, Protocolo 1°, Tomo 2°, adicional, Tercer Trimestre, valorada en

10 Una parcela de terreno ubicada en la Urbanización "La Marina" en jurisdicción de la Parroquia Maiquetía, Departamento Vargas, Distrito Federal, distinguida con el N° 80, con una superficie de 383,25 m^2 según consta de documento protocolizado en la Oficina Subalterna de Registro del Distrito Vargas, Distrito Federal, el 7 de febrero de 1952, bajo el N° 80, Folio 144, Protocolo 1°, Tomo 2°, valorada en   Bs.12.000,00

11 Una parcela de terreno y la casa-quinta de dos plantas en ella construida, ubicada en la Urbanización Los Palos Grandes, en jurisdicción del Municipio Chacao, Distrito Sucre, del Estado Miranda, en la calle 10, distinguida con el N° 5, identificada con el nombre "KYK", con una superficie de 1.114,50 Mts.2, según consta de documentos protocolizados en la Oficina Subalterna de Registro del Distrito Sucre del Estado Miranda, Petare el 11 de julio de 1950, bajo el N° 1, Folio 1°, Protocolo 1°, Tomo 7°; y el 26 de marzo de 1953, bajo el N° 53, Folio 147 vto., Protocolo 1°, Tomo 1°, primer trimestre. Dicho bien inmueble por haber sido objeto de   Bs. 383.000,00

modificaciones, ampliaciones, adiciones, refacciones y mejoras, como se evidencia en la Nota asentada al final de esta declaración, tiene un valor actual de

(Hay un sello)

12 Valor de un automóvil Buick, sedán modelo 1961, compacto, serial motor N° IH-1524464, serial carrocería 11-1-1524464 placas HS-8743, Registrado por ante el Ministerio de Comunicaciones, Dirección del Tránsito Terrestre, Inspectoría Local de Puerto Cabello, Estado Carabobo, adquirido por la suma de Bs. 13.000,00 y valorado con una depreciación de 20% sobre su precio original   Bs. 10.000,00

13 Una parcela de terreno ubicada en la Urbanización Residencial "Cumboto", en jurisdicción del Municipio Goaigoaza del Distrito Puerto Cabello del Estado Carabobo, con una superficie aproximada de 414 m^2. distinguida con el N° 530 de la zona "D", según consta de documento legal suscrito entre la C. A. Urbanización Residencial Cumboto, domiciliada en Caracas e inscrita en el Registro Mercantil de la Primera Circunscripción Judicial el 14 de enero de 1957, bajo el N° 1°, Tomo 1, 9-A y el declarante, valorada en   Bs.18.630,00

(Hay un sello)

TOTAL   Bs. 657.335,97

PASIVO

1 Saldo deudor a Instituto de Previsión Social de las Fuerzas Armadas Nacionales de un crédito hipotecario constituido a favor del nombrado Instituto sobre el inmueble descrito en el Activo, N° 11 según consta de documento protocolizado en la Oficina Subalterna de Registro del Distrito Sucre del Estado Miranda, Chacao, el 2 de mayo de 1960, bajo el N° 16, Tomo 4°, adicional, Protocolo 1°, Folio 41 vto. segundo trimestre   Bs.76.422,58

2 Saldo deudor a favor del Instituto de Previsión Social de las Fuerzas Armadas Nacionales, de un préstamo personal, que me fuera concedido el 31 de enero de 1962   Bs.14.533,00

3 Saldo deudor a C. A. Urbanización Cumboto de crédito constituido a favor de la nombrada compañía por documento privado N° 530, descrito en el Activo, N° 13, derivado de la adquisición de la parcela.   Bs.9.900,00

(Hay un sello)

TOTAL   Bs. 100,855,58

Para la fecha de esta declaración, poseo un Patrimonio de QUINIENTOS CINCUENTA Y SEIS MIL CUATROCIENTOS OCHENTA CON TREINTA Y NUEVE CÉNTIMOS (556.480,39)

Mi cónyuge, señora ESTHER LARRAZABAL DE SOSA no tiene bienes ni créditos a su favor o en contra, exceptuando algunas joyas y objetos de valor, estimados en

236

Bs. 15.000,00

Hasta la fecha de cesar en el cargo que ejercí como Comandante General de la Marina, habité en la casa-quinta antes identificada desde el año de 1950.

NOTA: La parcela de terreno y la casa-quinta mencionada en el punto 11 del Activo de esta declaración, cuyo valor actual se estima en TRESCIENTOS OCHENTA Y TRES MIL BOLÍVARES (Bs. 383.000,00) la adquirí del Banco Obrero a crédito el año de 1950. Medía 427 m^2 y por su parte Este colindaba con otra parcela de terreno de 687,50 m^2 que terminaba en una quebrada. El año 1953 adquirí esa otra parcela de terreno del mismo Banco Obrero, que fue posteriormente rellenada y anexada a la parcela donde se levanta la casa original. Esto originó una parcela que tiene hoy una superficie de 1.114,50 m^2. Posteriormente, con créditos otorgados para tal fin por el Instituto de Previsión Social de las Fuerzas Armadas Nacionales, se efectuaron las modificaciones, ampliaciones, adiciones, refacciones y mejoras a que se ha hecho referencia en el punto N° 11 del Activo, como también en el punto N° 1 del Pasivo de esta declaración

República de Venezuela, Notaría Pública Segunda de El Recreo. El Recreo, ocho de julio de mil novecientos sesenta y cuatro. 155° y 106°: El anterior documento redactado por el Dr. Elías Osorio Belisario fue presentado para su reconocimiento y devolución en su contenido y firma por el otorgante según Planilla N° 69298. Presente el otorgante, bajo juramento legal dijo llamarse: RICARDO SOSA RÍOS, venezolano, casado, Cédula N° 25278, mayor de edad y de este domicilio, leído este documento, lo examinó y expuso: "Su contenido es cierto y mía la firma que lo autoriza": El Notario en tal virtud, lo declara legalmente reconocido en su contenido y firma, ordenando dejar constancia en el libro diario en esta Notaría Segunda.

En acatamiento al título segundo de la antes citada Ley contra el Enriquecimiento Ilícito, esta Declaración

Jurada de Patrimonio fue posteriormente enviada el 14 de julio de 1964 al Contralor de la República, quien posteriormente me envió una comunicación el 20 de agosto del mismo año, acusando recibo e informando que mi declaración fue agregada al expediente N° 65

Como se desprende de la anterior documentación y puede verse en mis declaraciones de bienes, al recibir el Comando General de la Marina poseía un patrimonio por un monto total Bs. 537.696,63. Al entregar el Comando General de la Marina, mi patrimonio sumaba Bs. 556.480,39. Mi enriquecimiento durante dos años al frente del Comando General de la Marina fue de Bs. 18.783,76.

LA PALA DEL TIMÓN

Como les narré anteriormente, todos mis comandos subordinados tenían la más amplia autoridad para ejercer sus funciones, respetando la estructura de la organización de modo que sus acciones no interfirieran con otros comandos. Así como el decreto 288 me concedía autonomía en mis relaciones con el Ministerio de la Defensa, yo concedía autonomía a mis comandos subordinados, y guardaba para los jefes de esos comandos el más profundo respeto a su grado y a su alta jerarquía dentro de la Marina. Todas las comunicaciones, sugerencias y consultas recibidas se atendían con visión profesional y se respondía con un lenguaje de altura. Pero así como a cada comando se le delegaba el poder y los recursos para cumplir su misión, también se le exigían sus responsabilidades en los resultados de su gestión.

Un ejemplo negativo provino del Director de la Escuela Naval, quien decide tramitar un asunto que no responde a los intereses de la organización como un todo, sino a los intereses particulares de uno de sus subordinados, que además, había violado su órgano regular pasando por encima del propio Director de la Escuela Naval. Es así que el 30 de Marzo de

1964 recibo la comunicación N° SEC-223 del Director de la Escuela que viola y lesiona la estructura de Comando. Veamos primero la correspondencia del Director de la Escuela Naval que dice: El 11 de Marzo de 1963 el Capitán de Corbeta asimilado Mario De Novi Cutroneo, jefe del equipo odontológico de este Instituto, solicitó ante la jefatura del departamento de odontología de la Marina, la asignación de una beca para hacer un curso de post-grado, solicitud que fue ratificada por el interesado mediante sendas comunicaciones los días 4 y 22 de noviembre de 1963.

Por su parte, El CC (a) De Novi ha adelantado gestiones y reservado un cupo en la Universidad de Boston para el curso de postgrado en la especialidad de "Prosthetic Dentistry", que abarca tratamiento completo y científico de todas las afecciones dentarias y bucales, especialidad que no existe en las universidades nacionales.

Por considerar que el curso de post-grado en cuestión, contribuiría a la tecnificación de los servicios odontológicos de la Marina, el suscrito se permite recomendar ampliamente la concesión de dicha beca. Firmado
Juan Torrealba Morales, Contralmirante. Director de la Escuela Naval

El Comando de la Marina no podía aceptar esa posición del Director de la Escuela Naval ni mucho menos el contenido de los 2 primeros párrafos de su comunicación. Sin comentarios, veamos la contestación del Comandante General de la Marina en oficio N° 8310 del 13 de abril de 1964:
Aviso recibo de su Memorándum indicado en la referencia, por medio del cual recomienda ampliamente la solicitud presentada por el Capitán de Corbeta (a) Mario de Novi Cutroneo, jefe del equipo odontológico de ese Instituto, en el sentido de que se le otorgue una beca para realizar un curso de post-grado en la Universidad de Boston.

Aunque este Comando acogió la recomendación por usted formulada con el mayor merecimiento, lamento muy de veras tener que comunicarle que dicha beca, por ahora, no puede concederse, porque no se encuentra contemplada en el actual Plan de Becas de la Marina. Por otra parte, comparto el criterio del ciudadano Jefe de la División de Odontología, quien, en correspondencia dirigida al ciudadano Director de Sanidad Naval, expresó que por falta de profesionales en los varios consultorios de odontología, por los momentos no se recomendaba la concesión de la mencionada beca.

Hago propicia la oportunidad para informarle que la Dirección de Personal viene coordinando con la Misión Naval Norteamericana y con otros organismos, algunos aspectos relativos al establecimiento y aprobación de varias becas para los oficiales asimilados al servicio de la Marina. Una vez que se determinen la especialidad y el número de dichas becas, se procederá a promover los concursos respectivos para su adjudicación a los profesionales que resulten favorecidos. Este procedimiento se encuentra en armonía con la política seguida hasta el presente por la Comandancia General de la Marina para la concesión de becas al personal militar, tanto en la categoría de efectivo como en la de asimilado.
Firmado, Ricardo Sosa Ríos Contralmirante Comandante General de la Marina

Tan pronto el Almirante Juan Torrealba asumió el Comando de la Marina, su primer acto de comando fue aprobar la misma petición que él había solicitado meses atrás cuando era Director de la Escuela Naval. Se sentía que la pala del timón cambiaba el rumbo, pero él no era el timonel.

Otro caso típico fue el del Almirante Francisco Lares. Hay un enfrentamiento entre el Almirante Lares y el Ministro de la Defensa. El Almirante está ocupando la Presidencia del Instituto de Previsión Social de las Fuerzas Armadas y por ello no está bajo mis órdenes ni mi control. El IPSFA depende directamente del Ministerio de la Defensa. Existe un impasse entre él y el Ministro. Yo no conocía de pormenores, pues no eran de mi incumbencia, pero alrededor de esa situación se crean rumores y comentarios que envenenan el ambiente.

Como esta en entredicho la jerarquía de Almirante, el Comando General de la Marina no puede quedarse cruzado de brazos y activa las fuentes de que dispone para obtener la inteligencia necesaria. Para no revelar mis fuentes de información, transcribo aquí el documento recibido, con algunas modificaciones y adiciones:

Cuando el Contralmirante Francisco Lares fue designado Presidente de la Junta Administradora del Instituto de Previsión de las Fuerzas Armadas (IPSFA), le manifestó al Presidente de la República, al Ministro de la Defensa y al Comandante General de la Marina, que no deseaba ocupar ese cargo y que prefería mantenerse ejerciendo su profesión dentro de la Marina. Sin embargo, por exigencias del servicio la superioridad le ordenó que procediera a recibir el cargo. Se señalan estas circunstancias porque ese cargo siempre lo "buscan ciertos oficiales" para satisfacer intereses personales ajenos al servicio, y por cuanto indica que el Contralmirante Lares es un auténtico oficial de la Armada, sin más interés que el de servirle profesionalmente.

Una vez posesionado del cargo, el Almirante Lares observó una serie de anormalidades que se arrastraban desde las administraciones precedentes, las cuales trató de subsanar adoptando algunas medidas que lesionaban ciertos intereses particulares que no estamos en condiciones de precisar. Asimismo y con el propósito de que el Instituto le ofreciera al afiliado un eficiente y oportuno servicio, desplegó una serie de actividades a fin de aligerar los trámites administrativos que entorpecían la inmediata atención de los afiliados al Instituto. Para ello, fue menester remover varios empleados de la entidad porque sus actuaciones, analizadas desde diversos ángulos, no satisfacían. Todo lo cual originó una reacción contra el Presidente de la Junta Administradora, quien, a juicio del Comando de la Marina, estaba ejerciendo la Presidencia del Instituto, con meridiana honestidad, con adecuada decisión moral e insospechable conducta.

La estrategia de los "intereses creados" consistía en

achacarle al Almirante Lares la responsabilidad de las irregularidades y aspectos negativos de las administraciones anteriores, a medida que eran descubiertas. Así daban hacia el exterior la apariencia que el Almirante Lares era el único responsable de ellas. Además, esos mismos intereses creados fomentaron una campaña de chismes, murmuraciones y calumnias para destruir la excelente reputación e imagen que el Almirante se había ganado durante sus 27 años de servicio en la Marina. De esa manera se fue creando una atmósfera bastante desagradable cuyo objetivo era presentarlo como un mal administrador del Instituto. Pese a ello y no obstante los disgustos y sinsabores que de ahí se derivaron, el Contralmirante supo asumir la situación y prosiguió su trabajo con marcada decisión y loable responsabilidad. Pero finalmente se llegó a plantear una situación muy conflictiva que culminó con la salida del Contralmirante Lares del Instituto.

Uno de los innumerables problemas que encaró el Contralmirante Lares fue la designación del Teniente (D) José Luis Fernández para ocupar la Gerencia de los Almacenes Militares. Ese nombramiento se efectuó sin que el Presidente del Instituto, siguiendo las sanas prácticas que en este aspecto se venían observando, hubiese sido previamente consultado, al menos por cortesía. El problema se agravó cuando este oficial en situación de disponibilidad, según otro informe escrito que he revisado, "realiza frecuentes contactos con el ciudadano Ministro de la Defensa, para informarlo acerca de posibles fallas e irregularidades que cometían sus superiores en la conducción administrativa del Instituto, violando con ello su órgano regular". Según ese mismo informe, que por cierto está firmado por el actual Presidente del Instituto, Coronel Oscar Clavo Mejías, se indica que lo expresado es una "práctica condenada en todos los tiempos y en todo tipo de organización por lo que conlleva de deslealtad e irregularidad".

Ante la situación planteada, el Ministro de la Defensa

creó una comisión para que procediera a realizar una inspección administrativa al Instituto, integrada por un representante de cada Fuerza, la cual, después de haber estudiado la situación encomendada, arribó a conclusiones determinantes, siendo una de ellas la siguiente: "que en vista del impasse planteado entre la Presidencia del Instituto y la Gerencia de los Almacenes Militares, se procediera a remover de su cargo a uno de los funcionarios". Ante la recomendación aludida, la solución que se le dio a dicho impasse fue la de remover al Contralmirante Lares.

Reemplazado el Almirante Lares, solicité del Ministerio de la Defensa que me informara sobre el desempeño y sobre el finiquito de la gestión del referido Almirante, emitido por la Contraloría General de la República. El Ministro me contesta el 30 de abril en radiograma N° 17, el cual retransmito a toda la Marina. Leamos:

Para su conocimiento y el del personal militar a su mando, le transcribo el oficio dirigido al ciudadano Presidente de la República por el Doctor Luis A. Pietri, Contralor General de la República: Caracas 14 de Abril de 1964 154° y 106°. Ciudadano Presidente de la República, su despacho. En relación con la consulta que usted me formulara en cuanto a la responsabilidad que puede atribuirse al Contralmirante Francisco Lares en su actuación como Presidente de la Junta Administradora del Instituto de Previsión Social de las Fuerzas Armadas Nacionales, tengo a honra dirigirme a usted con el fin de notificarle que del examen del expediente respectivo y del informe que con fecha 12 de diciembre de 1962 suscribiera el comisionado auditor de este organismo, Licenciado Luis Alberto Schilling Borges, no aparece demostrada la comisión de actos dolosos imputables al referido Contralmirante.
Dios y Federación. Luis A. Pietri. Contralor General de la República.
D y F Ramón Florencio Gómez. General de Brigada. Ministro de la Defensa.

La Información antes transcrita ratifica la confianza que este comando siempre tuvo en el Contralmirante

Francisco Lares y deja definitivamente aclarada su actuación en el IPSFA. Esta circular deberá hacerse del conocimiento de todos los oficiales. Ricardo Sosa Ríos. Contralmirante. Comandante General de la Marina.

Cuando el Almirante Lares se resuelva y escriba sus narraciones, este será un pasaje muy interesante.

Cuando se creó el Instituto Autónomo Diques y Astilleros (DIANCA), sus estatutos determinaban que dentro de los fines para que fuera concebido, su misión primordial era mantener operativos los buques de la Marina de Guerra. Era por eso que el gerente del Instituto era un Oficial de Marina, y además la Junta Directiva contemplaba como vocales otros dos oficiales de Marina, a saber, el Comandante de la Escuadra y el Director de Ingeniería de la Comandancia General de la Marina. Al yo ser transferido del Comando de la Escuadra y designado para ejercer el Comando General de la Marina, me reemplaza en la vocalía el nuevo Comandante de la Escuadra, y para llenar los requisitos legales solicito de la Contraloría General de la República, en comunicación de fecha 8 de marzo de 1962, el finiquito de mi actuación como vocal. Es el día 27 de febrero de 1963, once meses después, que recibo de la Contraloría de la República el oficio N° E-1138, con el siguiente texto:

En respuesta a su solicitud de fecha 8 de marzo de 1962, en la cual solicita que se le expida el finiquito a su actuación como vocal en el Instituto Autónomo Diques y Astilleros Nacionales, en el lapso comprendido desde el 10-4-58 hasta el 17-2-62, le informo que por cuanto no se ha encontrado nada que objetar como resultado de su desempeño en el citado cargo durante aquel período, esta sala procediendo de conformidad con el numeral séptimo del artículo 168 de la Ley Orgánica de la Hacienda Pública Nacional, le expide el finiquito, y en consecuencia, declara extinguida la caución que de acuerdo con el artículo 128 Ley ejusdem, otorgó la C. A. de Seguros "Horizonte", mediante póliza de seguro de fianza N° 059 emitida el 29 de septiembre de 1961.
D y F Rafael Villegas. Primer Examinador.

El Apostadero Naval de Oriente creado en Puerto de Hierro ya esta prestando sus servicios, y sus facilidades están apoyando los patrulleros y otros buques de la Marina que operan en esa área. Entonces recibo en mi Comando una proposición para que la Marina le arriende a una empresa panameña, aliada a un grupo venezolano, todo el sistema de embarque de mineral de hierro que existe en ese Apostadero Naval. Ese sistema es el que la Iron Mines había traspasado a la Marina y ésta lo había recibido en nombre de la Nación. El grupo tenía el proyecto de instalar allí un embarcadero de bauxita. Estudiada la proposición, analizados todos los Pro y los Contra, el Comando de la Marina decidió no aceptar esa proposición. El manejo de la bauxita crearía allí una atmósfera contaminada de polvillo que podría causar problemas respiratorios a todo el personal. Además, la posición relativa del muelle perjudicaría viviendas y todas las instalaciones ubicadas a sotavento. A la empresa se le comunicó nuestra posición negativa, pero como alternativa se les propuso que la Marina les entregaría todo el Apostadero, con todas las instalaciones, y la empresa interesada le construiría a la Marina un Apostadero en un lugar más al Este que se indicaría posteriormente. La empresa no habló más del asunto. Después de mi salida del Comando, la Marina permitió el embarque de bauxita. No conozco los términos de la negociación, pero me pregunto: ¿Cuáles fueron las consecuencias? ¿Cómo se utilizó el dinero procedente de la negociación? ¿Fue una manera de defender los intereses de la Marina? Recordemos nuevamente cuál era la situación del Comandante General de la Marina que me sucedió. Era la pala del timón, pero otros eran los timoneles.

Con la recepción de las instalaciones de Puerto Hierro, la Marina también obtuvo de la Compañía "Iron Mines" un buque para transporte de minerales que se acondicionó como buque para transporte para la Marina. La administración posterior lo desechó. También se trajo bajo contrato de arrendamiento con la Marina Estadounidense, un buque taller equipado con todas las facilidades, talleres y herramientas para el mantenimiento de las unidades flotantes. La idea era que este buque taller prestase un servicio móvil de mantenimiento a los apostaderos de Occidente y Oriente, que por el momento carecían de facilidades de mantenimiento. La administración posterior lo desmanteló, desmontando todos sus equipos para instalarlos en tierra y convirtieron el buque taller en un transporte. En consecuencia, además de eliminar un taller móvil necesario en una Marina pequeña con apostaderos sin recursos para reparaciones menores, violaron el contrato de arrendamiento que se tenía con la Marina americana que obligaba a mantener el buque tal cual como había sido diseñado y para el servicio específico que constaba en el documento de arrendamiento. Así eran los procedimientos, así manda el que no tiene autoridad.

COMANDO Y AUTONOMÍA

En todos los comandos que ejercí supe muy claramente cuáles eran mis atribuciones y siempre respeté tanto a mis superiores como a mis subalternos. La subordinación no menoscaba jamás la dignidad ni la personalidad del hombre. Siempre tuve como norma lograr una subordinación por convicción, no por imposición. Ese dicho de que *Jefe es Jefe aunque tenga cochocho*, usado en la época de las montoneras no puede alegarse en la era de la guerra naval moderna donde la tecnología juega un papel preponderante.

En una ocasión me encontraba embarcado en el destructor Nueva Esparta, buque insignia del Grupo de Tarea venezolano que realizaba maniobras de entrenamiento con la Marina colombiana. Habíamos fondeado en La Orchila y a las 5 de la mañana me encontraba en mi camarote cuando el Capitán José Constantino Seijas, Comandante del destructor "Nueva Esparta" me toca la puerta y me informa que el Cuartel Freites está alzado. La información viene de la radio comercial e indica que la instalación militar está en manos de los sediciosos. No se tienen mas detalles. Inmediatamente le ordeno a Seijas: "Ordena la maniobra de zarpe y vamos rumbo a Puerto La Cruz a máxima velocidad". Inmediatamente llamé al oficial de comunicaciones del buque y le dicté un radiograma para el

246

Comandante General de la Marina con el siguiente texto: "A las 05:00 horas por la radio comercial me he enterado de la insubordinación militar en el Cuartel Freites. Zarpo a máxima velocidad al teatro de los acontecimientos para apoyar las fuerzas que intervengan en la acción militar para someter a los insurgentes". Esa era la manera como yo interpretaba el Decreto-Ley 288 que le concedía la autonomía a la Fuerza. Esas son las situaciones en que un Almirante, Comandante de la Escuadra, tiene que emplear la autonomía para cumplir con su deber. Así entendía yo la autonomía y así la ejercí como Comandante General de la Marina. Pero si yo actuaba con autonomía dentro de las responsabilidades de mi cargo y de las facultades legales, Así también se la concedía a mis Comandos subordinados por mandato del espíritu del Decreto 288 para que pudieran ejercer sus Comandos con eficiencia y autoridad. Los mejores testigos de estos procederes son ellos mismos, Gámez, Carbonell, García Landaeta, Pérez Leefmans, Domínguez, Lares, López Conde, Seijas y Ginnari, este último prematuramente desaparecido.

Ya en Puerto La Cruz, me apersoné en la casa de gobierno en Barcelona y rodeado de un enjambre de periodistas y reporteros gráficos, di las siguientes declaraciones:

ATACAN A "EL NACIONAL" LOS GOLPISTAS QUE NO HAN PODIDO PENETRAR EN LAS FUERZAS ARMADAS.
Declara el Contralmirante Ricardo Sosa Ríos, Comandante de la Escuadra:
"La campaña de sectores conocidos contra "El Nacional" ha sido muy útil, porque demuestra que como los golpistas no pueden penetrar las Fuerzas Armadas, tratan de destruir las instituciones democráticas", dijo en esta ciudad el Contralmirante Ricardo Sosa Ríos, Comandante de la Escuadra Naval. El Contralmirante fue entrevistado cuando departía con el doctor Carlos Canache Mata, encargado de la Gobernación de Anzoátegui, en compañía del Capitán de Navío Orlando Lemaitre, Comandante de la Fuerza Naval de Colombia y de Salvador Valera, directivo de Fedecámaras.

El Almirante continuó diciendo con su franqueza característica, que lo que ha hecho "El Nacional" es "ganar puntos" con los ataques de sectores demasiado conocidos, que no pueden destruir la reputación sólida de un instrumento de la democracia. Y comentó sonriente "estoy seguro que con la propaganda que han hecho esos sectores contra El Nacional debe haber aumentado su circulación. Finalmente, manifestó: "Las Fuerzas Armadas son impenetrables para la aventura de los golpistas, y por eso es que los organismos que sirven a esos intereses tratan de destruir voceros de orientación democrática tales como El Nacional.

También en apoyo a "EL Nacional", el Almirante Wolfgang Larrazábal envía desde Chile el siguiente radiograma: "En las páginas de ese diario, auténtico baluarte de la Democracia, he leído la campaña insolente desatada contra ustedes por grupos fascistas, todos tenemos que dar frente a esos enemigos de la libertad. Nuestra patria no se merece que organizaciones fatales pisen su suelo. Con ustedes, siempre mis amigos. Abrazos. Firmado Wolfgang Larrazábal

Al concluir las maniobras, la Marina Colombiana me ofrece una placa con la leyenda siguiente:
El Comandante de la Fuerza Naval del Atlántico, Capitán de Navío Orlando Lemaitre Torres, al Comandante del Grupo de Tarea Venezolano Contralmirante Ricardo Sosa Ríos. Recuerdo imperecedero de las maniobras navales realizadas en el Mar Caribe del 21 al 26 de Agosto del año 1961, en las cuales participaron la Armada Venezolana y la Armada Colombiana, con las siguientes unidades:

ARV Nueva Esparta
ARV Zulia
ARV Aragua
ARV Carite
ARC 20 de Julio

ARC 7 de Agosto
ARC Blas de Lezo

Caracas, 26 de Agosto de 1961.

Al llegar a La Guaira de regreso de las maniobras el Comandante General de la Marina me comunica que tengo que comparecer ante el Ministro de la Defensa. Me presenté al Despacho del Ministro y después de saludarlo me dice: "Tus declaraciones en el diario "El Nacional" con respecto a los sucesos de Barcelona te sitúan en franca violación de la Ley Orgánica. Eso es motivo para llevarte a un Consejo de Investigación ya que tú estás en servicio activo y eso te está vedado". "Está bien", le dije, "pero también tienes que abrirle un Consejo de Investigación al Almirante Wolfgang Larrazábal, que desde Chile dijo lo mismo y él también está en servicio activo". Finalizó el problema.

⬅ LA ROPA SUCIA

En el litoral central existían tres lavanderías para el servicio de las distintas dependencias de la Marina. El primero que administraba la Infantería de Marina; el segundo que funcionaba en la Policía Naval, y el tercero en el Centro de Adiestramiento Naval. Con la finalidad de mejorar le eficiencia y reducir costos, se hizo un estudio para concentrar en el Centro de Adiestramiento las tres lavanderías. El resultado confirmó que no se justificaban esas tres lavanderías con triplicación de funciones. Un punto importante fue que los infantes de marina pagaban de su sueldo el lavado al seco de sus uniformes de gabardina, por lo que les descontaban Bs. 2,00 semanales. Ese pago era motivado a que los equipos que usaban para lavado al seco eran antiguos y el valor del tambor de líquido de 200 litros usado para lavar al seco costaba Bs. 700,00. Lo más económico era usar Varsol, pero había que cambiar las máquinas. Entonces se diseñó y ejecutó el proyecto de integrar las tres lavanderías en una sola y situarla en el Centro de Adiestramiento Naval en Catia La Mar. Se desecharon las máquinas obsoletas y se encargaron las máquinas más modernas para lavar, planchar camisas, pantalones, y otras prendas, se modernizó el lavado al seco, se amplió el galpón de la lavandería del Centro de Adiestramiento y se le hicieron todas las instalaciones de agua, energía eléctrica, ventilación, depósitos y departamento de selección para recibir y entregar ropa. También se seleccionó el personal que permanecería, se indemnizó el resto y se implementó el servicio de recolecta a domicilio para oficiales y suboficiales. También fue muy importante que para beneficio de los miembros de la Marina y sus familiares, se establecieron las tarifas más bajas que lavandería alguna. Asimismo, el pago que hacían los Infantes de Marina por el lavado al seco de sus uniformes de gabardina les fue eliminado. La lavandería del Centro recibiría todas las asignaciones que por lavado de ropa tenían presupuestadas las dependencias a las cuales les daba servicio. La Dirección del Centro de Adiestramiento asumiría la administración de la lavandería llevada en una cuenta bancaria aparte, cuyo movimiento de cheques tenía que ser firmado por el Director del Centro y el Director de Administración de la Comandancia General de la Marina.

El éxito económico de la lavandería fue total, la eficiencia en el servicio de lavado y lavado al seco funcionó perfectamente. El servicio domiciliario recogía la ropa y la entregaba en las casas de los oficiales y suboficiales. Se estableció inclusive un servicio para los buques que estaban en Puerto Cabello, hasta tanto se terminara de construir la lavandería que la Dirección de Ingeniería estaba instalando en la Base Naval de Puerto Cabello.

Tan pronto salí de la Marina le empezaron a buscar los peros al sistema de administración de la lavandería. No les interesaba que su administración, además de prestar un eficiente servicio, tanto al personal militar como a los familiares de los oficiales y suboficiales, dispusiera de fondos para mantenimiento de los campos deportivos del Centro de Adiestramiento, adquisición de material deportivo para la

Escuela de Grumetes, medicinas y equipos para el Hospital Naval, mantenimiento y compra de repuestos para las instalaciones del cine del Centro de Adiestramiento, material para los casinos de oficiales y suboficiales; todo bajo el estricto control de la administración de la Comandancia General de la Marina, quien realizaba todos los pagos con cheques no endosables y emitidos a personas naturales o jurídicas. Las compras que excedieran de una suma superior a tres mil bolívares, tenía que ser autorizada por el Comando de la Marina. La adquisición de material para el uso de la lavandería se hacía por trimestres, directamente a las fábricas de detergentes y en envases industriales para obtener el mejor precio. Los propios camiones de la lavandería llevaban todos los materiales e insumos comprados cuando regresaban de las entregas en Caracas. Cada bolívar de la lavandería, cada bolívar de la Marina debía rendir por dos.

De nada valieron los hechos y llovieron los argumentos de los que solo tienen capacidad para destruir. Que si la unidad del tesoro, que si no era legal, que la lavandería no podía cobrar dinero, que era una desleal competencia con las lavanderías privadas, y tantas otras tonterías.

Finalmente se le quita la administración de la lavandería al Centro de Adiestramiento y se contrata a unos italianos para que la administren. Hasta hoy, por más que le doy vueltas, no he podido entender el fondo de esa decisión. ¿Será que no se podía hacer competencia con perjuicio de las lavanderías italianas? ¿Será que cuando una casa no es honesta hay que lavar la ropa sucia afuera? Las lavanderías criollas no importaban, mejor que la ropa sucia la laven italianos y no venezolanos. Para que los lectores juzguen, lean los detalles del último contrato firmado por la Comandancia de la Marina:

El día dos de marzo de 1972, la Marina prepara y aprueba un contrato con el señor Giovanni Vinicelli para el mantenimiento, operación y administración directa de la lavandería del Centro de Adiestramiento Naval en Catia La Mar. En las cláusulas Cuarta y Quinta, se trata el aspecto económico que se refiere a los excedentes y se fija la tarifa para pagarlos cuando la cantidad de piezas lavadas sea mayor que la estipulada en la Cláusula Tercera. El Ministro de la Defensa firma el Contrato para que entre en vigencia.

El día 26 de junio de 1978 el señor Giovanni Vinicelli, se dirige al Comandante General de la Marina solicitando el pago complementario que tiene pendiente con la Marina. Estos pagos se le venían haciendo desde el año 1974 por motivo del Decreto 123 de la Presidencia de la República, que aumentaba sueldos y salarios.

En su exposición, el señor Vinicelli manifiesta que esos pagos se venían haciendo de acuerdo con la solicitud hecha al Comandante General de la Marina, Almirante Mendoza Ramírez, y que luego, al ser reemplazado por el Almirante Mendoza Acosta, le fueron suspendidos. La suspensión fue lógica ya que si existe un contrato firmado ¿cómo se va a alterar por la simple orden del Comandante de la Marina? ¿Cómo queda la autoridad del Ministro de la Defensa, quien es el que por ley firma los contratos? Entonces ¿para qué sirven los contratos? Me acordé de don Rafael Guinand que en sus programas decía que los contratos eran "papeles mojados y mojados de guarapo". Pero la suspensión no se queda así, el Almirante Baudet Chapellín se dirige al ex-comandante Almirante Mendoza Ramírez para averiguar el caso de los pagos por el aumento de precios y el Almirante Mendoza Ramírez confirma su decisión tomada que sí los había aprobado. Yo me pregunto ¿cómo es posible que por vía administrativa se modifique un contrato por una autoridad ajena a su aprobación y firma? Francamente, que es digno de asombro. ¿Dónde están los organismos de control administrativo del Comando de la Marina? ¿Quien asesoró al Comandante Mendoza Ramírez para que aprobara ese exabrupto? ¿Dónde está la Contraloría de las Fuerzas Armadas y qué papel tiene la Contraloría de la Nación? ¿Acaso lavar ropa sucia es secreto militar? Tal vez si, depende de qué ropa sucia hablamos

Es bueno repetir ¿resistirá la inversión del presupuesto

de la Marina un análisis serio? ¿Habrá alguien que esté dispuesto a ordenarlo? ¿Estarán dispuestos a *ponerle el cascabel al gato?*

De todos estos análisis se llega a la conclusión que hay que enseñar a administrar los bienes de la nación con sentido de responsabilidad. Si un oficial llega al rango de Almirante, se presume que tiene la capacidad, los conocimientos y la calificación para administrar. Entonces, ¿en que fallan? ¿Será que los esfínteres morales de nuestra sociedad no resisten las voluptuosidades del poder? En estos últimos tiempos he llegado a pensar que el problema de la corrupción en Venezuela pudiese ser tratado como algunas personas proponen que lo sea la marihuana: Que su consumo sea legalizado. En el caso de legalizar la corrupción, no estaríamos haciendo otra cosa que volver a los tiempos de Antonio Guzmán Blanco, donde los contratos firmados por el Ilustre Americano especificaban el monto de su comisión. La primera cosa buena que tendría esa solución es que el Estado podría cobrarle impuesto a los corruptos legales.

Cada día tiene más vigencia aquello de que los altos rangos deberían ser para honrarlos, servirlos y respetarlos, no para gozarlos.

Lo inaudito es que el señor Vinicelli dice en la carta que reclama los pagos lo siguiente: "Como no escapará a su claro conocimiento ésta ha sido una situación convalidada por los hechos y aspiramos usted imparta las instrucciones necesarias a fin de que se nos cancele lo adeudado".

Sobran los comentarios.

PREGUNTAS SIN RESPUESTA

¡Qué les parece! ¿Dónde está la moral administrativa? ¿Quién o quiénes son los responsables? ¿Dónde están las contralorías de las Fuerzas y del Ministerio de la Defensa? ¿A qué partida cargarán esos gastos? En una sociedad decente, esas son preguntas que tienen fácil respuesta.

Como ya hemos visto, el Decreto 288 de la Junta de Gobierno es ley de la República y en esa ley se establece, que en materia presupuestaria, las Comandancias de Fuerza tendrán sus presupuestos en capítulos separados. Es decir, que estando ese presupuesto de las Fuerzas dentro del presupuesto del Ministerio de la Defensa, sólo es posible modificarlo o alterarlo con la sola aprobación del Congreso Nacional. No puede el Ministro de turno manejar o disponer a su antojo del presupuesto asignado a las Fuerzas. Pero esto quiere decir que los Comandantes de las Fuerzas tampoco pueden manejar a su antojo y capricho el presupuesto que se les asigna.

Siendo el Ministerio de la Defensa el órgano político-administrativo de las Fuerzas Armadas, el Ministro es, en última instancia, el responsable de cómo se invierten los recursos en cada Fuerza. Cerca de 65% del presupuesto es destinado a gastos de personal, que son considerados como gasto secreto. Así, el Ministro de la Defensa tiene una gran responsabilidad en la forma como se gastan los enormes sobrantes que se originan todos los años de ese 65% del presupuesto de las FAN, y cuyo control está bajo la responsabilidad de la Contraloría de las Fuerzas Armadas.

Nuestro régimen presidencialista hace que el Presidente de la República lo sepa todo y lo resuelva todo. ¿Acaso sabrá el Comandante en Jefe de las Fuerzas Armadas cómo se invierten los sobrantes de las partidas secretas? ¿Acaso se invierten en armas y equipos para mejorar la capacidad operativa de las unidades? ¿Acaso se invierten para mejorar las condiciones de vida de los integrantes de las Fuerzas? ¿Acaso se sabrá a cuánto monta ese sobrante por las múltiples causas que lo originan? ¿Acaso una decisión del Comando no podría aumentar ese sobrante? Claro que sí ya que existen muchas formas. La primera es la de presupuestar mas soldados de los que se tienen, otras son adelantar el licenciamiento de las tropas, retardar los ascensos presupuestados, las bajas ocurridas durante el año, retrasar la reincorporación de los conscriptos y pare Ud. de contar. La pulcritud de un Comandante de Fuerza en la administración de las partidas secretas será la base que sustentará su autoridad moral ante los subalternos.

Más de uno sabe cómo se están utilizando esos sobrantes de las partidas secretas, que en muchos casos son fuente de corrupción. Los subalternos que nos rodean observan y comentan. La mejor prédica es el ejemplo, pero lo que abunda es la pompa con que los Comandantes ejercen sus actividades que genera el desprecio de los subalternos, enmascarado por el poder del grado militar. Pero si ejercemos el comando con austeridad, con apego total a las leyes y reglamentos, siguiendo aquellas normas y actitudes de decencia y respeto que no están escritas en ninguna parte, pero que forman la base moral del ser humano, nos ganaremos la admiración de la sociedad a la que nos debemos y nuestros compañeros de armas nos seguirán raudos cuando sea necesario ir a la guerra.

Un ejemplo de manejo inescrupuloso ya descrito es el de la lavandería del Centro de Adiestramiento Naval. Es una forma fácil y alegre de manejar los sobrantes sin rendir cuenta.

Los mecanismos para que se pueda ejercer un control más efectivo en la inversión del presupuesto de cada una de las Fuerzas existen. Si los Comandos de Fuerza tienen autonomía para administrarlo, ¿es el Ministerio de la Defensa el órgano contralor y fiscalizador de cómo se invierte ese presupuesto y la pulcritud en la inversión? ¿Cuál es el papel de la Contraloría de las Fuerzas Armadas? El Ministerio de la Defensa tiene una gran responsabilidad en eso del manejo del presupuesto, pues siendo el Presidente de la República el Comandante en Jefe de las Fuerzas Armadas, es a quien debe respetarle y cuidarle su prestigio. Las partidas secretas no sólo son secretas para los militares que resuelven las compras de armas y equipos, también son secretas para los civiles que tienen la responsabilidad del control del presupuesto, que también son venezolanos y patriotas, ¿y para los vendedores de materiales, equipos y armas también serán secretas?

Eso de secreto es relativo. El refrán, muy venezolano, de que *entre cielo y tierra no hay nada oculto* es terminante. Por ejemplo: ¿qué tiene de secreto la adquisición de armas y equipos en el mercado mundial, por ejemplo las discutidas fragatas misilísticas? Cualquier país las puede adquirir, sólo necesita el dinero. Los que si son verdaderamente secreto son los planes de empleo, la preparación técnica y operativa de las unidades de combate y la moral y mística en el servicio que hacen ciento por ciento eficientes todos esos equipos modernos y costosos que esas maravillas que son la electrónica y la informática, han puesto al servicio de la guerra marítima moderna.

REGLAMENTO ORGÁNICO DEL MINISTERIO DE LA DEFENSA

Como razonamiento para constatar y probar que la meta para destruir y acabar con el Decreto *288* aún está en marcha, leamos el Decreto N° *2.078* de fecha 22 de marzo del año *1977* del Comandante en Jefe de las Fuerzas Armadas y Presidente de la República:

DECRETO No. 2.078 – 22 de marzo de 1977. Carlos Andrés Pérez, Presidente de la República,

En uso de la atribución que le confiere el ordinal 10° del Artículo 190 de la Constitución y de conformidad con lo provisto en los artículos 6, 66 y 67 de la Ley Orgánica de la Administración Central y en el Decreto 1.990 de fecha 4 de Enero de 1977, en Consejo de Ministros, decreta el siguiente reglamento:

REGLAMENTO ORGÁNICO DEL MINISTERIO DE LA DEFENSA

CAPITULO I

256

Disposiciones Generales

Artículo 1° El Ministerio de la Defensa estará integrado por el Despacho del Ministro, la Dirección General del Ministerio, las Direcciones Generales Sectoriales de Administración, Contraloría, Inteligencia Militar, de Servicios, Bienestar y Seguridad Social y Educación; y por las direcciones y demás dependencias que establezca el reglamento interno.

Artículo 2° La Inspectoría General de las Fuerzas Armadas; el Estado Mayor Conjunto y las Comandancias Generales del Ejército, de la Marina, de la Aviación y de las Fuerzas Armadas de Cooperación, dependen directamente y darán cuenta al Ministro de la Defensa.

Artículo 3° El Ministerio de la Defensa establecerá su organización regional por zonas, de conformidad con lo establecido en la Ley Orgánica de las Fuerzas Armadas Nacionales.

CAPITULO II
Del Despacho del Ministro

Artículo 4° El Despacho del Ministro estará integrado por la Oficina del Ministro, la Consultoría Jurídica, la Dirección de Secretaría y la Dirección de Informática.

Artículo 5° La Consultoría Jurídica tendrá la competencia, organización y funcionamiento establecidos en el Reglamento sobre las Consultorías Jurídicas de los Ministerios y su titular rango de Director General Sectorial.

CAPITULO III
De la Dirección General del Ministerio

Artículo 6° El Director General del Ministerio de la Defensa supervisará, conforme a las instrucciones del Ministro, las actividades de todas las otras direcciones y dependencias de cualquier nivel del Ministerio; evacuará las consultas que aquéllas le formulen, en ausencia del

Ministro, de lo cual le dará cuenta; ejercerá la función de coordinación de las materias que el Ministro disponga llevar a la cuenta del Presidente y al Consejo de Ministros; decidirá los asuntos que por delegación le confíe el Ministro; y ejercerá así mismo las otras funciones que le señalen las leyes y reglamentos.

CAPITULO IV
De las Direcciones Generales Sectoriales

Artículo 7° Corresponde a la Dirección General Sectorial de Administración:

1° Dirigir, asesorar, supervisar y coordinar las actividades administrativas y financieras del Programa Central.

2° Desarrollar el presupuesto de las Fuerzas Armadas y controlar su distribución y ejecución para obtener la utilización racional de los recursos que le sean asignados al Despacho.

3° Dirigir, planificar y coordinar las actividades que en materia de presupuesto, de organización administrativa y estadística correspondan al Sector Defensa.

4° Las demás atribuciones que le confieren las leyes y reglamentos

Artículo 8° Corresponde a la Dirección General Sectorial de Contraloría:

1° Ejercer de conformidad con la Ley el control, vigilancia y fiscalización de la administración de los recursos financieros y de los bienes nacionales adscritos a las Fuerzas Armadas.

2° Ejercer el control de rendimiento y eficiencia de los gastos e inversiones y cuidar de la ejecución eficaz del presupuesto asignado al Ministerio de la Defensa y velar por la conservación de los bienes nacionales.

3° Las demás atribuciones que le confieren las leyes y reglamentos.

Artículo 9° Corresponde a la Dirección General Sectorial de Inteligencia Militar:

1° Ejecutar las operaciones del ciclo de inteligencia militar.

2° Actuar como órgano de seguridad en el ámbito interno y externo de las Fuerzas Armadas, en acatamiento a lo previsto en el Código de Justicia Militar y demás leyes y reglamentos.

3° Difundir inteligencia e información a los organismos competentes para preservar la seguridad del Estado y de las Fuerzas Armadas.

4° Las demás atribuciones que le confieren las leyes y reglamentos.

Artículo 10° Corresponde a la Dirección General Sectorial de los Servicios:

1° Dirigir, coordinar, supervisar y asesorar las actividades de los servicios técnicos y administrativos en apoyo de las Fuerzas Armadas y demás componentes.

2° Las demás atribuciones que le confieren las leyes y reglamentos.

Artículo 11° Corresponde a la Dirección General Sectorial de Bienestar y Seguridad Social:

1° Dirigir, coordinar, asesorar y cumplir con los aspectos relacionados con la seguridad, asistencia social y bienestar del personal militar y civil y de sus familiares calificados, de acuerdo con las leyes y reglamentos que regulen la materia.

2° Coordinar lo relacionado con el Instituto de

Previsión Social de las Fuerzas Armadas, con el Instituto de Oficiales en Situación de Disponibilidad y Retiro, con el Instituto Autónomo del Círculo Militar y con el Fondo Autónomo de Inversiones y Previsión Socio-Económico de los Empleados y Obreros de las Fuerzas Armadas.

3° Las demás atribuciones que le confieren las leyes y reglamentos.

Artículo 12° Corresponde a la Dirección General Sectorial de Educación:

1° Dirigir, supervisar, investigar y evaluar la planificación para el desarrollo integrado de la política y doctrina educativa de las Fuerzas Armadas y para la formación, capacitación, especialización y entrenamiento del personal y de sus unidades.

2° Coordinar todo lo relacionado con el Instituto Universitario Politécnico de las Fuerzas Armadas, el Instituto de Altos Estudios de la Defensa Nacional y los liceos militares e institutos militarizados.

3° Las demás atribuciones que le confieren las leyes y reglamentos.

Artículo 13° Las Direcciones Generales Sectoriales dependerán directamente y darán cuenta al Ministro de la Defensa.

CAPITULO V

Artículo 14° En los reglamentos internos que promulgue el Ministro de la Defensa, mediante resolución aprobada por el Presidente de la República en Consejo de Ministros se determinará, siempre que existan previsiones presupuestarias, el número, competencia, organización y funcionamiento de las direcciones y demás dependencias administrativas necesarias para el ejercicio de las atribuciones que corresponden al Ministerio de la Defensa.

Artículo 15° El Ministerio de la Defensa reorganizado conforme al presente Reglamento Orgánico, comenzará a ejercer a partir del 1° de abril de 1977 las atribuciones que le confiere el artículo 27, Sección Cuarta, Capítulo V de la Ley Orgánica de la Administración Central.

Artículo 16° El Ministro de la Defensa queda encargado de la ejecución del presente Decreto.

Dado en Caracas, a los veintidós días del mes de marzo de mil novecientos setenta y siete. Año 167° de la Independencia y 119° de la Federación.

Según ese decreto, las comandancias de Fuerza quedan en el limbo, pues se les atribuyen funciones a todos los organismos que dependen del Ministerio, menos a ellas. Lo inaudito de este bodrio es que actúan como si un decreto que define la organización del Ministerio de la Defensa pudiese sustituir un Decreto-Ley, como es el 288, que es una Ley de la República. Y lo inaudito del caso es que quien autoriza tal concentración de poder militar en manos de un solo hombre es ¡El propio Presidente de la República! Quien conozca historia de Venezuela sabe que el caudillismo ha sido siempre el cáncer de nuestra democracia. Ese decreto que firma Carlos Andrés Pérez es una patente de corso para un nuevo caudillo: El Ministro de la Defensa.

Actualmente está en el Congreso el Proyecto de Ley Orgánica de las Fuerzas Armadas. Esa es la oportunidad para corregir todos esos desvaríos e introducir el Decreto 288 en esa ley orgánica. De esa forma nos libraremos de la nueva y novedosa avalancha de instructivos, normas operativas, decretos y demás disposiciones legales que además de violar descaradamente las leyes, responden a intereses coyunturales y personales. Es una manera cómoda y fácil de hacer lo que les da la gana. Que la clase política venezolana recuerde que los que no conocen la historia quedarán condenados a repetirla.

A partir del 23 de enero, en la Marina se eliminó la costumbre de entregarles a los oficiales almirantes, en el momento de su ascenso, la réplica del sable del Libertador. Los oficiales que ascendimos en 1959 a la jerarquía de Almirante, el Capitán de Navío Luis Croce y yo, voluntariamente renunciamos a recibir ese sable; el Contralmirante Carlos Larrazábal en gesto de solidaridad con nosotros donó su sable al museo de la Escuela Naval.

Esa joya que el Perú obsequió a Simón Bolívar debe permanecer en la historia como un símbolo de libertad para las naciones a la cual todos los venezolanos, incluyendo los almirantes, debemos admiración y respeto. Tal vez para algunos esa decisión de los que ostentábamos para la época el grado de almirante fue una impertinencia, un gesto destemplado, pero ello ha sido seguido por todos los oficiales de marina que desde entonces han alcanzado la jerarquía de almirante.

Con motivo de mis declaraciones de prensa durante el mes de abril de 1964, declaraciones que no eran una intromisión en la política ni en lo social, el Ministro de la Defensa envía la comunicación circular N° 13 del 14 de abril de 1964 a todas las Fuerzas. En mis declaraciones sólo me refería a lo que la prensa ya había comentado sobre el impasse entre el Comando de la Marina y el Ministro de la Defensa, el cual era ya *el secreto del payaso,* pues ya todo se sabía, hasta el punto que en el diario La Esfera se publicó copia fotostática del Oficio N° 4637 de fecha 13-12-62 (documento que dio origen a todo el proceso de averiguaciones, las cuales determinaron que el Comando de la Marina, por decisión del Consejo Superior, no considerase para ascenso al oficial que estaba denunciado en ese oficio por el propio Ministro de la Defensa y que Ud. lector ya leyó en esta narración). Leamos dicha circular:

En virtud de haber aparecido recientemente en algunos diarios del país declaraciones de oficiales de la Institución Armada, el Despacho transcribe a los efectos de recordar su cumplimiento el texto de los Artículos 438 de la Ley Orgánica de las Fuerzas Armadas y 69 y 70 del Reglamento de Servicio en Guarnición que dicen respectivamente: Art. 438 tampoco podrán los Oficiales del Ejército o la Armada en actividad o disponibilidad hacer publicaciones por la Prensa sobre asuntos profesionales político-sociales científicos o de cualquier otra naturaleza sin autorización del Ministerio de la Defensa. Art. 69 ningún oficial en servicio activo podrá hacer publicaciones en la prensa sobre asuntos de servicios o cuestiones políticas. Art-70 los reportajes y las publicaciones de carácter profesionales y las científicas militares solo podrán hacerse con autorización previa del Ministerio de Guerra y Marina. El Despacho espera el más estricto cumplimiento de estas disposiciones legales porque su transgresión origina especulaciones negativas y perjudiciales a la unidad de doctrina que caracteriza a las Fuerzas Armadas cuyo único portavoz es el titular del Despacho.

D Y F Ramón Florencio Gómez. General de Brigada. Ministro Defensa.

¿Por qué no se me amonesta?, ¿por qué no se me aplica la ley? Muy sencillo, el Ministro me llamó y quiso hacerme un regaño telefónico. Lo oí respetuosamente y cuando terminó le contesté: "Está bien, Ministro, si usted cree que estoy violando la ley ábrame un consejo de investigación; allí me defenderé de las acusaciones que se me hagan". El Ministro no tenía autoridad moral para hacerlo y si lo hubiese hecho, las pruebas que tenía en mi mano con el expediente que resultó de la investigación que el propio Ministerio me había ordenado, eran una bala rasa.

DESPEDIDA

El 2 de junio me retiro del Comando General de la Marina y para despedirme de mi tripulación, envío a todos sus integrantes el radiograma N° 7810 de fecha 3 de junio de 1964. Leamos el radiograma:

Al ser reemplazado del Comando General de la Marina le deseo a los Oficiales, Suboficiales, Clases, Marineros e infantes de Marina y personal civil de la Fuerza una eterna ventura personal, significándoles que en el refugio de mi hogar está el amigo de ayer, de hoy y de siempre. Durante el tiempo que ejercí el Comando lo hice dándole lo mejor de mi esfuerzo, cumplí con mi deber, respeté las leyes, consideré a mis subalternos y tuve una permanente subordinación a la patria y a sus Instituciones, a quienes dí y continuaré ofreciendo todo mi fervor y preocupaciones, todo mi cariño y todo mi afán para contribuir a enaltecer la Institución a la cual consagré la mayor parte de mi vida.

También el mismo día 3, pero a las 19:18 horas (4 horas y 42 minutos después que yo envié mi radiograma de despedida), el Ministerio de la Defensa envía a todas las Fuerzas el radiograma circular siguiente. Leamos dicho radiograma:

El Despacho de la Defensa cumple con informar al personal de las Fuerzas Armadas lo siguiente:

Recientemente han circulado versiones de prensa que pueden provocar confusión al traslucir la idea de un supuesto conflicto entre el Ministerio de la Defensa y un Comando de Fuerza, por haber propuesto el titular del Despacho a la Cámara del Senado ascensos en desacuerdo con el criterio del referido Comando. Tales rumores carecen completamente de veracidad por cuanto todos los ascensos propuestos por el suscrito han sido recomendados por los respectivos Comandos de Fuerza y además, en ningún momento las decisiones tomadas por los comandos superiores pueden ser objeto de deliberaciones.

También se han hecho especulaciones sobre un posible quebrantamiento de normas legales al proponer el anterior titular del Despacho a la Cámara del Senado los siguientes ascensos: Coronel Rafael Alfonzo Ravard, propuesto en Oficio N° 515 de fecha 5 de Marzo de 1964 y Capitanes de Navío Armando Medina, Antonio Ramón Eljuri Yunes y Pablo Cohen Guerrero por Oficio N° 516 de la misma fecha. En ninguno de estos casos fue violada o ignorada disposición legal alguna al respecto ya que dichas proposiciones fueron sometidas a la aprobación de la Cámara del Senado por el anterior titular del Despacho en cumplimiento de disposición del Ciudadano Presidente de la República quien es la única autoridad legal para designar a los Coroneles o Capitanes de Navío cuyo ascenso debe ser sometido a la aprobación del Congreso. Para fijar mejor el concepto se transcribe el Artículo 200 de la Ley Orgánica de las Fuerzas Armadas Nacionales:

"Las vacantes de General en sus diversos grados o sus equivalentes en la Armada, serán concedidas a los Coroneles o Capitanes de Navío y Generales del ejército o Almirante de la Armada designados por el Presidente de la República los cuales serán propuestos por el Ministerio de la Defensa a la Cámara del Senado para su aprobación previa".

También han trascendido informaciones erróneas sobre la renuncia del Contralmirante Ricardo Sosa Ríos de su cargo de Comandante General de la Marina. Este aserto es falso porque ni el Ciudadano Presidente de la República ni el titular del Despacho han recibido la renuncia en referencia y tal circunstancia no puede considerarse posible por cuanto el artículo 235 de la Ley Orgánica de las Fuerzas Armadas Nacionales establece:

"Todos los oficiales e individuos de tropa y marinería que componen las Fuerzas Armadas están obligados a desempeñar las funciones para las cuales han sido nombrados, no pudiendo renunciar ni excusarse de servir un empleo sino en los casos excepcionales previstos en las leyes y reglamentos".

Por otra parte, si es cierto que fue transferido el Comandante General de la Marina pero ello se tramitó de acuerdo con las normas vigentes que rigen los cambios en las Fuerzas Armadas: Necesidades del servicio o la mejor conveniencia en el desarrollo de las actividades militares.

D y F Ramón Florencio Gómez. General de Brigada. Ministro de la Defensa

Distribución: Hasta el escalón unidad táctica para ser

leído en reunión al personal de Oficiales y Suboficiales

Recordemos que ustedes leyeron en esta narración la tensa situación que se vivió en el Comando General de la Marina, la preocupación del Gobierno por mi actitud y la angustia del Ministerio de la Defensa por pregonar la legalidad en los trámites de ascensos. La falsedad y el caradurismo de las frases contenidas en el supracitado radiograma que rezan: "Por cuanto todos los ascensos propuestos por el suscrito **han sido recomendados por los respectivos Comandos de Fuerza**"; y luego agrega "Además, en ningún momento **las decisiones** tomadas por los Comandos superiores pueden ser objeto de deliberaciones", representan la antítesis de lo que debería ser el ejercicio del comando.

Que la primera frase es una descarada mentira no muestra sino un total desprecio del Ministro de la Defensa en sus relaciones con sus subalternos. El dijo públicamente una mentira a sus subalternos y él lo sabía. El Ministro se comporta como un caudillo venezolano del siglo XIX, que en la cumbre del poder no es capaz de ver más allá de sus intereses personales. El piensa que "es" el Ministro de la Defensa, no que "esta" de Ministro de la Defensa. Su filosofía de mando es *"Jefe es Jefe aunque tenga cochochos"*. Además, yo me pregunto: ¿Qué decisiones? Esa no fue una decisión, fue una arbitrariedad, un atropello a la Marina, al Consejo Superior de la Marina y al Comando de la Marina. Con esta decisión se inauguraba la maligna interferencia político partidista en los ascensos militares, que a largo plazo la convertirían en un ejército de papel. También aquí hay otro punto muy importante que ha sido utilizado por los jefes militares para realizar numerosas arbitrariedades que van en perjuicio de las Fuerzas Armadas. Dicen: como yo soy el jefe, por ley tienen que obedecerme. Esto podría ser rigurosamente así en lo operativo, cuando tenemos en frente al enemigo. Pero cuando se trata de decisiones administrativas, que a veces comprometen las Fuerzas Armadas por años, se deberían aplicar técnicas gerenciales modernas y buscar un consenso lo que a la larga proporciona alguna continuidad.

Viendo el futuro desde mí casa sin odios ni rencores y con la firme decisión de recordar el pasado no como nostalgia agobiante, sino como acicate y estímulo para enfrentar el futuro, visto de nuevo el traje de civil y me entrego otra vez al trabajo cotidiano. Tengo ante mí la inmensa tarea de lograr mi independencia económica solo con mi esfuerzo. No estoy dispuesto a aceptar, ni mucho menos buscar, cargos públicos ni embajadas ni ser miembro de directivas en las empresas del Estado para cobrar honorarios por reuniones. Sólo mi trabajo será el que me proporcione la meta trazada.

Después de mi salida del Comando, llamé telefónicamente a la Dirección de Personal para solicitar el retiro del personal de la Policía Naval que custodiaba mi casa. La Dirección me manifestó que de ninguna manera mi solicitud podría ser cumplida, ya que existía la orden del Director de Personal, Capitán de Navío Alfredo García Landaeta, hoy Contralmirante en honesto retiro, de continuar con el servicio de protección que se me venía prestando como Comandante hasta que se realizase una evaluación del caso.

Luego el Comando de la Marina decide retirar la Guardia y me envía el radiograma N° 3001 con el siguiente texto: Para Contralmirante Ricardo Sosa Ríos. Por razones de servicio, el Comando se ve obligado a retirar la guardia en su casa de habitación. Si Ud., considera imprescindible dicha guardia, le estimo manifestarlo por escrito.

D y F Juan Torrealba Morales. Contralmirante Comandante General de la Marina.

Mi respuesta está contenida en el siguiente telegrama:

Para Comandante General de la Marina. Avenida Vollmer San Bernardino Caracas. Recibido su radiograma oficial No. 3001 de fecha quince de marzo. Atribuía la existencia de la guardia, que nunca pedí, al celo de la Marina por mi seguridad personal. Posiblemente mis actos al frente del Comando General de la Marina, en aquellas dolorosas situaciones que demandaron el uso de la fuerza, inspiren en algunos criminales propósitos revanchistas. Por la rectitud de mis actos no abrigo temores de ninguna especie. El Comando puede disponer a su conveniencia de ese personal. Ricardo Sosa Ríos. Contralmirante

ANEXOS

REGRESO AL ZULIA

Con motivo de mi ascenso a Contralmirante, el 4 de agosto de 1959 el Ejecutivo del Estado Zulia me ofreció un agasajo.

Aunque nacido en Caracas, el Zulia era mí segunda patria chica. Allí nací a la vida civil después de mi retiro del servicio activo en la Marina como Teniente de Navío en el año de 1942. Digo que nací a la vida civil, pues fue allí donde encontré el refugio de cariño y trabajo en la emisora Ondas del Lago, cuyo propietario, el Sr. Nicolás Vale Quintero, me brindó el afecto y la oportunidad para cristalizar mis metas en las actividades radiales.

Asistí a la invitación que para homenajearme me envió el Gobernador Eloy Párraga Villamarín como Jefe del Estado Mayor Naval, y con ese motivo pronuncio el siguiente discurso: Queridos amigos:

Me siento profundamente complacido, honrado más allá de mis merecimientos con esta bondadosa recepción, mucho más justificada por la espléndida generosidad de ustedes que por los atributos de mi modesta persona. Hago abstracción de mi humildad para recibirla como natural conducta de la hidalga generosidad zuliana, atenta por tradición al gesto que ennoblece, declinando el honor que me tributa este homenaje en la robusta fuerza moral de la

Institución a la que tengo la suerte de pertenecer.

Debo confesar con grande orgullo una poderosa razón sentimental que acrecienta mi satisfacción. Cuando la brutalidad insurgente embistió contra la República y un mar proceloso de violencia amenazó con naufragar mi porvenir, imponiendo un paréntesis en mi carrera militar, llegué a esta noble tierra como un bajel herido; en ella tomé puerto, en ella anclé mis sueños, en ella volví a levantar velas y puse a navegar mis esperanzas. Hoy, viajero de aquel largo camino que prolongó una carga de dignidad a cuestas, torno al regazo espiritual de sus hijos, a recibir el testimonio de un aprecio que acaso me ha ganado la sola inclinación de amar el bien y repudiar el mal. En esta ocasión, cuando un Congreso legítimo autoriza, y el Presidente de la República me otorga el ascenso que con gran satisfacción recibo, porque me lo confiere un Gobierno de personalidad constitucional, emanado de unos libres comicios, previamente autorizado por un Senado, también, libremente elegido. Esto significa, que es un ascenso alcanzado con la venia y anuencia del pueblo.

Los oficiales de las Fuerzas Armadas de extracción y temple democrático, tenemos un alto y sagrado concepto del ascenso, concibiéndolo no como pedestal para encumbramientos, sino como causa obligante a seguir con modestia la línea del deber y el civismo bajo la majestad de las instituciones.

Por esa consideración los oficiales vemos complacidos que la Cámara del Senado, discuta, objete, defienda o impugne, las hojas de servicio que califican los ascensos. En el pasado esto no acontecía; el Senado, con vista a la nómina enviada por el Ministerio de la Defensa, acataba órdenes y confirmaba disposiciones; nunca hubo objeción. Se fomentaba, así, una idea de viciosa parcialización que exhibía como un tabú a todo lo relacionado con la Institución Armada, creando un nefasto separatismo entre militares y civiles. Un grave error. Nosotros sabemos y tenemos conciencia de ello porque sólo somos simplemente ciudadanos armados para la defensa de la patria y sus instituciones; sean éstas militares, civiles, políticas, culturales o religiosas. Con el mismo coraje y ardor venezolanos debemos defender un cuartel, un buque, una academia, un liceo, una escuela, un templo, o un congreso soberano como éste que ahora dignifica la nación; es decir, todo aquello que es baluarte de la patria y, en conjunto, forma patrimonio de valores eternos. Sabemos asimismo, y queremos que nuestro pueblo lo sepa, que respetamos y haremos respetar y obedecer las leyes al igual que nuestros compatriotas, que debemos hacer constante manifestación de estos principios, para que nuestro pueblo calibre y ausculte el valor integral de su Institución Armada y el patriótico sentimiento que palpita en su ámbito.

Con los auspicios de un Gobierno Constitucional, vale decir, con el auspicio del pueblo, hemos llegado a la cima de la carrera naval. Nuestra fe en la Marina, en sus hombres y en el concurso de las demás fuerzas, nos hace fuerte el brazo y robusto el corazón para hacer honor al compromiso que solemnemente hemos adquirido con nuestro pueblo: amparar sus derechos.

El recuerdo glorioso y el ejemplo de los Libertadores, nos impele a reafirmar nuestra devoción democrática, nuestro nacionalismo, nuestra indeclinable adhesión a los principios constitucionales; nuestra línea de conducta al lado de los defensores de la libertad; al lado del pueblo.

Los oficiales superiores que comandamos la Marina y los que ejercen funciones docentes en los institutos navales, estamos firmemente empeñados en preparar más, y en mejores condiciones a los que habrán de reemplazarnos con ventaja. Estamos empeñados en demostrar una conducta dedicada exclusivamente al servicio de la patria, al ejercicio de la profesión, significando a nuestros subordinados que estamos laborando, no con aspiraciones de alcanzar posiciones personales, sino con la divisa de robustecer la Institución como legítimo recurso del pueblo, como una Institución suya, aliada de sus angustias, protectora de sus derechos, auxiliar de su libertad.

Los que dirigimos la Marina interpretamos como elemental patriotismo excomulgar el golpe traidor, y como fundamental obligación, respetar, defender y proteger su integridad de todo riesgo.

Nuestra presencia en los cuadros superiores de la Armada tiene que obedecer a una profesión de fe democrática.

En la accidentada historia de las revoluciones venezolanas, las Fuerzas Armadas han sido víctimas, como otras organizaciones, de la obcecada ambición de mando de pequeños grupos militares y civiles. Esos grupos triunfantes, buscando el apoyo popular, se comprometieron siempre a darle a nuestro pueblo la democracia que tanto reclamó. El resultado fue siempre el mismo: fraude, esquilmación y vituperio. Pero llegó la escaramuza del primero de enero y bastaron tres lánguidos meses para que, en lo que pareció una epifanía de libertad, laborasen hombros a hombro, dolor a dolor, civiles y militares, venezolanos todos, émulos cada uno de pujante valor y entrañable patriotismo. Esa unión será el eterno signo del progreso nacional. La convivencia, más que la coexistencia del civil y del militar.

En esta hora de responsabilidades, donde cada venezolano tiene que cumplir con su deber, sabemos bien que aquéllos militares que pregonan democracia y ejecutan maniobras dictatoriales están contribuyendo a la destrucción y desprestigio de las Fuerzas Armadas; porque este pueblo, tan noble, pero tan resuelto, cuando pierda la calma y eructe odio para cobrar engaños, será un torbellino de justicia agraviada, una tromba marina que arrastrará y destruirá todo lo que encuentre a su paso.

Afortunadamente, los comandos y cuadros superiores de nuestras Fuerzas Armadas tienen tan claro juicio de sus obligaciones que descansamos en la confianza de que cada día se acentúa más un balance de superación que es la mayor garantía de nuestro porvenir. Estamos seguros que Venezuela se enrumba definitivamente, con paso seguro, hacia la conquista absoluta de su tranquilidad, hacia la consolidación plena de sus libertades. Ya en las Fuerzas

Armadas se actualiza aquella serena y esperanzadora meditación de Lincoln: "Se puede engañar a unos todo el tiempo, a todos poco tiempo, pero no se puede engañar a todos todo el tiempo".

A todas estas halagüeñas promesas de nuestra realidad social, militar y política que tanto ennoblecen la razón de vivir y tanto pueblan de hermosas esperanzas el futuro de la República, se agrega como anticipada vendimia esta gentil cordialidad de ustedes, ante cuyas virtudes asumen mis sentimientos rango de consecuente gratitud y solemne compromiso de honrarla y de servirla.

Muchísimas gracias, queridos amigos.

EL IMPERIO DE UN IDEAL

Con motivo de mi visita a los Estados Unidos de Norteamérica, atendiendo la invitación formulada por el Almirante George Anderson, Jefe de Operaciones Navales. En el acto de imponer la condecoración "Orden al Mérito Naval", a altas personalidades de la Marina del citado país, pronuncié el siguiente discurso.

Señores:

Considero que la invitación que me ha permitido encontrarme con ustedes aquí, cursada por el Almirante George Anderson, distinguido Jefe de Operaciones Navales de los Estados Unidos de América, es, lo digo sin hipérbole y con nítida sinceridad, una deferente invitación que le ha formulado la poderosa Marina de Guerra del país de Jorge Washington y Abraham Lincoln a la prometedora Marina de Guerra de la Nación del Libertador Simón Bolívar y del Gran Mariscal Antonio José de Sucre, genuinos forjadores de nuestras nacionalidades.

Lo conceptúo así porque la recia personalidad del Almirante Anderson se halla tan consubstanciada e identificada con la Institución naval de su patria que su nombre, su persona, su vida y sus actos no pueden desligarse ni apartarse de ella. Por eso, su alta jerarquía y su nombre, lo asocio inseparablemente a las Fuerzas Navales Norteamericanas.

En lo que a mí respecta, le expreso que sólo soy el representante de la Marina de Guerra de Venezuela por cuanto ejerzo su Comando General, y como tal, en nombre de ella, me ha correspondido aceptar esta invitación que significa un ferviente homenaje que se le hace a las Fuerzas Navales de mi patria, que me enaltece y llena de consciente satisfacción, pues, estos testimonios de amistad del Jefe de Operaciones Navales de los Estados Unidos de América, para la Armada Venezolana, traducen la fraternidad, afectos y respeto mutuo que vienen prodigándose nuestras Instituciones

Esto no podría ser de otra manera, porque estamos llevando y nutriendo nuestras relaciones con obvia franqueza y reverente bondad, con diáfana lealtad y soberano empeño de hacer prevalecer en todo tiempo la causa de la dignidad humana y de la sagrada libertad.

Mientras procedamos así, la amistad y cooperación que requieren para su desarrollo y progreso nuestros países y sus Instituciones, se afianzarán, se consolidarán. . . y el beneficio que se reciba tendrá que ser mayor y más positivo, porque será el resultado, la consecuencia y el fruto de ideales y aspiraciones comunes, de angustias y quehaceres colectivos.

Es oportuno manifestar la gratitud y el reconocimiento que tenemos con la Marina Norteamericana y con esta nación, porque además de la cesión de los buques de guerra que en reciente pretérito enarbolaban la gloriosa bandera de este país y hoy, surcan los mares representando a Venezuela y a su Marina de Guerra desplegando el pabellón legado por nuestros próceres, hemos recibido equipos, herramientas y asistencia técnica, especialmente en varios talleres donde muchísimos venezolanos que no visten el uniforme de las Fuerzas Armadas aprenden y se adiestran en una profesión, en un arte u oficio. Esta ayuda Norteamericana no sólo se ha circunscrito al campo Militar-Naval, es decir, al específico de las armas, sino que se ha extendido a áreas civiles, como se deduce de lo que acabo de expresar.

Mas me corresponde reconocer que la Marina Norteamericana ha contribuido eficientemente al progreso y tecnificación de la Marina de Guerra venezolana, quien debido a esa contribución, se encuentra preparada y expedita para coadyuvar activamente, cuando lo demanden las circunstancias, a participar en la defensa y protección del Continente Americano, en acciones conjuntas con las flotas de los países que lo integran. Esperamos que en el futuro sigamos recibiendo esa colaboración para que podamos aumentar nuestra capacidad y eficiencia a fin de cumplir las tareas que se nos atribuyan en resguardo de la soberanía continental, de la legítima defensa de los Estados Americanos y de sus inalienables derechos de libertad

La Marina Venezolana está en permanente vigilia. Sus unidades y sus hombres se hallan prestos a cumplir a cabalidad la tarea que le corresponde conforme a los compromisos contraídos por nuestro país y su gobierno, destinados a precautelar la seguridad común del Continente y defenderlo de cualquier agresión que pueda ser objeto. Tenemos la firme convicción que todas las Marinas del continente defendemos y protegemos los suelos patrios, los derechos soberanos de nuestros pueblos y la independencia de nuestras naciones. Por ello, cuando el Jefe del Estado venezolano, impartió instrucciones precisas para que los destructores de nuestra Marina zarparan a cumplir faenas de patrullaje a la orden del Comandante de la Flota del Atlántico Sur, la oficialidad naval y el personal subalterno de la Armada Nacional experimentó patriótica complacencia y procedió a ejecutar con decisión la orden de nuestro Presidente, quien es además por imperativo constitucional, Comandante en Jefe de las Fuerzas Armadas Nacionales. Así se hizo realidad los principios básicos estatuidos en los tratados multilaterales signados por Venezuela, principalmente los contenidos en el Tratado Interamericano de Asistencia Recíproca, suscrito en

Río de Janeiro el 2 de septiembre de 1947 y en la Carta de la Organización de los Estados Americanos, suscrita en Bogotá el 30 de abril de 1948. Fue satisfactorio para ellos y para mí participar de manera efectiva, en compañía de las Fuerzas Navales Norteamericanas y de otros países, en una acción que además de conllevar la protección del continente americano tendía a defender los principios éticos de nuestra civilización y los preceptos legales que siempre hemos invocado y que en ese momento crucial cumplimos, ya que constituyen los fundamentos de nuestra comunidad Internacional. Creemos que llegó la hora en que los principios deben respetarse y ser acatados, para el positivo resguardo de la soberanía continental y del patrimonio material y moral de sus pueblos.

Formamos parte de un pueblo amante de la libertad, respetuoso por tradición y convicción de los derechos del hombre. Bolívar dio ejemplo a la América y al mundo llevando la antorcha de la libertad fuera de su patria, y en la fragua donde forjó pueblos libres, fundió en la conciencia venezolana la determinación inquebrantable de no admitir tiranías, vengan de donde vinieren.

Creemos profundamente en la democracia como sistema insustituible de Gobierno y es por ello que la Marina de Guerra mantiene y mantendrá su posición inalterable de respeto total al gobierno emanado de la voluntad popular.
Si en las contiendas cívicas se pueden observar opiniones contradictorias, no así en el campo militar, donde el único camino a transitar es el señalado por la Constitución y las Leyes de la República.
Somos eminentemente nacionalistas y es norma invariable de la institución armada, la defensa permanente al derecho a ser libres y soberanos. Respetamos la tradición cristiana de nuestro pueblo y su inalienable derecho a expresar libremente su pensamiento.

La Marina de Guerra en leal afinidad con las normas del gobierno constitucional, es y será celosa guardián en el cumplimiento estricto y cabal de los compromisos contraídos por el Estado en la defensa del continente. Por ello, teniendo un claro concepto de su misión y de su importancia en el escenario americano, durante la segunda Conferencia Naval celebrada del 1° al 8 de junio de 1960 en Key West, donde orgullosamente representé a mi país, señalé la conveniencia de indicarle a la Junta Interamericana de Defensa, mayor atención a los planes defensivos navales toda vez que, el problema de la defensa del continente tendrá que hacerse, llegado el caso, en el campo naval. Hoy, ante la experiencia que acabamos de vivir, ratifico ese criterio.

Almirante Anderson:

Usted ha contribuido a fortificar y consolidar estos principios, aún más, por las eminentes cualidades que posee como ciudadano, como Oficial Almirante y como amigo de la Marina de mi país; por ello, ha sido distinguido con la condecoración de la "ORDEN AL MERITO NAVAL" en su primera clase. Esta condecoración fue creada por ley del Soberano Congreso Nacional de fecha 21 de junio de 1948. La instituyó para premiar los servicios prestados a la Marina de Guerra de Venezuela, y por mandato legislativo se confiere a nacionales y extranjeros que la merezcan por sus obras, actos y méritos sobresalientes. En la joya que se les entrega, nuestra Armada sintetiza y simboliza el reconocimiento a usted por los meritorios servicios que le ha rendido a la Marina de Guerra Venezolana y por los atributos personales y profesionales que le son inherentes.

Contralmirante Quinn, jefe de la Oficina de Asuntos Panamericanos:

Usted con su eficiente colaboración también ha contribuido a fortificar los lazos de amistad entre nuestras Marinas y por ser un excelente oficial de meritoria trayectoria, mi gobierno desea en esta ocasión, manifestarle su reconocimiento por sus relevantes cualidades.

Capitán de Fragata Allbright:

En nuestra Marina permanece el recuerdo de su estada en la Misión Naval, que técnicamente nos asesora y crea lazos de amistad entre nuestras Marinas. Por su excelente trabajo realizado en mi país como miembro de dicha misión le estamos rindiendo este público homenaje.

Hago propicia la ocasión para expresarles que las unidades y las armas recibidas de los Estados Unidos de Norteamérica, estarán siempre al servicio de la democracia y de sus instituciones. Por lo tanto es lógico, que siendo vuestro país fuente de adquisición de los elementos y equipos que requiere la Marina de Guerra de Venezuela para su desarrollo, funcionamiento y tecnificación, reitero una vez más ante ustedes, el deseo que tenemos de resolver los problemas de adquisición de unidades y equipos que necesita nuestra Armada.

Den ustedes a su Gobierno, la seguridad absoluta de que esas armas y equipos tendrán como única y exclusiva finalidad la defensa de nuestro Continente y por ende el derecho a la libertad de nuestros pueblos y al disfrute de la democracia, bajo cuyo imperio han de vivir los Pueblos de América, de acuerdo al ideal de nuestro Grande Hombre, el Libertador Simón Bolívar.
Señores.

IMPERATIVA DOCTRINA DEL MANDO NAVAL

Con motivo de la celebración del "Día de la Marina" el 24 de julio de 1962, pronuncio el siguiente discurso:

Señoras y Señores:

Nuestros buques y establecimientos se engalanan hoy con el decoro y la austera sencillez que impone la tradición naval republicana, y, como es deseo en lo más profundo de nuestras convicciones cristianas y patrióticas para celebrar el "Día de la Marina'. Actos como este, simbolizan una legítima profesión de fe y son recordatorio perenne de los votos que los hombres armados de la República hemos hecho al consagrar nuestras vidas para el servicio de la patria, de su pueblo y de sus instituciones.

Acertada y feliz fue la disposición ejecutiva que en el año de 1946 instituyó esta celebración anual para honra y orgullo de la Marina, conmemorando así el nacimiento del Libertador Simón Bolívar y el aniversario de la Batalla Naval del Lago de Maracaibo. Esta doble y ejemplar significación que en el acontecer venezolano tiene esta fecha para los hombres de la Marina y para todos nuestros compatriotas, reúne en una misma página del calendario dos hitos fundamentales de la historia con indeleble huella de gloriosas efemérides. En efecto, todo un ciclo esencial dentro del proceso de nuestra formación como pueblo y como entidad soberana, quedan comprendidos entre aquel 24 de julio de 1783 cuando en la mansión de San Jacinto abre sus ojos a la luz el futuro genio de la emancipación americana y aquel otro 24 de julio, el de 1823, cuando las naves patriotas al mando del almirante Padilla, sellan con el triunfo sobre la escuadra realista, el dominio definitivo de nuestros mares y costas confirmando de esta manera la independencia tan brillantemente ganada en tierra sobre el inmortal Campo de Carabobo

Aquel niño nacido en la colonial Caracas, había alcanzado el cenit de la gloria llevando su espada guerrera y luminosa a la cabeza de los ejércitos republicanos sobre el lomo de épicas cabalgaduras o sobre las cubiertas de naves heroínas.

Bolívar expresaba al almirante Brión en 1820: "La Marina llama toda mi atención y es objeto de mis frecuentes meditaciones". Ciertamente, una y otra vez a lo largo de esa fecunda etapa histórica, el Libertador manda a organizar y dotar las escuadras y flotillas necesarias a la guerra de independencia; las coloca bajo el mando de expertos y recios hombres de mar. En ocasiones, él mismo embarca y realiza expediciones desde buques artillados, concibiendo, como estratega que fue de mar y tierra, la disposición y empleo de las Fuerzas Navales. El 24 de julio de 1823 ve culminar la honra y gloria de de sus esfuerzos dedicados a la formación de una Armada digna de enfrentarse al poder español en América. Años después moría para la vida terrenal en la villa de Santa Marta.

Lo que fuera en un comienzo lejano sueño romántico de un grupo de iluminados llegó a la categoría de realidad; hubo al fin patria libre y soberana y correspondía entonces a sus hijos engrandecerla y fortificarla. El nacimiento de una nueva república significó a su vez la gesta ardua y fecunda de las instituciones, las que actuando como organismos vivos y pensantes fuesen capaces de tener voz propia y sonora en el concierto universal. Y es precisamente una de esas instituciones necesarias a la permanente defensa del país, la que hacía su entrada triunfal por las puertas amplias de la epopeya con la batalla naval de Maracaibo. Fue la Marina de Guerra con los héroes de aquel 24 de julio de 1823 la que señaló su presencia y su vigencia como brazo armado para la salvaguarda de la recién conquistada libertad.

Desde entonces la institución naval ha continuado su ascenso íntimamente vinculada a la evolución del país hasta alcanzar el grado de madurez y de elevado progreso que hoy ostenta y del cual nos sentimos justamente orgullosos todos los que de una u otra forma contribuimos a su desarrollo.

Señoras y Señores:

Es hora propicia para que los venezolanos sin distinción de ninguna especie, tomemos conciencia de que la defensa integral de la nación reclama el interés de todos, porque esa defensa, supeditada en esta era atómica a las grandes mutaciones que ha sufrido el concepto de la guerra como consecuencia de significativos cambios y adelantos en los campos científicos, económicos, tecnológicos y políticos, regidos ahora por la conquista del espacio y por la pugna ideológica, necesita urgentemente de una orientación y una doctrina que identificada con la realidad venezolana y continental, nos permita organizar y dotar a las Fuerzas Armadas en forma ágil y eficiente; estructurando sistemas civiles de seguridad y servicios conexos con la defensa; estableciendo los medios de integrar la industria a la cadena logística de producción, para hacer frente a cualquier tipo de emergencia y crear los establecimientos, instalaciones y servicios productivos estatales, necesarios a la institución armada para su autosuficiencia. Especialmente en los renglones más importantes de materiales de uso militar. También requiere fomentar los cuadros de reservas en especial de oficiales; efectuar las reformas imprescindibles para que el servicio militar obligatorio sea cumplido por todos los comprendidos dentro de los términos de la ley, sin distinción alguna, y que permita ser útil a la orientación y formación vocacional.

Por último, hacer una permanente labor educativa en todos los estratos sociales para inculcar el concepto de defensa integral, no como ruta hacia un "Militarismo" similar al que ejercido lamentablemente por militares y civiles, subyugó y enervó la república en reciente pretérito, sino como medios tuitivos de los intereses superiores de nuestra patria y sus actos como nación soberana. De ello somos responsables por igual civiles y militares, porque en esa filosofía, está comprendida nuestra condición de ciudadanos integrantes de un país libre.

El Ejército, la Aviación, la Guardia Nacional, la Marina y los demás organismos de defensa no pueden concebirse como cuerpos aislados en sus sedes autárquicas, a la manera de aquellos ejércitos de las monarquías pastoriles y operáticas que gobernaron Centro Europa. Nuestras Fuerzas Armadas tienen que ser mantenidas dentro de la moderna concepción y el empleo de las armas, listas para todos los tipos de operaciones imaginables, para nuestras características geográficas, políticas, económicas y sociales. Gobernadas con esa feliz concepción definida acertadamente en los considerandos del decreto 288 de fecha 27 de junio de 1958, "con una completa comunidad de principios y procedimientos, basada en una unidad de doctrina elaborada y periódicamente revisada por los organismos especializados de tierra, mar y aire y de común acuerdo, pero con una completa autonomía para resolver los problemas particulares de cada uno de ellos según sus doctrinas individuales y en función de los medios de operación, condiciones de vida, necesidades logísticas y demás factores no comunes a los demás". Por supuesto que estas Fuerzas Armadas se mantienen subordinadas al mando supremo del Presidente de la República en su carácter en jefe y bajo la egida del Ministro de la Defensa.

Esto viene a reflejarse en el proyecto de Ley Orgánica de las Fuerzas Armadas Nacionales elevado por el Ejecutivo al Congreso Nacional y pendiente actualmente de discusión en las Cámaras. Con este nuevo instrumento jurídico, nuestra institución armada contará con importantes medios legales de perfeccionar su organización y corregir anacronismos y defectos que han venido entorpeciendo algunas realizaciones perentorias. La Marina por su parte aspira a que por medio de la cabal interpretación legal y reglamentaria se proporcione, en forma precisa, el completo ejercicio de la autoridad necesaria al control del tráfico marítimo. En tal sentido el Estado Mayor Naval ha venido trabajando tesoneramente en el estudio de la organización de las Zonas y Distritos Navales, el servicio de Guardacostas, las Capitanías de Puerto, la Policía Marítima y los demás órganos, fuerzas y servicios que requiere el país para control naval de sus aguas y costas.

Y así como es justo elevar a la majestad de la ley los sistemas y procedimientos necesarios al perfeccionamiento de nuestra organización y a su funcionamiento eficiente, también lo es revalorizar nuestra moral, nuestra tradición y nuestra doctrina de manera que el ámbito espiritual de la institución ofrezca cotidiana fortaleza para que todos nuestros actos, obras y palabras sirvan con mayor eficiencia a la tarea de todos y al común ideal.

Con este sincero propósito, el Comandante General de la Marina no ha escatimado el esfuerzo, la voluntad ni las medidas de orden reglamentario para que la honestidad, la honradez y la equidad de la justicia iluminen el camino que a diario transitamos, porque nos asiste la fuerza de la razón para mantener los principios por los cuales lucharon nuestros libertadores.

La celebración de hoy nos encuentra este año consagrados con profunda devoción y mayor ahínco al cumplimiento de nuestras responsabilidades, unidos todos los jefes, oficiales, cadetes, suboficiales, clases, marineros e infantes de marina, por la común tarea y la unánime idea de que la institución está por encima de todo otro interés que no sea el del mantenimiento de la soberanía nacional y del orden legal que emana de la Constitución y las Leyes de la República. Por sostener tan elevados principios, el luto y las profundas heridas materiales y espirituales que nos han conmovido últimamente, han significado dolor, tragedia, consternación y aflicción, pero jamás nos han amilanado, porque nos asiste Dios Todopoderoso acrecentando nuestra fe en los destinos de la patria.

Que lo sepan y entiendan quienes todavía abrigan esperanzas de resquebrajar nuestra institución, dominar sobre el ánimo de nuestros hombres y desvirtuar la esencia de nuestros principios. La unión de los componentes de la Marina de Guerra Venezolana ha quedado fortalecida sobre las ruinas de la apostasía de que fuimos objeto, y esa unión no es meramente dialéctica ni aparente, ni es tan sólo materia de este discurso. Es monolítica, objetiva y real. Por otra parte, es muy difícil que quienes se fingieron defensores de la democracia y de la libertad para luego asaltarlas impúdicamente tratando de desacatar el orden jurídico e incitando al desconocimiento de la voluntad popular, engañen a nuestros soldados.

Que recapaciten bien los aventureros del golpe de Estado, los que ayer condenaban la asonada y hoy la alientan o propician, los que de una u otra manera con sus palabras o con sus actos, están contribuyendo consciente o inconscientemente como caldo de cultivo para el germen infame de una violencia que en sus apetitos devorará también a sus iniciadores.

Deseo, y conmigo estoy seguro que lo desean también todos los miembros profesionales de la Marina, hacer un llamado a la conciencia de los que vistieron el uniforme con que la República nos distingue para su servicio en las armas. Si creen que pueden servir y ser positivamente más útiles al país y a su pueblo en el terreno de la política o en el de la contienda cívica o que de una u otra manera desearan dedicar sus esfuerzos, sacrificios y luchas a las ideas, filosofías o credos que ellos aspiran ver fructificar, que en forma viril y digna soliciten su retiro de los cuadros de las Fuerzas Armadas y vistan el honroso traje de paisano con el cual pueden llegar, después de una cívica lid y de manera más ejemplar, a los altos destinos del poder mediante el voto de sus conciudadanos. Estamos seguros de que quienes así procedan, se harán acreedores al respeto de todos. La patria perderá un militar, pero ganará un ciudadano con todas sus facultades, y las Fuerzas Armadas le agradecerán su patriótico gesto.

Los jefes y oficiales de la Marina nos mantenemos en nuestras respectivas posiciones profesionales y de mando, cumpliendo tesoneramente con los deberes y respon-sabilidades que nos imponen las leyes y reglamentos. Somos fieles al mandato de los preceptos constitucionales y estamos al servicio del poder civil de la República para el mantenimiento del orden legal y de la paz pública. Esta forma de actuar nos otorga fuerza moral y fortaleza espiritual para merecer la estimación y confianza del pueblo y de sus poderes constituidos, quienes pueden estar seguros de nuestra inquebrantable lealtad. Junto a los otros jefes y oficiales de las distintas fuerzas hermanas, comulgamos con idénticos principios institucionales, rechazamos todo cuanto menoscabe la integridad civil y militar de la República y creemos firmemente en la prevalencia de la ley, la cual estamos dispuestos a hacer acatar a cualquier precio.
A pesar de nuestra preparación para la guerra, y contra lo que algunos puedan creer y difundir, nuestra

formación ciudadana, educativa, moral y religiosa nos obliga a condenar la violencia como método o sistema de lucha ideológica en el seno de la patria. Por lo tanto, no entendemos cómo puede propiciarse el fratricidio y el terror en las contingencias civiles de la política, cuando en un país como el nuestro se han madurado las condiciones para que los programas e ideología de los diferentes grupos tengan normal desenvolvimiento en medio del respeto a la ley y la convivencia de los ciudadanos, hijos todos de un mismo suelo. Todo esto garantizado por unas Fuerzas Armadas que no están al servicio de una persona, ni de un grupo, ni de una doctrina distinta de la que consagra la Constitución. Tenemos entonces que dar por evidente que quienes comulgan con la tónica de introducir la violencia en el clima nacional, están desde hace tiempo contribuyendo al desarrollo de una estrategia concebida para destruir en nuestro país los valores morales, históricos, políticos, sociales y económicos que tantos sacrificios nos han costado y que a diferencia de muchos otros pueblos nos han colocado en esta segunda mitad del siglo veinte en posición rectora para edificar la estructura de una comunidad económica, espiritual y políticamente justa y vigorosa. Esa tarea requiere del concurso de todos los venezolanos, de los que sienten y comprenden y de los que necesitan que se les haga sentir y comprender. Esto es una revolución, es la revolución que pretenden detener los enemigos de nuestra soberanía, es la revolución que necesita el apoyo decidido del pueblo y Fuerzas Armadas, es la revolución que las mentes timoratas y los intereses personalistas tienen que entender y asimilar.

Ante este momento crucial, la Marina conoce su deber en el proceso histórico que vive la República. La Marina conoce su tarea, sabe que la doctrina para esta revolución está consagrada en nuestra Constitución y por ello apoyará a los poderes del Estado para que se cumpla y se haga cumplir. Los venezolanos tenemos confianza en que su ley fundamental no será defraudada, preterida ni desvirtuada, y ante esta certeza, es preciso que el mensaje de nuestra institución se pronuncie en mi voz de Comandante General para ratificar en este "Día de la Marina", en la presencia de nuestro Comandante en Jefe, de nuestro Ministro de la

Defensa y de los demás miembros del gobierno, que nuestra Fuerza pide que cesen de una vez por todas los actos de violencia en el campo de la lucha política y ciudadana, porque de lo contrario, está dispuesta a usar sus buques y unidades, en conjunto con las otras Fuerzas, en las tareas que se le encomienden y también en las que por propia apreciación corriente de la situación, sean menester ejecutar, para hacer que se respete el orden constitucional y se mantenga la paz pública en acatamiento del poder público y legítimo ejercido por el ciudadano Presidente de la República.

Señoras y Señores:

Triste es hacer referencia a los desgraciados sucesos de Carúpano y Puerto Cabello; nada tendría que añadir a la cruenta descripción de los actos insurreccionales ya conocidos, y en estos momentos sería mención dolorosa para el recuerdo de la familia venezolana, sin embargo, el deber nos impone hacer memoria de los que inmolaron sus vidas como víctimas de una estéril lucha signada por el fratricidio. En ambas ocasiones la Marina actuó haciendo honor a la palabra empeñada y con entereza, valentía y arrojo junto a las demás fuerzas hermanas, defendió el honor legal que es el orden de la República.

En Carúpano, la Compañía "A" de fusileros del Batallón de Infantería de Marina reforzada "Simón Bolívar" acantonado en esta jurisdicción, bajo el comando unificado de operaciones, actuó a la vanguardia y entró bizarramente a la plaza insurrecta para someter a los facciosos, logrando su objetivo con el apoyo decisivo de las demás unidades de tierra, mar y aire.

En Puerto Cabello, el área de la Base Naval fue recapturada por su comando legítimo en forma heroica al promediar la tarde del día inicial de la sublevación. Los buques surtos en el puerto defendieron denodadamente el régimen constitucional que conlleva el honor de la Armada, atacaron y hostigaron a los insurrectos y contribuyeron en forma efectiva al sometimiento de los mismos; fue honroso y aleccionador comprobar cómo funcionó la sucesión de mando y cómo se puso de manifiesto en forma ejemplarizante el propósito irrenunciable de sostener el régimen constitucional.

La actuación del Ejército, de la Aviación y de la Guardia Nacional tanto en Carúpano como en Puerto Cabello, fue como corresponde a la alta eficiencia de sus cuerpos, tácitamente ejemplar y decisiva y su conducta constituye un paradigma para los ejércitos de tierra, mar y aire de algunos países de nuestra América.

No deseo pronunciar nombres de personas ni de unidades armadas; los que cumplieron con su misión son todos héroes del deber cumplido, la patria de una u otra manera ha premiado o premiará sus esfuerzos.

La mentalidad de los jefes y oficiales de las Fuerzas Armadas Nacionales no está gravada por hipotecas ideológicas; la desviación de unos pocos no menoscaba la integridad de la mayoría consciente. En nosotros, el sostenimiento del sistema democrático es consigna general por ser el único ajustado a nuestra realidad para gobernar, porque logra el bien colectivo de la vida nacional en todos sus aspectos. Por eso el sostenimiento de la democracia es nuestra principal misión en el orden interno. Sabemos y comprendemos que en el ejercicio de los derechos ciudadanos y en especial en la del sufragio universal y secreto, reside la garantía de que las instituciones no serán gobernadas por el disponer arbitrario de unos pocos, sino por la voluntad soberana del pueblo ejercida a través de los órganos que señala la Constitución.

Quienes estén pensando en aglutinar fuerzas para "madrugar" el deseo y los derechos de los venezolanos, pueden de una vez ir colocando en su lista de adversarios, al lado de la gran mayoría del pueblo, a los integrantes de la Marina de Guerra.

Ante los venezolanos que visten traje de civil, ante los venezolanos que gozan del privilegio de ejercer el derecho del voto, ante los extranjeros que han encontrado en nuestro suelo permanente vendimia para sus esfuerzos, ante todos los que sienten y quieren nuestra patria, la Marina empeña su palabra de honor de que seguirá otorgando todo su respaldo al poder civil legal y legítimamente emanado de la voluntad popular.

Si bien es cierto que nuestra institución ha tenido y sufrido en carne propia los errores y las faltas del humano comportamiento, no es menos cierto que hay hechos y tareas que merecen alabarse y ser reconocidas.

En el año naval que va entre el 24 de julio de 1961 y este día, la Marina ha superado su capacidad operativa, mejorado sus sistemas y procedimientos, su adiestramiento y educación, su administración y sus funciones logísticas de material y personal, y gracias al interés y comprensión del gobierno y la cooperación de sus organismos estatales, pese a las limitaciones y el sacrificio que impone un presupuesto que el bien de la República impone sea austero. Hemos aumentado con invalorables adquisiciones el número de unidades flotantes para los servicios auxiliares, unidades éstas que también son útiles en tareas de paz y bien colectivo.

Conviene ahora referirnos a nuestro preciso y concreto propósito de velar porque en lo administrativo, la organización y procedimientos internos encuentren en los cuadros de la Marina de Guerra la estructura y actitud moral que garanticen el más alto índice de pulcritud en el manejo del dinero y bienes que os venezolanos le han encomendado a la administración naval.

Así, propicia es la oportunidad para enfatizar sobre el reiterado e indeclinable compromiso del Comando, de establecer las responsabilidades pertinentes en todo hecho que de una u otra manera, directa o indirectamente quebrante el deber de probidad de todo funcionario. En consecuencia, en nuestro Comando no hay falta en este orden que no se castigue, ni delito que no sea penado.

La Marina ha establecido técnicos y novedosos sistemas para controlar a sus funcionarios y para administrar lo que se le ha confiado, los cuales podría exhibir como modelos dignos de ser llevados a la práctica en otros órganos de la administración pública.

En estas tareas de perfeccionamiento, adiestramiento y operaciones, nuestra Marina no ha estado sola, valiosos aportes ha recibido en nuestro propio país y en el extranjero.

La mención se hace obligante en estos momentos junto con la palabra de agradecimiento para el Ejército, la Aviación y la Guardia Nacional, fuerzas hermanas que en distintas formas y circunstancias nos han brindado su decidida cooperación, así como también para la Armada de los Estados Unidos de América, que en forma directa o por intermedio de la Misión Naval acreditada en nuestro país, nos ha brindado su colaboración. Vayan también nuestros agradecimientos para las Armadas de Colombia, España, Brasil, Italia y Chile, que fraternizando con la nuestra por fuertes lazos de amistad y mutuos nexos históricos, nos han prodigado en diversas formas sus sinceras y valiosas colaboraciones, sin exigirnos reciprocidad alguna.

Me permito manifestar públicamente, sin ánimo de halago porque a ello no somos afectos los hombres de la Marina, el reconocimiento que tiene la Marina para con el ciudadano que ejerce la Primera Magistratura de la República y para los componentes de su gabinete ejecutivo, por la forma preocupada y diligente como el poder ejecutivo ha atendido a la solución de nuestros problemas en general y al desarrollo de la política naval del país.

En este nuevo "Día de la Marina", el primero que me toca presidir como Comandante General, debo manifestar con orgullo que durante las festividades y conmemoraciones programadas, hemos tenido el honor de rendir un merecido homenaje de justicia al Vicealmirante Lino de Clemente, insigne prócer de la independencia suramericana, trasladando sus venerados restos al Panteón Nacional. Fue miembro del Congreso Constituyente de 1811 y uno de los firmantes del Acta de la Independencia de Venezuela. Además ejerció con acierto nuestro primer Ministerio de Guerra y Marina y desempeñó también la Comandancia General en las horas duras de la emancipación patria.

Recorriendo las páginas de los archivos patrios de nuestra historia, tropezamos a lo largo del período que corre desde los prístinos días de la República hasta el presente, con elocuentes manifestaciones de ilustres ciudadanos y gobernantes para quienes la Marina fue motivo de sus preocupaciones y en más de una ocasión demandaron la atención del soberano Congreso o del ejecutivo en favor de ella.

He creído propicio traer aquí un significativo párrafo del mensaje presidencial de 1876, dirigido al poder legislativo por el Presidente Guzmán Blanco, donde expresaba: "No tener Marina, es declarar al mundo que renunciando a nuestra dignidad, estamos de antemano decididos a recibir la ley que se antoje dictarnos el más osado o el más injusto, con tal que tenga cómo amenazarnos al frente de nuestros puertos indefensos".

Estas palabras tienen perenne vigencia en los anales de la patria y constituyen enunciados de verdad en los campos de la estrategia y de la enseñanza militar. Venezuela necesita una bien organizada Marina de Guerra y el fomento de una mejor y más eficiente Marina Mercante, para que en caso de conmociones externas se puedan utilizar con éxito los amplios senderos del mar en esfuerzo común y coordinado.

La fuerza naval es la síntesis de todos los elementos operativos bélicos, instalaciones, establecimientos, escuelas y hasta circunstancias geográficas que permiten a un país "fiscalizar el transporte a través de los mares durante la guerra, y en la paz como preparación y previsión para la primera".

Señores jefes y oficiales de la Marina:

Dirijo mi palabra ahora a ustedes en mi calidad de Comandante General para repetiros en medio de todos los venezolanos y en presencia de los altos poderes públicos, consignas que han venido siendo doctrina viva del mando naval, pero preciso es recordarlas en este acto de celebración del "Día de la Marina": Vuestra más cara ambición debe ser cumplir con eficiencia el deber cotidiano que os impone la misión atribuida a la Fuerza Naval de la que sois dignos miembros y en esta diaria tarea poner lo mejor de cada uno de vosotros para consolidar las aptitudes profesionales, la moral y la disciplina, con lo que estaréis dando seguro y valioso aporte al futuro de nuestra institución. Vuestra más importante contribución al enrumbamiento de la patria por el recto camino de la democracia y el bienestar de la comunidad, debe comenzar por la honestidad y rectitud de vuestra propia carrera, vinculada al sostenimiento de un hogar honorable, a la práctica de vuestro credo religioso y al fiel cumplimiento de vuestros deberes ciudadanos. También vuestra más esforzada voluntad debe consagrarse al perfeccionamiento de las cualidades profesionales y personales, a la enseñanza y prédica doctrinaria de vuestros subalternos y a la obtención del más alto nivel de organización en vuestras unidades y establecimientos.

Señores jefes y Oficiales que habéis recibido en este acto la Orden al Mérito Naval:

Vuestros esfuerzos en la carrera naval han sido premiados por la patria agradecida, que tiene en las joyas que ahora todos lucen orgullosos sobre vuestros pechos, un galardón de amor a vuestros sacrificios y trabajos; esas prendas no significan vuestra consagración, pues la vida del marino sólo se glorifica ofrendada en el campo de batalla luchando por la patria. Esas prendas os reclaman ahora mayores obligaciones para con la institución y con la nación venezolana y os hace una permanente llamada de estímulo y es acicate de responsabilidad.

El pueblo, el gobierno y las Fuerzas Armadas Nacionales esperan que vosotros os hagáis cada día más dignos de la condecoración que se os otorga y que podáis alcanzar con méritos superiores otras recompensas en los años por venir.

Señoras y Señores.

Sobre el polvo de los siglos transcurridos, sobre las ruinas de mansiones y castillos, sobre las calcinadas osamentas de las generaciones que nos han precedido, sobre los extensos campos de la Patria regados con la sangre de nuestros libertadores, con el recuerdo permanente de los hombres que nos legaron una patria libre, digna y soberana, fortalecidos con la fe en Dios Todopoderoso, con la firme convicción de estar al servicio de Venezuela y de su pueblo, transitando perennemente el camino del honor y del deber, en homenaje permanente de lealtad a la Constitución y leyes de la República, los hombres de la Marina con profunda profesión de fe democrática, tenemos empeñada nuestra palabra de honor al pueblo venezolano.

Con motivo de ese discurso del "Día de la Marina", el General José Rafael Gabaldón me envía el siguiente radiograma fechado el 26 de julio de 1962. Contralmirante Ricardo Sosa Ríos. Ciudad. Apreciado compatriota: Con sentimiento venezolanista congratulo a usted por su sesudo y valiente discurso pronunciado el día de la Marina. Es así, con plena conciencia del propio y del ajeno deber, que deben actuar quienes consagran sus facultades al servicio de la patria. Le ratifico mi congratulación, que no es la del político oportunista, sino la de un ciudadano con preocupaciones de patria grande y próspera, servida por hombres de indiscutible altura moral. Compatriota y amigo. José Rafael Gabaldón. Quinta Santocristo, Avenida La Vega, El Paraíso, Caracas

ACCIÓN DE UNA DOCTRINA NAVAL

Discurso pronunciado durante la celebración del día de

la Marina el 24 de julio de 1963:

Señoras y Señores,

Me ha correspondido, en mi carácter de Comandante General de la Marina, conmemorar por segunda vez en este escenario de la Patria, el día de la Marina Venezolana, instituido como remembranza justiciera y permanente, de la cruenta, magna y épica Batalla Naval del Lago de Maracaibo, librada heroicamente el 24 de julio de 1823, y que en los anales gloriosos de nuestra República significó el sacrificio y heroísmo de los primeros hombres de nuestra Armada, en rito, reto y acción nacionalista para coadyuvar al logro de la consolidación de la anhelada independencia y soberanía nacional.

Esta gloriosa efemérides, que también rememora el Natalicio del Libertador Simón Bolívar, nos sirve de acicate y yunque, para el fortalecimiento de nuestra moral y de nuestro espíritu y para el aquilatamiento de los sentimientos y virtudes del más acendrado patriotismo de los marinos de hoy, en función de guardianes celosos de la Patria.

El recuerdo del héroe y de los descollantes acto de su vida, constituyen para nosotros permanente cátedra de heroísmo e incentivos sagrados, que renuevan la fe y el coraje para seguir en forma irrenunciable e irreductible, contribuyendo al afianzamiento de la democracia en nuestra Venezuela, sus Instituciones, su sistema jurídico y, a forjar un futuro digno, para que en él resplandezca --como el sol sobre el mar- y en todo tiempo, esta inmanente actitud de venezolanidad integral.

En mi discurso del año pasado, en esta misma fecha, cuando me dirigí a los jefes y oficiales de nuestra Marina, les expresé que: la "más importante contribución al enrumbamiento de la Patria por el recto camino de la Democracia y el bienestar de la Comunidad", debía comenzar por "la honestidad y rectitud de la propia carrera, vinculada al sostenimiento de un hogar honorable, a la práctica de vuestro credo religioso y al fiel cumplimiento de sus deberes ciudadanos".

Al año de ello, me siento satisfecho, asaz orgulloso, de que la inmensa mayoría haya hecho fiel consagración a estos principios inexcusables, aun cuando, profundamente me ha dolido, que unos pocos oficiales hayan asumido actitudes y posiciones erradas y carentes de receptividad, quizás engañados por falsas interpretaciones de nuestras realidades, ora por la carencia de una mística integral, o ya por la ausencia de una voluntad más granítica, más apasionada, proclives a hacerles comprender con sus innegables inteligencias y capacidad asimilativas el camino irrenunciable de la Institucionalidad, la verdad histórica de su pueblo y la prístina verdad de nuestra religiosidad mayoritaria.

Propicia es la ocasión para reiterar, una vez más, los principios básicos de carácter institucional. La adecuación de este momento se debe a que, primero, conmemoramos - como expresé- otro aniversario del hecho bélico naval más notable de nuestra historia, lo cual hace oportuno el momento para un autoanálisis, hasta autocrítica si fuese preciso, y en gesto de superación, avizorar y proyectarse hacia el futuro; y segundo, porque en este día de marcada significación y trascendencia para nosotros, comprobamos que es el último que celebramos dentro del presente período constitucional, ya que, próximamente, el país, mediante la voluntad popular libremente expresada, se ha de dar un nuevo gobierno legítimo. El Estado democrático de derecho que hemos estado viviendo después de las elecciones de 1958, representa un gran esfuerzo por parte de la gran mayoría de los venezolanos, en el cual correspondió no pequeña parte a nuestras Fuerzas Armadas, para establecer en la República un sistema constitucional que viniese definitivamente a superar tantas anormalidades de nuestro pasado político, que ha hecho pensar a muchos pesimistas, en una especie de determinismo histórico, que pesase adversamente sobre Venezuela. Tesis ésta negativa e incongruente que tenemos la obligación de rechazar categóricamente, militares y civiles, a quienes se les atribuye la responsabilidad del momento actual.

Si a los civiles, en el campo de la política, vedado a nosotros los hombres de uniforme, les corresponde una parte importante de esta labor patriótica y fundamental, a los miembros de las Fuerzas Armadas nos cabe también un papel de singular y vital importancia, y, tanto a quienes más, por estar íntimamente ligada a la vida de la institución al proceso constitucional de la República.

Predomina todavía, en las mentes de personas mal orientadas, la falsa creencia de que las instituciones castrenses deben ser contrapuestas a los civiles y propician a cada momento la usurpación por aquellas de los poderes públicos. Nada más falso históricamente que este antagonismo, negativo y perjudicial.

Nuestras Fuerzas Armadas, en el inicio de su vida republicana, tienen, como origen y razón de ser, las disposiciones al respecto, emanadas de la junta Suprema de 1810 y del Congreso Independentista de 1811. Y si no bastase con la afirmación enérgica a la luz de los principios, reforzada con la cita que antecede, recordemos como ejemplo elocuente, ese paralelismo magnífico entre el Congreso de Angostura, estableciendo las bases de nuestra vida institucional, bajo la protección de las caballerías llaneras, extendidas como un inmenso arco móvil y fluido, apoyando su extremo izquierdo en las márgenes del Arauca y el derecho en las del bajo Orinoco, donde nuestras Fuerzas Navales, luchando por la posesión del río, mantenía abierta la línea de comunicación y aprovisionamiento con las otras fuerzas patrióticas, situadas en las costas del oriente y con el exterior.

Esta encomiable dualidad sería años más tarde deformada y alterada por las impaciencias y ambiciones bastardas que, después de lograda la Independencia, caracterizaron nuestras pugnas por el poder, afectando de manera muy especial al sector castrense de la Patria, el cual estamos seguros, es el primero en lamentar aquella evolución negativa que fue deplorable para el país.

En la Institución Armada, casi todos los planes son a largo plazo. La formulación y ejecución de proyectos cubren períodos considerables de tiempo hasta alcanzar su configuración definitiva.

Si sumados el tiempo de formación y el tiempo de servicio de un oficial, vemos que prácticamente toman el período más útil de una vida humana. Realizaciones de esta naturaleza, no pueden cumplirse debidamente sino dentro de la normalidad y permanencia que caracterizan a los procesos constitucionales. Cuantas veces hemos vivido una situación dramática, en que los cambios anormales y violentos de las instituciones, destruyen los planes concebidos o en ejecución y se traducen, además, en retrasos profesionales dentro del personal de la Fuerza Armada, con las frustraciones y desilusiones consiguientes y, si esto es verdad para las Fuerzas Armadas en general, es con especial énfasis, para las Fuerzas Navales, a quienes el momento actual exige un elevadísimo grado de tecnificación, imposible de alcanzar debidamente si no es en la serenidad y permanencia de un régimen constitucional estable y de un estado de derecho.

Hablando con sentido realista, sabemos que hay compatriotas demasiado críticos ante las deficiencias, que, por razón natural, pueden observarse en nuestra vida republicana. Pero recordémosles con la mayor cordialidad, que estamos librando una batalla tremenda contra factores adversos, derivados de un pasado político anormal. Tenemos igualmente presente, que el sistema democrático prevé sus propios mecanismos y procedimientos para llevar a cabo, en forma no lesiva para el país ni para sus instituciones, los ajustes a que haya lugar, para que la Nación venezolana continúe su marcha hacia el progreso, por la senda que le traza la Constitución y las leyes.

Los procedimientos de fuerza, basados en la apetencia de un individuo o de un grupo, son además condenables y completamente inadecuados, a la luz moral de los principios y del patriotismo sincero, y sólo sirven como factor de paralización, que nos regresa a un punto de partida ya superado.

Es sólo mediante el ejercicio continuado e ininterrumpido de la democracia que nuestra población, civil y militar, se va educando en su vida social, en la comunidad jurídica a que pertenece y en su sistema legal que, si bien le impone deberes y obligaciones, le garantiza los derechos y beneficios que la Patria le otorga, superando así, una serie de limitaciones y dificultades que todavía confrontamos.

Por todo lo expresado precedentemente, en un día como hoy, de profunda y gran significación para la Marina de Guerra Venezolana, jefes, oficiales, cadetes, suboficiales, marineros e infantes de marina, de nuestras Fuerzas Navales, caracterizada por su unidad, por su cohesión y por su gran vigor moral, reiteramos nuestra fe en el sistema democrático de gobierno y le decimos al país, que, dentro de los ordenamientos correspondientes, prestaremos todo nuestro concurso, para que el próximo proceso electoral permita a nuestros conciudadanos hábiles para ejercer el sufragio, a pronunciarse libremente en el ejercicio de sus derechos para organizar los poderes públicos legítimos, que nos regirán en el venidero período constitucional, emanado de la voluntad soberana del pueblo; y, al mismo tiempo, anunciamos que aportaremos toda nuestra fuerza para que el resultado de esa libre expresión sea respetada y goce de la estabilidad necesaria para que su desenvolvimiento institucional, de que es acreedora y merecedora nuestra Patria, sea una tangible realidad.

En el régimen de Gobierno presidido por el señor Rómulo Betancourt, la actividad y el desarrollo de la Marina se viene produciendo normalmente y los planes previstos se cumplen dentro de las posibilidades económicas, y al efecto, tenemos así terminadas y en ejecución, muchas obras, entre las cuales menciono la vialidad de la Base Naval de Puerto Cabello, la Capilla, el Parque Infantil y el teatro al aire libre. Dentro de breve plazo, prestará servicios la electrificación subterránea; la red telefónica también subterránea; la red de aguas negras y la planta evaporadora destinada a suplir de agua destilada a los buques de la marina de guerra.

Recibiremos del Ministerio de Obras Públicas el Apostadero Naval de occidente y para fines de año el Apostadero Naval de oriente, situado en las instalaciones que tenía la empresa" Iron Mines" para el embarque del hierro.
En esas instalaciones la Marina de Guerra pondrá en funcionamiento el Apostadero Naval de Oriente para el apoyo logístico de los patrulleros que cumplirán sus misiones de patrullaje en esa zona de la República.

En este año vimos cristalizada una aspiración de la Marina de contar con una sede para su Comando, cónsona con el desarrollo de sus actividades, ya hoy, posee todas sus oficinas y dependencias en las cuales se labora intensamente por el desarrollo permanente de nuestra Marina de Guerra. Quienes conocen dicha sede, han podido evidenciar la eficiencia que se obtiene y el rendimiento que dan los hombres que trabajan en instalaciones adecuadas para tal fin.

La Escuela Naval merece especial mención. El esfuerzo que el gobierno nacional viene desarrollando para entregarle a la Marina una nueva Escuela Naval en sustitución de las instalaciones actuales, merece encomio porque constituirá una de las mejores edificaciones en su tipo en América. Esperamos que para este año o principios de 1964, ese nuevo instituto castrense quede totalmente terminado en su primera etapa, con el objeto de ofrecerlo a las presentes y futuras generaciones para la enseñanza naval.

El sistema de comunicaciones de la Marina ha sido una de las preocupaciones fundamentales de la Fuerza, puesto que las comunicaciones son el arma del Comando. En la actualidad rinde un servicio eficiente, pues tenemos comunicación directa con todas las unidades a través del sistema de micro-ondas, el sistema de teletipo, el sistema de "single side band" y el sistema de alta frecuencia y baja frecuencia; los cuales permiten que la Marina de Guerra tenga permanentemente a su Comando en comunicación con todas sus unidades.

Próximamente estableceremos el Centro Logístico número 1 de la Marina de Guerra en la zona industrial de la Ciudad de Valencia, donde se determinó que constituía el mejor lugar para ello.

Más amplia información acerca de las obras efectuadas en el seno de la Marina de Guerra y los proyectos a ejecutarse, figurará en la memoria que al ciudadano Ministro de la Defensa le corresponderá presentar al Congreso Nacional en su oportunidad. Sin embargo, quiero expresar que la actividad del Gobierno y del Comando General de la Marina, en este aspecto, ha tenido entre sus objetivos fundamentales, mantener y alcanzar las mejores condiciones de sus buques, así como la del personal en general de nuestra Armada, para que, con mayor tecnificación, más eficiencia y mística naval, esté siempre vigilante, con los ojos de Argos, resguardando las instituciones, la paz y seguridad de la Patria.

No nos hemos circunscrito a comprobar lo del proverbio que dice: "Más vale malos buques con buenos hombres que buenos buques con malos hombres", porque nuestros propósitos, enseñanzas y prédicas, conllevan la firme decisión de darle a Venezuela buenos buques y buenos hombres, de acuerdo a las exigencias requeridas en cualquier momento. Fe de esto fue la operación que realizaron nuestros buques en el campo táctico donde se desempeñaron con alta eficiencia para cumplir los compromisos internacionales signados por el gobierno de la nación.

Como reconocimiento a nuestros navíos se ha creado el "Distintivo de Eficiencia para los buques de la Marina de Guerra Venezolana', destinado a premiar los servicios y actividades sobresalientes de los buques de combate y auxiliares de la Armada.
Igualmente, como estímulo a los Miembros de la Marina de

Guerra, se crearon el "Distintivo de Comando" y la "Cinta Naval". El ciudadano Ministro de la Defensa, de conformidad con la ley orgánica de las Fuerzas Armadas Nacionales, puso en vigencia los Reglamentos respectivos.

Deseo de manera especial exteriorizar mi reconocimiento a su Eminencia José Humberto Cardenal Quintero, meritorio ciudadano, hombre ejemplar, prelado insigne, apóstol virtuoso de nuestra iglesia, quien con su munificente verbo, admonitorio y persuasivo, con su elocuencia apostólica y con sus bendiciones y ejemplos, ha orientado siempre la conciencia católica y ciudadana; su merecida consagración cardenalicia ha llenado de íntima complacencia y orgullo a los hombres de la Marina de Guerra Venezolana, porque en su jurisdicción divina, es además el guía espiritual de la República. Si la religión es la ley de la conciencia y sus preceptos y dogmas son útiles, como nos lo recuerda, desde el fondo de la historia el Libertador Simón Bolívar, me es grato declarar que, en todas las unidades y dependencias navales esa ley se imparte y que Dios y sus Ministros se encuentran dentro de nuestra organización, ejerciendo su sagrado Ministerio. La Armada le otorga vital importancia al servicio de Capellanía, al cual, de acuerdo con nuestra Legislación Militar, se le atribuye todo lo correspondiente al culto. Por eso, al lado del Oficial que comanda unidades navales en cumplimiento de su misión específica, encontramos la figura señera del sacerdote ejerciendo también su mandato apostólico.

Por estas razones, el Consejo de la orden al Mérito Naval, del cual es jefe el ciudadano Presidente de la República, ha conferido a su Eminencia José Humberto Cardenal Quintero, la condecoración que le ha sido impuesta por el jefe del Estado.

Asimismo, es oportuno señalar que la Condecoración de la "Orden al Mérito Naval", otorgada a otros ilustres compatriotas, altos personajes de la República, a un eminente eclesiástico y a distinguidos civiles y militares, obedece al reconocimiento de la Marina de Guerra venezolana, por la colaboración pulcra, constante, eficiente y leal que le han prestado al desenvolvimiento de sus múltiples actividades, y que han contribuido en una u otra forma a su progreso definitivo para beneficio de la colectividad.

Un abrazo cordial a nuestros hermanos de la Marina Mercante, con quienes nos une Venezuela y el mar que nos rodea.

Quiero también dejar testimonio de profundo agradecimiento a los diversos organismos de prensa, que de manera particular y efectiva han prestado su invalorable colaboración a las diferentes campañas promocionales, que en el transcurso de este año ha realizado la Comandancia General de la Marina en su llamado a la juventud venezolana para que ingrese a sus institutos docentes. Llegue, pues, nuestra palabra sincera de afecto y simpatía a la prensa venezolana, ese motor del pensamiento, campo abierto a la gallardía del debate público, mente y corazón sensibles a todas las inquietudes, luchas y alientos que forma la vida del país; a la radio y televisión, poderosos instrumentos de difusión que a todo lo largo y ancho de la geografía venezolana esparcen sus mensajes de cultura. Al cine, industria de brillante futuro y campo propicio para encauzar las más nobles inquietudes artísticas de nuestro pueblo.

Compatriotas: la Marina viene rindiendo permanente homenaje de lealtad a la Patria y a sus héroes. La Marina se ha venido solidificando y estructurando en su pasado y presente en las glorias del Libertador, en las glorias de los hombres que nos dieron patria libre. La Marina se viene cimentando en la prédica y práctica constante de respeto a la Constitución y leyes de la República.

La Marina tiene que continuar impreteriblemente su ruta ascendente y no vivir del pasado, ni dormirnos en los laureles de los héroes. Firme en su ruta, ojo avizor para la defensa de la Patria y sus Instituciones y presta a hacerla respetar y defenderla por quienes pretendan mancillar su soberanía, bien la popular o la nacional. Así pues, la Marina de Guerra con todos sus hombres, firmes sobre los puentes de los buques, en los cuarteles de nuestra infantería de marina, comandando con energía y decisión, cumpliendo y haciendo cumplir las leyes, ha de legarles a nuestros descendientes un ejemplo de dignidad en el cumplimiento de la misión que se le encomienda.

Deseamos que se reconozca que nuestra generación supo cumplir a cabalidad con su deber y que con orgullo podrá exhibirse ante la historia como constituida por hombres que tuvimos el honor y el derecho de ostentar, con suprema dignidad, el uniforme que nos dio la República y el gentilicio de venezolanos.

Con la mente y el corazón puestos en Venezuela y en su pueblo, con la indeclinable firmeza de una profunda fe democrática; con el insoslayable deber de cumplir y hacer cumplir la Constitución y las leyes de la República; con el homenaje sincero para los hombres cumplidores de sus deberes que integran los cuadros de la Marina, dejamos empeñada nuestra palabra, por la defensa e integridad de la Patria y de sus Instituciones.

LOS 20 AÑOS DEL DECRETO 288

La idea de este anexo es echar el cuento de cómo se fraguó el Decreto-Ley 288. Para ello les recordaré primero los 3 párrafos iniciales del proyecto del Decreto. Luego veremos 3 párrafos destinados a presentar el contexto histórico del momento. Finalmente presentaré el cuento en sí, en forma de entrevista

LA JUNTA DE GOBIERNO DE LA REPUBLICA DE
VENEZUELA,

Considerando

Que como consecuencia de las experiencias obtenidas durante los últimos diez años en el gobierno, mando y organización de las Fuerzas Armadas, ha quedado demostrado que el otorgamiento de extensivos poderes en un único organismo supremo para el empleo conjunto de las mismas, ha conducido a la Institución Armada a depender de la voluntad impuesta por un también único criterio, que anulando la capacidad de los Comandos de Fuerza, llega a desvirtuar el sentido institucional y técnico de los organismos militares de la Nación.

Considerando

Que es imprescindible establecer un equilibrio entre las Fuerzas Armadas que permita establecer organismos de planeamiento conjunto que representen en igualdad de condiciones a las Fuerzas de Tierra, Mar y Aire.

Considerando

Que de acuerdo con los preceptos de la guerra moderna las Fuerzas Armadas requieren una completa comunidad de principios y procedimientos, basada en una unidad de doctrina elaborada y periódicamente revisada por los organismos especializados de tierra, mar y aire y de común acuerdo, pero con completa autonomía para resolver los problemas particulares de cada uno de ellos según sus doctrinas individuales y en función de los medios de operación, condiciones de vida, necesidades logísticas y demás factores no comunes a los demás.

Históricamente, en Venezuela, la fuerza militar privó sobre los demás poderes. En el pasado se encuentran numerosos ejemplos, basados en la excesiva concentración de facultades en una sola persona o en un exiguo grupo de hombres. Pensemos en cómo gobernaron Páez, Monagas, Julián Castro, Guzmán Blanco, Crespo, Cipriano Castro, Gómez y Pérez Jiménez. Pero nosotros los venezolanos, o aprendimos mal nuestra historia o tenemos mala memoria, por lo que usualmente recordamos la dictadura de Marcos

Pérez Jiménez como la más significativa muestra del predominio militar sobre la sociedad venezolana.

Durante el último gobierno militar, las fuerzas castrenses estuvieron estructuralmente en manos de Marcos Pérez Jiménez, quien era el jefe del Estado Mayor General. Esta figura concentraba el poder absoluto y jerarquizaba los grados de influencia de cada rama de las Fuerzas Armadas.

Cuando se produjo el movimiento del 23 de Enero, se puso de manifiesto el resentimiento de muchos militares por la falta de un equilibrio de poderes en la administración de las Fuerzas Armadas. Este sentimiento de opresión profesional fue liderado por los jóvenes oficiales de la Marina que se encontraban en Italia supervisando los trabajos de modernización y mantenimiento de unos destructores clase Clemente. Ellos aprovecharon la trascendental coyuntura histórica de enero para plantear, desde el punto de vista legal, una estructura militar más justa y que, al mismo tiempo, hiciese menos probable la instauración de nuevas dictaduras.

EL DOCUMENTO DE ITALIA

El Contralmirante (r) Ricardo Sosa Ríos y el Contralmirante Manuel Díaz Ugueto, dos de los hombres que jugaron papeles determinantes en el cambio de las viejas estructuras militares, hicieron un recuento de la gestación del Decreto-Ley 288 que dictara Wolfgang Larrazábal como Presidente de la Junta de Gobierno, y que esta semana cumple exactamente 20 años.

Refiere Díaz Ugueto, quien en 1958 se encontraba en Italia junto con un numeroso grupo de entre 25 o 30 oficiales que se desempeñaban como tripulantes de una División de destructores, que todos teníamos conocimiento de la situación existente en el país. Nos movíamos entre Livorno y La Spezia. Cuando sucede el movimiento del 23 de Enero la mayoría de estos oficiales, preocupados por el futuro nacional en virtud de la configuración de las Fuerzas Armadas, redactamos un documento que constituyó la base para el posterior Decreto 288, que fue remitido a nuestras autoridades superiores para que fuera luego entregado al Presidente de la junta de Gobierno.

La exposición de motivos de ese documento hace referencia al "clima de unión de todos los venezolanos contra el despotismo", para luego exponer los puntos que consideraban esenciales para "salvaguardar la soberanía nacional".

Señala el documento que "Todos los acontecimientos históricos de la vida nacional han patentizado, desde el comienzo de nuestra vida institucional, que la voluntad de un hombre o de un grupo reducido de hombres, puede ser impuesta sobre todo el conglomerado nacional y sobre los organismos que rigen o regulan las actividades de los poderes públicos".

En efecto, Marcos Pérez Jiménez, además de Presidente, se comportaba como Ministro de la Defensa y como Jefe del Estado Mayor General, por lo cual mantenía un extraordinario dominio sobre la administración militar.

Luego el documento señala: "Uno de los factores que ha ejercido la influencia más decisiva en la usurpación del poder o en la intervención inconstitucional para suprimir la voluntad popular, ha sido el otorgamiento de extensivos poderes, concentrados en un solo comando o jefatura, para organizar, administrar y operar las cuatro Fuerzas Armadas, lo que da facultades a quien queda investido de tal autoridad para conducir a las instituciones militares según su personal interés y discernimiento".

Pero el punto más significativo para la democracia que comenzaba a vislumbrarse fue el siguiente:
"Siendo por tanto imperativo que las Fuerzas Armadas puedan garantizar a la Nación la estabilidad de sus poderes públicos libremente elegidos, es preciso que se adopte un sistema orgánico que las transforme de instrumento político en organismo de defensa de los

principios democráticos y republicanos de la civilización moderna, sobre los cuales puedan descansar permanentemente los actos de un gobierno digno y decoroso de y para todos los venezolanos".

EL DESEO DE AUTONOMÍA

Cuando fue designado Jefe del Estado Mayor Naval el año de 1958, el Contralmirante Ricardo Sosa Ríos recibió el documento elaborado por los jóvenes oficiales en Italia. Incluso tenía como ayudante al entonces Teniente de Navío Manuel Díaz Ugueto, quien había participado activamente en su redacción. Sosa Ríos, a pesar de pertenecer a otra generación en la formación militar, tomó con gran entusiasmo la idea y no sólo la impulsó, sino que luchó por ella y la hizo posible Se trataba, según el propio Sosa Ríos, de un deseo de autonomía profesional de los oficiales de todas las Fuerzas. Fue entonces cuando, al regresar de una reunión en Miraflores, habló con Díaz Ugueto y le encargó la redacción concreta y resumida de toda la filosofía contenida en el documento de Italia, para darle forma de decreto. En cosa de días, el Contralmirante Sosa se lo llevó a la Junta de Gobierno. Pero ésta, aparentemente, era partidaria de postergar su promulgación hasta tanto se consolidara el proceso de instauración de la democracia. Tanto el Contralmirante como la mayoría de los partidarios de la transformación del sistema militar, consideraban que, por el contrario, ese era el momento oportuno y que no se debía dejar pasar, ya que sería el decreto uno de los instrumentos fundamentales para consolidar la democracia. Hubo un diálogo serio, casi severo, entre Wolfgang Larrazábal y Sosa Ríos. Al fin el Presidente de la Junta accedió y se procedió, con el visto bueno de los demás integrantes, a la promulgación del Decreto el día 27 de junio de 1958.

UNA BATALLA GANADA FUERA DEL MAR

Con la implantación de una nueva estructura, desapareció en las Fuerzas Armadas la figura del caudillo, la imagen del omnipotente. Es histórico el diálogo sostenido entre Sosa Ríos y Díaz Ugueto al regreso del Palacio de Miraflores. Resulta un poco jocosa la evocación, pero de una gran trascendencia.

En síntesis, ¿qué es lo que más nos interesa lograr? - preguntó Sosa Ríos - Eliminar el Estado Mayor General - respondió lacónicamente Díaz Ugueto. - Pues entonces redactemos un proyecto de decreto donde después de los considerandos simplemente se diga: "Se elimina el Estado Mayor General de las Fuerzas Armadas". ¿Y qué instauraremos? - El Estado Mayor Conjunto - Hagamos lo mismo: "Se crea el Estado Mayor Conjunto de las Fuerzas Armadas con la organización, composición y atribuciones que serán determinadas por reglamentación especial aparte".

Así, en efecto, quedó elaborado el Decreto-Ley 288. Pero también se le introdujo un aspecto importante: la autonomía administrativa. Cada Fuerza disponía de un presupuesto específico para sus necesidades.

CASTRO LEÓN FIRMO SU DERROTA

Hasta el momento en que se firmó el decreto creando el Estado Mayor Conjunto, que sustituía a las viejas estructuras militares, el Ministro de la Defensa tenía extraordinarios poderes que le permitían manejar con gran facilidad todos los comandos. Sin embargo, la nueva estructura rompió con esa realidad. Por ello fue que el Coronel Jesús María Castro León, siendo Ministro de la Defensa, y quien precisamente había refrendado el Decreto 288, fracasó en su intento de rebelión a sólo dos meses de lograda la reestructuración.

Castro León no contó con que cada Comando ahora era autónomo y podía discernir entre las diversas alternativas en un momento determinado. Su alzamiento, según testigos de la época, no tuvo el respaldo de la mayoría de las Fuerzas Armadas.

UN DECRETO GENEROSO REGULADOR Y PREVISOR

El actual Ministro de la Defensa, General de División (Aviación) Fernando Paredes Bello, al encargarse de ese Despacho, el día 18 de julio de 1977, se refirió a ese valioso instrumento de la siguiente manera: "El espíritu de estos conceptos es valedero para esta señalada ocasión, pero para que nadie se llame a engaño, debo ser enfático y claro. Seré respetuoso y equilibrado en la aplicación del Decreto-Ley 288, el cual concede autonomía administrativa a las Fuerzas. Las disposiciones y fueros que tal instrumento otorga a cada una de las ramas de la Institución Armada, tendrán plena vigencia durante el ejercicio de mis funciones de Ministro, porque entiendo y admito el sentido generoso, regulador y previsor de su contenido".

LAS CRÍTICAS

Según refieren Sosa Ríos y Díaz Ugueto, la instauración de este Decreto - Ley no fue tan fácil como pudiera parecer. Hubo una reacción contraria por parte de algunos sectores del ámbito militar. Incluso se llegó a afirmar que, como la proposición provenía de la Marina, lo que se quería era imponer la creación de un Ministerio de Marina. Díaz Ugueto señala que ciertamente había un sector de esa Fuerza que aspiraba a eso, pero lo que la mayoría deseaba era autonomía administrativa y un justo equilibrio entre todas las ramas castrenses.

Pero el ataque más severo era el de que el proyecto causaría un efecto divisionista, separatista, entre todos los comandos. Y teóricamente así es, pero Sosa Ríos y Díaz Ugueto replican que la experiencia ha desvirtuado esa tesis. Hoy, según ellos, hay una extraordinaria cooperación entre todas las Fuerzas. Hay, incluso, maniobras conjuntas.

EL ANTIGOLPES

Por todo lo visto, ese Decreto-Ley, del 27 de junio de 1958, buscaba hacer desaparecer la figura omnipotente dentro de las Fuerzas Armadas, permitiendo una mayor autonomía administrativa en las diversas ramas. Pero lo fundamental es que por lo menos en teoría (y hasta ahora en la práctica) ha servido para frenar las aspiraciones personalistas de poder. Hoy ese triunfo de la Marina parece reflejar la figura del antigolpes, en un país donde precisamente los ejemplos de gobiernos de facto abundan.

EPILOGO

Querido lector: quiero repetirte que no soy escritor, sino hombre forjado en la vida militar, dedicado por entero a la disciplina, al orden, al respeto por mis superiores y subalternos, al respeto a la Constitución y leyes de la República, al respeto al tesoro público cuando se me atribuyeron responsabilidades administrativas, al respeto a mi hogar, a mis hijos y a mis semejantes. Si bien me tracé la meta de mi independencia económica, fue solo para lograr lo necesario para vivir. Hoy soy rico en satisfacciones morales y familiares, mis hijas casadas, mis hijos, uno médico con gran éxito en su profesión, el segundo, Capitán de Corbeta, no necesito adjetivarlo solo basta ver su hoja de servicios, y el tercero culminó su carrera de abogado. Cumplí mis deberes como hombre, como almirante y como padre de familia. ¡Qué más puedo ambicionar si lo tengo todo para vivir con dignidad, con la frente en alto, siempre en alto, siempre de pie, siempre dispuesto a decir las verdades que mi conciencia ilumina como necesarias y a decirlas con la autoridad que da una trayectoria que procuró dar siempre el mejor ejemplo! Allí están esas generaciones de oficiales, suboficiales y reservistas de la Marina y la Infantería de Marina, los civiles que me ayudaron con su trabajo leal y eficiente como testigos de estos hechos que he narrado.

El país entero está envuelto en una vorágine de corrupción jamás vista en su historia, los presupuestos de todos los Ministerios no resisten un análisis a fondo, incluyendo el Ministerio de la Defensa. ¿Acaso se le ha hecho un análisis de los gastos secretos por las personas autorizadas? Flaco servicio se le está haciendo a la democracia el mantener a las Fuerzas Armadas como un tabú. ¿Están las Fuerzas Armadas dispuestas a demostrar ante personas calificadas para juzgarlas que la inversión del presupuesto está en razón directa a su eficiencia?

El fallo de la historia es inexorable. Así como yo estoy narrando una época, vendrán otros que narrarán la suya. ¿Qué le tendrán guardado a las futuras generaciones los venezolanos que construirán nuestra historia? No se pueden hacer conjeturas, pero de lo que si estoy convencido, es que hay muchos venezolanos muy bien documentados que escribirán esa historia. Yo me pregunto ¿qué valor tendrá conocer todos esos hechos? Sí que lo tendrán. Solo hay que esperar que un día surjan algunos venezolanos que decidan con virilidad moral castigar a los culpables en el presente y señalar los responsables en el pasado. Solo así se podrán corregir todos estos desafueros que han corrompido la función de los conductores de la administración pública y los han convertido en depredadores del tesoro nacional, que forman una comparsa de alcahuetes, dedicados al buen vivir, al buen beber, al buen comer y al buen viajar. ¿Hacia dónde vamos? ¿Qué nos deparará el futuro? Como dijo una vez Arturo Uslar Pietri, tal vez nos espera "un salto a la obscuridad".

Caracas, 24 de julio de 1979

FOTOGRAFÍAS

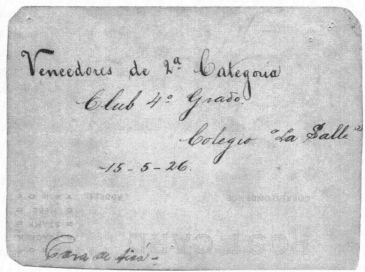

Ricardo Sosa Ríos sentado a la derecha. Poco antes de cumplir 13 años.

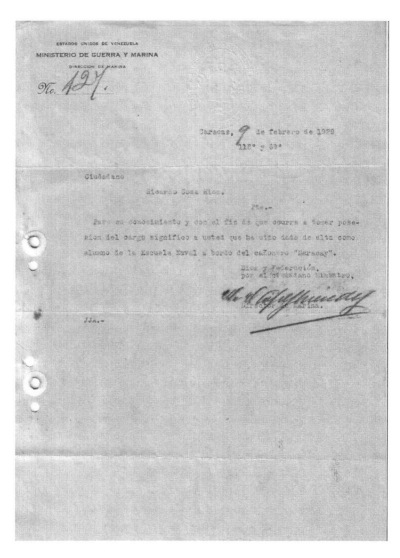

Oficio del Director de Marina dándole alta en la Escuela
Naval.

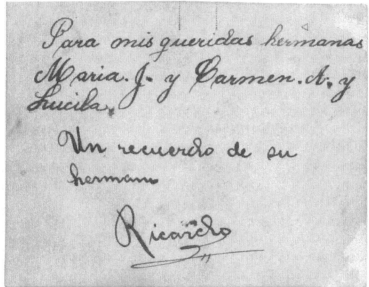

A la derecha el cadete Ricardo Sosa Ríos a bordo del
"Maracay" el 01 de Mayo de 1929.

GM Ricardo Sosa Ríos el 25 de julio de 1932.

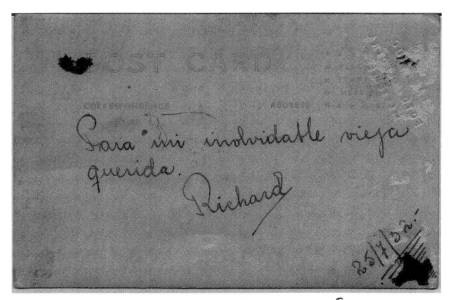

Para mi inolvidable vieja querida.

Richard

Reverso de la foto de la página 31~~4~~5

A la extrema derecha el TF Ricardo Sosa Ríos a bordo del cañonero "Miranda" en 1934. a su lado el GM Ramón Rivero Núñez.

Dedicada al amor de su vida.

En el vapor "Bolívar" en 1935.

En Montevideo durante el crucero al sur en el vapor "Bolívar" el 23 de Diciembre de 1935. Al centro CF Felipe Larrazábal.

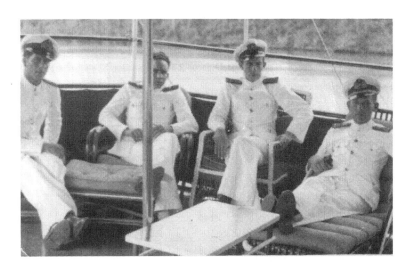

Como primer oficial de buque presidencial "El Leandro" en 1937 . A su derecha el GM Ramón Rivero Núñez.

Teniente de Navío Ricardo Sosa Ríos de regia gala el 01 de abril de 1939.

Director de la Escuela Naval en 1948.

ONDAS DEL LAGO recibe el TROFEO
de la MEJOR EMISORA deL
Interior de la República, donado
por el
MINISTERIO DE COMUNICACIONES
—1950—

Recibiendo trofeo como Director de Ondas del Lago, 1950.

Agasajo al VA (USN) Barbey por la Junta Revolucionaria de Gobierno. Junio de 1947.

Graduación curso Estado Mayor Naval en Brasil, 1957.

A la izquierda en una reunión en Brasil año 1957. A la derecha el Mayor Castellanos.

Con Briceño Linares en Diciembre de 1958.

Condecorado por Wolfgang Larrazábal en 1958.

Saludo a Betancourt en Miraflores, 1959.

Con Almirantes Burke y Dennison durante segunda
Conferencia Naval Interamericana en Key West, 1960.

Firma acta entrega Comandancia General de la Marina. 31 de
Enero de 1962. Carlos Larrazábal de civil.

Ceremonia de recepción del Comando General de la Marina.
01 de Febrero de 1962.

Ceremonia entrega del Comando de la Escuadra, Febrero 1962.

Firma declaración jurada de patrimonio, Marzo de 1962.

En maniobras navales con Betancourt a bordo del destructor
"Zulia" en 1963.

Con el Almirante Dennison .Visita al Comando de la Flota del
Atlántico el 23 de enero de 1963.

Discurso del día de la Marina el 24 de julio de 1963.

Entrega de la Constitución al Guardiamarina Mayor Norberto Díaz Garcia el 24 de julio de 1963.

Visita al apostadero naval de Puerto Hierro
en 1963.

Proclamación Presidente Leoni el 21 de diciembre de 1963.

Presidente electo Leoni visita la Comandancia General de la Marina el 21 de enero de 1964.

Entrega del Comando General de la Marina el 2 de junio de 1964.

Contralmirante Ricardo Sosa Ríos en uniforme de regia gala
el 7 de marzo de 1964.

REPUBLICA DE VENEZUELA
MINISTERIO DE LA DEFENSA
DIRECCION DE GABINETE

Caracas, 6 ENE. 1965
155° y 106°

No. 1.

Ciudadano Contralmirante

RICARDO SOSA RIOS

Presente.-

        Me dirijo a usted a objeto de participarle que por disposición del ciudadano Presidente de la República y Resolución de este Ministerio N° M-10, de fecha 08ENE65, ha sido pasado usted a la situación de Retiro, de conformidad con lo dispuesto en el Artículo 1° del Decreto N° 533 del 17 de Enero de 1.959.

Dios y Federación,

RAMON FLORENCIO GOMEZ
Gral. de Bgda. Mindefensa

- PDG/oz.-

Oficio pase a retiro.

Portada de la primera edición del libro "Mar de Leva" el 19 de julio de 1979.

Inauguración Busto CN Felipe Larrazábal, Isla San Carlos
1972.

Anaviaje a bordo de la Fragata General Salom F-25, 1985.

Proof

Made in the USA
Charleston, SC
08 October 2011